명필

역사와 해학의
글씨를 만나다 _삼성언론재단 총서

초판 1쇄 발행 2011년 11월 5일
초판 2쇄 발행 2011년 12월 20일

지은이 김남인
펴낸이 이영선
펴낸곳 서해문집
이 사 강영선
주 간 김선정
편집장 김문정
편 집 허승승 임경훈 김종훈 김경란 정지원
디자인 오성희 당승근 안희정
마케팅 김일신 이호석 이주리
관 리 박정래 손미경

출판등록 1989년 3월 16일 (제406-2005-000047호)
주 소 경기도 파주시 교하읍 문발리 파주출판도시 498-7
전 화 (031)955-7470 | **팩스** (031)955-7469
홈페이지 www.booksea.co.kr | **이메일** shmj21@hanmail.net

ⓒ 김남인, 2011
ISBN 978-89-7483-494-4 03900

이 도서의 국립중앙도서관 출판시도서목록(CIP)은 e-CIP홈페이지(http://www.nl.go.kr/ecip)와
국가자료공동목록시스템(http://www.nl.go.kr/kolisnet)에서 이용하실 수 있습니다. (CIP제어번호: CIP2011004388)

삼성언론재단 총서는 삼성언론재단 '언론인 저술지원 사업'의 하나로 출간되는 책 시리즈입니다.

김남인 지음

명필

역사와 해학의 글씨를 만나다

서해문집

(책머리에)

　서예가 나에게 처음으로 인상깊이 다가온 것은 초등학교 시절이다. 고향에서 그리 멀지 않은 충남 예산군 덕산면 덕숭산 수덕사로 수학여행을 갔을 때의 일이다. 할아버지로부터 일찍 한문을 배운 덕분에 수덕사 전각과 당우에 걸린 현판과 편액, 주련을 더듬더듬 읽을 수가 있었다. 우쭐하는 마음으로 그렇게 몇 개를 해독하다가 '대웅전大雄殿' 앞에서 말문이 막혔다. 대·웅·전 세 글자의 위세가 너무 당당하고 장엄하게 느껴졌기 때문이다. 사람이 쓴 글씨가 아니라 덕숭산 바위가 오랜 세월 풍화작용으로 빚어낸 자연의 신비로운 조화처럼 보였다. 그 기억은 중·고교는 물론 지금까지도 생생하다.

　초년 기자 시절인 1980년 초에 이 '대웅전' 현판 글씨를 다시 배관할 수 있었다. 이번에는 덕숭산 수덕사가 아니라 서울 한복판에 있는 삼각산 조계사였다. '10.26', '12.12' 사태로 촉발한 민주화 시위 취재 중 계엄군과 경찰이 쏘는 최루탄을 잠시 피해 들어간 곳이 조계사였다. 쏟아지는 눈물과 콧물을 훔치고 정신을 차리니 '대웅전' 현판이 눈에 들어왔다. 어릴 적 기억이 생생한 바로 그 현판이었다. 시국이 어느 정도 진정된 후 다시 조계사를 찾았다. 그리고 이 현판이 의창군 이광$_{1589~1645}$의 친필임을 비로소 알았다. 수덕사와는 별개의 현판이지만 모두 의창군이 썼다.

충남 예산군 신암면 추사고택 앞마당의 돌기둥에 새겨 있는 '석년石年'과 인근 용수사 뒤편 암벽에 새긴 '천축고선생댁天竺古先生宅'과 '시경詩境'도 어린 눈을 사로잡았다. 나뭇가지를 뚝뚝 잘라 손가는 대로 쌓아놓은 형상인데 기울어 무너질 듯하면서도 짜임새가 빼어났다. 할아버지와 아버지를 따라나선 어린 내가 만났던 추사 김정희$_{1786~1856}$의 필적이다.

어린 시절에 깊은 감명을 받은 명필이 마음의 유전인자로 자리 잡은 까닭일까. 기자로서 취재 현장을 찾을 때에도 항상 글씨가 눈에 들어왔다. 건물 로비와 사무실, 산과 들, 계곡에서도 쉽게 접할 수 있는 명필은 취재의 덤으로 얻는 즐거움이었다. 이렇게 마음속에 담았던 '명필이야기'를 글로 쓰기로 마음먹은 것은 3년 전쯤이다. 글을 쓰기 위한 답사에는 친구와 선후배가 동행했다. 아내와 딸, 아들 그리고 부모님과 함께 가족여행을 겸한 답사를 한 적도 있다. 불현듯 생각이 미치고 꼼꼼히 챙겨 봐야 하거나 답사 코스가 힘든 곳은 훌쩍 혼자 길을 나선 적도 여러 차례가 된다. 그동안 답사를 통해 초고 형식으로 쓴 글 중에서 20편만을 이 책에 담았다.

책을 출판하기로 결심하기까지는 많이 망설이고 고민했다. 그럼에도 용기를 낸 이유가 있다. 답삿길에서 만난 여행객, 특히 청소년들이 명필을 눈앞에 두고도 별다른 관심을 보이지 않은 채 지나치는 것을 볼 때마다 안타까운 마음이 들었다. 한문을 읽을 줄 모르고 해석을 할 수 없으니 당연했다. 그러나 한문을 모른다면 명필을 그림처럼 감상하면 될 것이다. 색상과 구도, 예술성과 조형미가 그림 감상의 기준이다. 정물화나 풍경화는 물론 난해한 추상화까지도 이런 기준에 맞춰 어렵지 않게 감상하지 않는가. 이런 안목으로 명필을 보고 느끼고 생각하면 그 속에 담겨 있는 서권기와 문자향을 맛볼 수 있다. 잘 모르는 한자를 애써 읽으려 하지 말고 그림을 감상하듯 명필을 느낌대로 감상하면 흥미와 즐거움이 저절로 생긴다.

현판과 금석문은 세 번 태어난다. 붓으로 글씨를 쓸 때와 이 글씨를 나무 판자나 돌에 새길 때 그리고 이것을 감상할 때다. 첫 번째와 두 번째는 예인이 혼신을 쏟아 이미 완성해냈다. 세 번째는 답사객이 눈으로 보고 마음으로 느껴야 한다. 하지만 그 연결 고리가 끊어졌다. 클릭 한 번으로 온라인 세상과 연결되듯이 이 책이 답사객이 명필 앞에 쉽게 다가가는 마우스 역할을 한다면 큰 보람이다. 그래서 명필 속에 숨어 있는 역사와 풍류, 해학, 문화, 예술의 세계를 마음껏 누릴 수 있기를 기대한다.

나는 서예에 탁월한 전문성은 없다. 틈을 내어 전시회를 다니고 관련서적을 읽은 게 전부다. 서예에 문외한이나 다름없다. 이런 이유로 이 책은 서법이나 서체, 서평 등을 가급적 삼갔다. 현판이나 금석문으로는 먹의 농담, 필압, 세심한 획의 변화를 읽기 어려워 서체와 서법 등 전문적인 서평을 한다는 것도 무리라는 생각도 들었다. 명필에 대한 깊이 있는 고증과 해설, 서평 등은 전문가들의 몫으로 돌린다.

이 책은 삼성언론재단의 출판 지원이 없었다면 아직도 원고가 책상 서랍에 묻혀 있을지도 모른다. 미진한 원고를 출판할 수 있도록 도움을 준 삼성언론재단에 감사드린다. 무지한 나에게 아낌없는 배려와 가르침을 준 은둔처사 운호 선생은 이 책의 공동 저자와 다름없다. 그동안 원고 집필을 말없이 뒷바라지해준 아내와 부모님께 감사드린다.

2011년 10월 고향마을 운곡에서

책머리에 ——— 004

서울 경기

- 01 **삼각산 화계사** | 추사서파 한자리에 다 모였네 ——— 012
- 02 **수락산 흥국사** | 덕흥군에 바친 흥선대원군 보은 필 ——— 026
- 03 **자운서원 · 화석정** | 기호학파 산실에 퇴계 문자향이 피어났네 ——— 040
- 04 **소령원 · 보광사** | 영조의 효심어린 어머님 전 어필 ——— 056
- 05 **운악산 봉선사** | '큰법당' 한글 현판에 춘원, 운허의 가족 사랑 ——— 068
- 06 **남한산성** | 삼전도의 한, 호국 의지 간절한 산성의 묵적 ——— 082
- 07 **강화도** | 붓 길로 수놓은 쇄국과 개화, 항쟁의 현장 ——— 096

충청 전라

- 08 **낙양산 화양계곡** | 선계에 숨어 있는 어필, 우암의 충절 ——— 112
- 09 **속리산 법주사** | 명필이 속세를 떠났는가, 속세가 명필을 떠났는가 ——— 128
- 10 **갑사 · 마곡사** | 춘마곡, 추갑사를 장엄한 영욕의 명필 ——— 142
- 11 **덕숭산 수덕사** | 삼덕에 가득한 덕필과 고절한 문자 도형 ——— 158
- 12 **도솔산 선운사** | 추사 백파 선 논쟁, 문자향으로 만개했네 ——— 172
- 13 **조계산 송광사** | 꽃보다 아름다운 선승과 선객의 묵적 ——— 184

차례

강원
경상

| 14 **오대산 월정사** | 문수성지를 장엄한 경봉, 한암, 탄허 묵적 —— 200
| 15 **황악산 직지사** | 임진왜란 승장 사명대사 필적은 없지만 —— 214
| 16 **안동 도산서원** | 올곧은 선비 정신 묻어나는 퇴계의 길 —— 230
| 17 **희양산 봉암사** | 최치원·혜강, 천년 명필이 창연한 결사도량 —— 246
| 18 **가야산 해인사** | 팔만대장경 보위에 정심을 쏟은 혼필 —— 262
| 19 **영축산 통도사** | 선필과 명필이 예불하는 불보종찰 —— 278
| 20 **금정산 범어사** | 금빛 고기 유영하는 금정에 핀 필화 —— 291

04 소령원·보광사
영조의 효심어린 어머님 전 어필

05 운악산 봉선사
큰법당 한글 현판에 춘원 윤허의 가족 사랑

06 남한산성
삼전도의 한 호국 의지 간절한 산성의 묵적

07 강화도
붓걸로 수놓은 쇄국과 개화 항쟁의 현장

서울 경기

01 삼각산 화계사
추사서파 한자리에 다 모였네

02 수락산 흥국사
덕흥군에 바친 흥선대원군 보은필

03 자운서원·화석정
기호학파 산실에 퇴계 문자향이 피어났네

삼각산 화계사
추사서파 한자리에 다 모였네

흥선대원군 석파石坡 이하응李昰應1820~1898은 한때 장안의 건달들과 어울려 놀기도 하고 폐인 또는 거지 행색으로 지낸 적이 있다. 당시 정권의 핵심 세력인 안동 김씨와 노론의 눈을 속여 목숨을 부지하기 위한 보신책이었다. 그런 그가 어느 날 삼각산 화계사를 찾았다. 부인 여흥 민씨가 이 절을 자주 왕래했던 까닭에 자연스런 발길이었다. 다만 그의 행색은 아주 초라했다.

그가 화계사에 들어서자 느티나무 아래에 있던 동자승이 한 사발의 물을 건넸다. 마침 목이 말랐던 터라 반갑게 받아 마시니 뜻밖에도 꿀물이었다. 석파가 동자승에게 내가 꿀물을 좋아하는지 어떻게 알았느냐고 물었다. 그러자 동자승은 스승님이 시키는 대로 했을 뿐이라고 답한 뒤 따라오라며 앞장서 걸어갔다. 이때 만난 걸승이 정만인鄭萬人이다. 석파는 정만인이 한눈에 자신의 속마음을 꿰뚫어 보고 있음을 직감했다. 그는 정만인에게 왕권을 되찾을 수 있는 방도를 가르쳐 달라고 매달렸다. 마지못해 정만인은 충청도 덕산의 가야산 가야사 금탑 자리가 왕이 나올 제왕지지帝王之地라고 알려줬다.

그때만 해도 풍수지리를 철석같이 믿던 시절이다. 석파는 정만인의 말대로 부친인 남연군 묘를 그 자리로 이장했다. 묘를 이장한 후 3년 뒤인 임자년1852에 둘째 아들 희熙1852~1919를 낳았다. 그리고 12년이 지난 계해년1863 12월 철종이 승하하자 희가 왕위에 올랐으니 그가 바로 고종이다.

충남 예산군 덕산면 가야산 아래 남연군 묘는 풍수에 문외한이 봐도 자리가 너무 좋다. 10리쯤 떨어져 있는 동구 밖은 빗장을 걸어놓은 듯이 꽉 막혀 있다. 가야산 좌우에서 뻗어 나온 산줄기가 커다란 타원형을 그리며 동구 밖까지 내달려 만든 자연의 조화다. 그러면서 등뼈에서 갈비뼈가 갈라져 나온 것처럼 작은 산줄기가 가지 쳐 나왔다. 마치 조정의 신하들이 조응하는 형국이다.

일주문

남연군의 묘는 좌우 산줄기 사이로 짧게 뻗어 내린 용맥이 작은 냇물 앞에 급히 멈춘 곳에 혈처를 잡았다. 뒷편의 산줄기는 개미허리처럼 잘록하고 묘역은 풍선처럼 둥글다. 마치 괘종시계의 시계불알 같다. 또 동구 밖을 감싸 안은 산줄기 끝자락에는 우뚝 솟은 두 개의 산봉우리가 있다. 2대에 걸쳐 임금이 나온다는 인사봉이다. 그래서 남연군의 후손 가운데 고종과 순종의 두 황제가 나왔다는 게 풍수적 해석이다.

석파의 직계는 왕맥과는 거리가 멀다. 그의 세보상 가장 가까운 왕맥은 인조의 셋째 왕자인 인평대군麟坪大君1622~1658에 닿는다. 부친인 남연군 구球1788~1836가 인평대군의 6세손이 된다. 남연군은 사도세자 선愃1735~1762의 아들인 은신군恩信君 진禛1755~1771에게 양자로 들어갔다. 사도세자는 정조의 생부이자 영조의 아들이다. 양자를 잘 간 덕분에 영조의 현손이 됐다. 이 같은 한 가닥 왕맥에 걸쳐 있어 철종이 승하하자 그의 둘째 아들인 희를 익종에게 입승대통시켜 왕위에 오를 수 있었다.

임금은 하늘이 낸다는 말은 고종을 두고 하는 말 같다. 아들이 왕위에 올라 살아 있는 대원군으로 권세를 휘두를 수 있었으니 석파 역시 천운을 타고났다. 우연한 인연이었지만 석파와 고종은 화계사의 은덕을 단단히 입었다.

왕권을 거머쥔 흥선대원군은 고종 3년1866 화계사의 대대적인 중창불사를 일으켰다. 장안에서 제일가는 목수 100여 명과 석수 30여 명을 불러 모아 불과 수개월만에 중수를 끝냈다. 이때 지은 법당과 승방, 명부전 등은 현재의 화계사 가람배치의 기본골격이다.

자오반포慈烏反哺라는 말이 있다. 자애로운 까마귀는 어미 까마귀가 스스로 먹이를 구할 힘이 없을 때 모이를 구해다 먹인다는 뜻이다. 길러준 어미의 은혜에 보답한다는 의미다. 홍선대원군은 화계사에서 귀인인 정만인을 만났고 아들이 왕위에 올랐다. 까마귀도 어미의 은혜에 보답하는데 홍선대원군이 화계사에 심혈을 쏟아 중창불사로 은혜를 갚는 것은 이상할 게 전혀 없다.

화계사를 새롭게 조영한 홍선대원군은 당대 예원의 출중한 명사인 정학교, 신관호 그리고 김정희 등에게 글씨를 받아 전각과 당우를 장엄했다. 홍선대원군과 일찍부터 교류했던 예인인 이들은 제각기 기량을 쏟아 최고의 득의필을 냈다. 화계사는 이 신필들이 기품과 문자향을 뽐내고 있는 명필의 보고다.

서울 지하철 1호선 수유역에서 시내버스로 갈아 타고 종점에서 내렸다. 여기서 나즈막한 오르막길을 올라가니 화계사 주차장이다. 바로 앞에는 고목이 다 된 느티나무가 서 있다. 홍선대원군에게 꿀물을 건네준 동자승이 서 있던 자리가 이쯤이 아닌지 생각된다. 그리고 계곡 아래의 오탁천은 동자승이 건넨 물인지도 모른다. 오탁천은 까마귀가 주둥이로 바위로 쪼아 약수가 터졌다고 하는 옹달샘이다. 속병과 피부병에 효험이 있어 홍선대원군이 즐겨 마셨다고 한다.

주차장 앞에 있는 건물은 법당과 국제선원 등 복합건물로 쓰이는 대적광전大寂光殿이다. 1991년 중창불사의 역작이다. 언덕의 경사를 이용해 누각 형태로 건립된 범종각梵鐘閣은 대웅전 앞 마당에 있던 것을 이곳으로 옮겼다. 범종각 1층에는 동종이 걸려 있고 2층에는 법고와 목어, 운판이 있어 법구사물을 한자리에서 볼 수 있다. 1층의 동종은 300근 짜리로 숙종 9년

석파 예서 필 화계사사진①

위당 해서 필 화계사사진②

위당 예서 필 보화루사진③

1683에 경북 풍기 희방사喜方寺에서 주조했다.

　범종각 뒤쪽으로 난 계단을 올라가니 승방 처마 밑에 세 개의 편액이 나란히 걸려 있다. 중앙에 예서로 쓴 화계사華溪寺사진①가 마음을 사로잡고 좌우에는 각각 해서와 예서의 화계사華溪寺사진②와 보화루寶華樓사진③가 눈길을 빼앗는다. 넋이 나간 모습으로 감상한 지 한참만에 정신이 든다. 때마침 스님 한 분이 지나기에 물었다.

　"스님. 어느 글씨가 더 좋습니까."

　그러나 스님은 아무런 대꾸도 하지 않고 갈 길을 간다. 뒷모습이 그리 바쁜 걸음은 아니다. 그저 경내에 무슨 일이 없는지 살펴보는 것 같다. 한참을 더 감상에 빠져버렸다. 이런 나의 행동거지가 이상하게 보였을까. 스님이 가던 길을 되돌아온다.

　그러면서 "어느 글씨가 좋은지는 마음에 있지요" 하며 빙그레 웃는다.

　그 한마디에 마치 득도라도 한 것처럼 눈이 활짝 열린다. 지금 이 세 개의 편액을 감상하며 어느 글씨가 더 좋은지를 따지는 게 무슨 소용인가. 명필을 가까이에서 볼 수 있는 것만으로 행복이요 즐거움이 아닌가.

　다시 눈을 돌린다. 중앙의 '화계사'에는 오른쪽 상단에 대원군장大院君章이란 두인이 선명하다. 그리고 왼쪽 하단에는 석파石坡 이하응李昰應이란 명호가 찍혀 있다. 각각의 위치가 절묘하다. 한 방의 명호라도 장법에 맞게 찍는 예인의 안목을 읽을 수 있다. 홍선대원군의 호방한 성품이 풍기는 편액이다.

　좌우의 현판은 위당威堂 신관호申觀浩1818~1888의 친필이다. 위낭은 홍선대원군과 더불어 추사秋史 김정희金正喜로부터 서법과 난법을 인가받은 당대의 명필이다. 추사는 "위당의 예서는 나를 뛰어넘었을 뿐 아니라 조선에서 이보다 더 잘 쓰는 사람은 없다"고 극찬했다.

추사는 예서를 서법의 원조로 봤다. 반드시 방경하고 고졸한 예서를 최상으로 쳤다. 서도에 뜻을 두었다면 예서를 몰라서는 안 된다고 강조했다. 예서의 법은 쉽게 터득할 수 없어 한나라 예서의 묘를 익힐 것을 권유했다. 추사의 인가를 받았다면 위당의 예서가 어느 경지에 이르렀는지를 짐작할 수 있다.

화계사와 보화루는 추사체가 물씬한 예서다. 가만히 살펴보니 위당의 글씨가 흥선대원군에 못 미친다. 개체 과정에 신체가 손상을 입은 것도 아니다. 그렇다고 스승인 추사가 위당을 과대평가하거나 추켜세웠을 리도 만무하다. 위당이 득의필을 뽐내지 않았다는 생각이 든다. 아마도 흥선대원군보다 더 좋은 글씨를 쓰지 않으려는 위당의 사려 깊은 마음의 산물일 것이다. 글씨는 마음에 있다는 말로 스님은 위당의 숨겨진 겸양을 암시했음을 뒤늦게 깨닫고 나니 겸연쩍은 웃음이 나온다.

흥선대원군이 집정하자 삼도수군통제사로 통영에 있던 위당을 조정으로 불러들였다. 그리고 형조·공조·병조판서를 차례로 맡겼다. 위당은 대원군의 발탁인사 덕을 톡톡히 본 셈이다. 위당은 삼군수군통제사 시절에 해인사 장경각의 수다라장修多羅藏과 법보전法寶殿 편액을 썼다. 모두 절묘한 예서다. 또 밀양 재악산 표충사, 해남 두륜산 대흥사 등 여러 절에 편액과 주련 글씨를 남겼다.

승방의 오른쪽 벽에는 화장루華藏樓라는 편액이 걸려 있다. 장법과 결구가 아주 짜임새가 있는 승품이다. 영선군永宣君 박춘강朴春江이란 명호가 있다. 이렇게 좋은 글씨가 걸려 있는데도 미처 눈에 띄지 않은 게 이상하다. 아마도 석파와 위당의 글씨가 워낙 빼어난 탓에 가품의 영선군 글씨에 관심이 덜 간 것이다.

대웅전 앞에 서니 현판과 주련이 신필이다. 화계사가 명필의 보고라는 사실이 다시 한 번 실감난다. 대웅전大雄殿사진④ 현판은 몽인夢人 정학교丁鶴喬 1832~1914의 회심필이다. 한 글자 한 글자에 변화를 많이 주었는데도 산만하지 않고 오히려 가지런하고 단정하다. 몽인은 전서, 예서, 행서, 초서에 모두 능했지만 행초서를 더 잘 썼다. 아들 정대유丁大有도 서예가로 유명하다.

몽인은 그림도 잘 그렸다. 대나무와 돌을 그린 죽석도는 당대 최고 수준으로 평가받는다. 그는 기이하게 생긴 바위를 묘사한 괴석도를 즐겨 그려 '정괴석丁怪石'이란 별명까지 얻었다. 오원吾園 장승업張承業 1843~1897은 자신이 그린 그림의 화제를 몽인에게 자주 부탁

대웅전사진④

했다고 한다.

몽인은 관직이 종4품에 머물렀지만 서화에 능해 흥선대원군을 비롯한 민영익閔泳翊, 윤용구尹用求 등 당대 예인과 친밀하게 교류했다. 흥선대원군이 법당의 현판을 부탁했을 정도이니 몽인의 경지가 어느 수준인지를 알 수 있지 않은가.

대웅전 주련은 중국 송대의 선승인 보제普濟가 모아 편집한 선종사禪宗史 사서인《오등회원五燈會元》17권의 내용이다. 주련 글로는 흔히 볼 수 없다.

비로자나의 법해에는 완전한 자취가 없고 毘盧海藏全無跡
적광묘사 또한 아무런 흔적도 없네 寂光妙士亦無踪
겁화가 훨훨 타서 털끝마저 다해도 劫化洞然毫末盡
푸른 산은 예전처럼 흰 구름 속에 솟았구나 靑山依舊白雲中

이 주련은 위당 신관호가 썼다. 주련의 심오한 내용은 범인인 나로서는 쉽게 이해가 안 되지만 명필로 환생하니 저절로 고개가 끄덕여진다. 아마도 이런 게 좋은 글씨의 매력일 것이다.

화계사는 광해군 10년1618에 큰불이 나 법당과 요사 50칸이 소실된 적이 있다. 이때 덕흥대원군가家가 시주로 나서 다섯 달 만에 예전대로 중건하고 왕실의 기복도량으로 삼았다. 화계사가 수락산 흥국사의 사패지 안에 있어 덕흥대원군가가 중건불사의 시주로 나선 것이다. 흥국사는 덕흥대원군가의 원찰이다.

덕흥대원군德興大院君1530~1559은 선조의 생부이다. 창빈 안씨의 소생으로 출신 성분이 낮았지만 세째 아들 하성군河城君 균鈞1552~1608이 명종의 뒤를 이어 왕위선조에 올랐다. 이 덕분에 조선 최초의 대원군에 추존됐다. 대원군의 원조이니 흥선대원군에게는 특별할 수밖에 없다.

이렇게 덕흥대원군가와 인연을 맺은 화계사는 불교 의식을 전담하는 범패승 양성도량으로 자리매김을 했다. 흥국사가 절집의 장엄을 담당하는 불화를 그리는 화승을 양성하는 것과 쌍벽을 이루는 절로 발전한 것이다. 그래서 사중에서 "덕절흥국사 중은 불을 때면서 불 막대기로 시왕초를 내고 화계 중은 불 때면서 초할향을 한다"는 이야기가 나왔다. 시왕초를 그리고 초할향을 하는 것은 불화와 범패를 배우는 기초 과정이다.

보현사지 법인국사탑비 사진⑤

화계사는 처음부터 이 자리에 건립된 게 아니다. 중종 17년1522 서평군西平君 이공李公이 신월信月과 함께 부허동에 있던 보덕암普德庵을 화계동으로 옮겨 짓고 화계사로 불렀다. 보덕암은 탄문坦文901~975이 개창했다. 탄문은 화엄종주로는 처음으로 국사에 올랐던 고려 초의 선승이다. 그의 행적은 충남 서산시 운산면 용현리 보원사지에 있는 '보원사법인대시삼중보승지탑비명'사진⑤에 자세히 기록돼 있다.

이 탑비의 비문은 김정언金廷彦이 짓고 한윤韓允이 전액과 비문 글씨를 썼으며 김승렴金承廉이 새겼다. 탄문이 입적한 지 3년 뒤인 경종 3년978의 일이다. 구양순체의 해서로 쓴 이 비문은 고려 초 절필의 전형으로 꼽는다. 비문은 46행에 1행 99자다. 비석의 탑비 옆에는 1000년 세월을 이겨낸 탄문의 부도탑이 완전한 상태로 서 있다.

명부전사진⑥

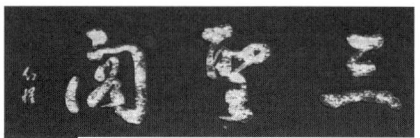
삼성각사진⑦

대웅전 옆에 있는 명부전冥府殿사진⑥은 한눈에 봐도 걸품이다. 부드럽고 강하고 굵고 가는 필획의 리듬에 맞춰 덩실덩실 춤을 추는 모양새다. 벌거벗은 여인을 데생하는 것 같은가 하면 난을 치는 법도를 서법에 접목한 것 같다. 결구와 간가에 자유로운 변화를 주어 회화성을 마음껏 발휘했다.

과연 이만한 솜씨를 누가 뽐낼 수 있을까. 대원군장大院君章이란 두인과 왼쪽 하단에 석파石坡 이하응인李昰應印이란 두 방의 명호가 찍혀 있다. 두인과 명호를 찍은 위치 또한 절묘하다. 명호가 그 자리에 없었다면 '전殿'의 왼쪽 하단의 허전한 공백으로 인해 전체적인 균형이 무너질 수 있다. 두인은 글씨가 더 이상 위로 올라가지 않도록 제어한다. 신안의 예인이 구사할 수 있는 서법이다. 추사의 의발을 전수받기에 충분한 추사체의 묘법을 유감없이 구사했다. 명부전 주련도 홍선대원군이 썼다.

그리고 보니 삼성각三聖閣사진⑦ 편액도 빼어나다. 획이 두껍지만 군살이 없고 유연하다. 장수를 태운 준마가 전력으로 내달리는 형상이다. 금분을 칠한 단청이 퇴색됐지만 오히려 고풍스럽고 비백 효과가 난다. 왼쪽 하단에 환경幻鏡이란 관지가 뚜렷하다. 사중의 명필로 통했던 효동曉東 환경幻鏡 1887~1983의 선필이다. 선가의 또 다른 명필인 남천南泉은 환경에게 보낸 편지에서 이렇게 밝혔다.

"그대 글씨는 현재의 총림 가운데 홀로 묘한 경지를 얻었네. 그래서 많은 사람이 모두 칭찬한다네."

가야산 해인사에서 수행할 때 아무도 손대지 못하고 있던 범서를 쓴 게 환경이다. 당시 해인사에 주석했던 회운晦雲이 환경에게 "네가 글씨를 잘 쓴다고 들었는데 범서를 써본 적이 있느냐"고 물었다. 그때 환경은 이렇게 대답했다.

"아직 써본 적은 없지만 당장이라도 쓸 수 있을 것 같습니다. 여기에는 마음에 의심이 없습니다."

그러자 회운은 "지극 정성으로 한 장을 써주면 좋겠다"고 부탁했다. 환경은 100여 자의 범서를 혼신을 다해 쏟아 썼다. 이 범서를 받은 회운은 가야산 홍류동 계곡과 해인사 광풍루 부근의 암벽에 새겨놓았다.

화계사 국제선원은 숭산崇山1927~2004에서 연유한 외국인을 위한 법당이다. 숭산은 1966년부터 해외 선교에 나서 한국 불교의 세계화를 이끈 선승이다. 그는 생전에 35개국에 50여개의 선원을 설립했고 계룡산에도 외국인 구도자를 위한 기도도량을 세웠다. 미국 하버드대 출신인 현각玄覺이 그의 제자다. 숭산은 수행을 결심하는 외국인에게 이런 화두를 줬다.

"Only don't know, Just do it. 오직 모를 뿐, 단지 할 뿐"

삼각산 화계사 사진⑧

    그리고 나를 찾기 위한 명제로 삼고 실천하도록 했다. 숭산 자신도 함께 수행하고 실천하면서 외국인 수행자를 지도했다. 화계사는 조선의 개방을 막무가내로 막았던 홍선대원군이 중창불사를 일으켰다. 이런 화계사가 해외 포교의 중심지가 된 것은 무슨 인연일까.

    아쉬운 발길을 돌리니 선걸음에 지나쳤던 일주문의 삼각산화계사三角山華溪寺사진⑧ 문액이 승품이다. 각 획이 힘줄만 있을 뿐 살은 전혀 없다. 빈틈이 전혀 없고 꼬장꼬장한 필세다. 오랜 수련을 해야 얻을 수 있는 서법이다. '산山'자는 산 모양을 상형화해 흔히 쓰지만 이 현판에 있는 자형은 특이하다. 왼쪽 하단에 무여無如라는 관지가 보인다. 선필로는 보기 드물게 예서로 썼다.

    무여는 경북 봉화 축서사에 주석하고 있는 선승이다. 축서사는 수행법도가 가장 엄격한 선방이다. 이곳에는 수행자를 위한 문수선원과 재가불자가 정진하는 보현선원이 있다. 문수선원은 하루 15시간 정진에 결제 기간은 5개월이다. 해제 기간은 불과 1개월로 연중 10개월간 수행한다. 보현선원은 하루 10시간 정진하며 큰 방이 별도로 있어 24시간 수행할 수 있도록 열어놓았다. 수행자들은 결제 기간 동안 묵언이 원칙이다. 입방하면 결제 기간이 끝날 때까지 산문을 나갈 수 없다. 용맹 정진에만 매달려야 하는 수도도량이다.

　무여는, 기도는 믿을 '신信'과 간절할 '절切' 두 글자가 가장 요긴하다고 말한다. 그러면서 "기도는 원願을 세워야 한다. 원은 희망이요, 포부요, 목표다"라고 가르친다.

　글씨도 잘 쓰려면 원을 세워야 한다. 서예는 마음이요, 수련이요, 인내다. 그렇지 않고는 자법을 터득할 수 없고 좋은 글씨가 나오지 않는다.

　화계사와 더불어 대원군가와 각별한 인연이 있는 수락산 흥국사가 여기서 한걸음이면 갈 수 있다. 마들들판을 건너면 상계동이고 상계역을 지나 승용차로 10분이면 흥국사에 이른다. 근처 주민에게 길을 물을 때는 흥국사가 아니라 '덕절'이라고 해야 알아듣는다. 덕절에는 화계사와 겨룰 만한 흥선대원군의 또 다른 신필이 현판과 주련으로 걸려 있다.

수락산 흥국사
덕흥군에 바친
흥선대원군 보은 필

전국의 사찰 중에는 본래의 이름이 아닌 별호가 더 잘 알려진 경우가 있다. 사람으로 치면 본명이 아닌 별명이 유명세를 타는 것과 마찬가지다. 서울 신촌의 금화산 봉원사는 '새절'로, 삼성동 봉미산 봉은사는 '숭절'로, 여주 신륵사는 '벽절'로 통한다. 봉원사는 본래 연세대학교 인근에 위치해 있다가 지금의 자리로 이전하면서 '새절'로 불렸다. 신륵사는 남한강 중류인 여강의 끝자락에 자리 잡고 있어 '벽절'이란 이름이 붙었다.

경기도 남양주시 별내면 덕송리 수락산 흥국사는 인근 주민과 사중에선 '덕절'로 불러야 안다. '새절'이나 '벽절' 등은 이름만 들어도 쉽게 이해할 수 있지만 '덕절'은 뜬금없이 들린다. '덕절'은 역사적 배경을 알아야 무슨 뜻인지를 알아차릴 수 있다.

수락산 남쪽 자락에 덕흥대원군德興大院君1530~1559의 묘가 있다. 덕흥대원군은 중종의 여덟째 아들이자 조선 제14대 임금인 선조1552~1608의 아버지다. 그의 셋째 아들인 하성군河城君 균鈞이 선조다. 덕흥군은 중종의 후궁인 창빈 안씨의 3남 1녀 중 막내로 태

어났다. 정비도 아닌 후궁의 소생이고 그중에서도 막내여서 왕위를 이을 수 있는 적통과는 거리가 멀다. 덕흥군의 출신 성분이 이런 까닭에 하성군은 왕실의 후손인 것만으로도 좋은 팔자를 타고 났다.

그러나 적장자를 왕위 계승의 우선 순위로 삼았던 조선 왕실의 관례는 명종 대에 이르러 뜻밖의 변화가 생겼다. 명종이 후손을 생산하지 못한 까닭이다. 명종은 선조의 선대 임금이다. 명종의 선왕을 차례로 거슬러 올라가면 인종, 중종, 연산군, 성종에 이른다. 바로 선왕인 인종은 명종의 형으로 왕위를 이을 왕자를 생산하지 못했다. 선친인 중종이 9남 11녀를 낳았으나 정비 소생은 인종과 명종 그리고 5명의 공주뿐이었다. 또 중종의 선왕인 연산군은 성종의 적장자로 왕통을 이었으나 폭정을 일삼다가 폐위됐다. 연산군이 폐위되면서 성종의 계비 소생인 중종이 왕위를 계승했다.

성종은 16남 11녀를 두었으나 연산군과 중종만이 정비 소생이고 나머지는 후궁에서 생산됐다. 이렇게 되고 보니 성종의 순혈로 명종의 뒤를 이을 왕손이 끊겼다. 자연히 명종의 왕위를 계승할 왕손은 중종의 후궁 소생까지 확장됐다. 그래서 명종과 명종비인 인순왕후는 덕흥군의 셋째 아들인 하성군을 양자로 삼았다. 하늘이 내린 천운이란 이를 두고 하는 말

흥국사 일주문사진①

이다. 세자 교육을 받던 하성군은 명종이 재위 22년1567 6월 승하하자 불과 닷새 만에 왕위에 올랐다. 그가 바로 선조다.

선조가 왕위에 올랐을 때 생부인 덕흥군은 29세로 요절한 상태였다. 생모인 하동 정씨 역시 하성군이 용상에 오르기 한 달 전에 죽었다. 하성군은 친모상을 치를 겨를도 없이 보위에 올랐다. 하동 정씨는 집현전 학자 출신이면서 수양대군을 세조로 옹립할 때 공을 세운 학역재學易齋 정인지鄭麟趾 1396~1476의 증손녀다.

조선 왕실의 관례로 보면 아들이 왕위에 올랐으니 덕흥군과 하동 정씨의 묘는 능으로 격상돼야 한다. 하지만 후궁 소생이란 낮은 출신 성분 때문에 이런 예우를 받지 못했다. 선조는 생부인 덕흥군이 왕의 아들이요 왕의 아버지인 만큼 어떤 식이든 합당한 대우를 해야 한다는 마음을 먹고 적당한 기회를 기다렸다. 그러던 중 재위 3년1570 송나라 영종의 고사를 들어 덕흥군과 하동 정씨에 대해 덕흥대원군과 하동부대부인으로 추증했다. 이리하여 조선 왕조에서 처음으로 대원위와 부대부인이 출현했다.

비록 생부가 대원위로 추증되었으나 왕으로는 추존될 수 없어 덕흥대원군 묘는 여전히 능으로 격상되지 않았다. 선조는 이를 못마땅하게 여기고 묘책을 짜냈다. 당시 수락산 일대에는 동대문 밖에 나무를 내다 파는 나무꾼이 많았다. 선조는 밀지를 내려 동대문 나무 시장의 나무꾼이 '덕릉'에서 왔다고 하면 나무 값을 후하게 쳐주도록 조치했다. 반면에 '덕흥대원군 묘'에서 왔다고 하면 나무를 사주지도 않았다. 이런 소문은 삽시간에 나무 장수 사이에 퍼졌다. 서울 근교 일대의 나무꾼은 너도나도 덕릉에서 왔다며 나무를 팔았다. 그래서 덕흥대원군의 묘가 민간에서는 덕릉으로 높여 불렸고 오늘날까지 그렇게 전해지고 있다. 덕흥대원군의 조포사 겸 원찰인 홍국사도 자연스럽게 '덕절'의 별호가 붙었다.

홍국사 일주문사진①은 높이에 비해 기둥이 가늘다. 깡마른 꺽다리 아저씨처럼 보인다. 일주문에 걸린 홍국사興國寺 현판은 우남雩南 이승만李承晩의 친필이다. '홍興'의 가로획을 세로로 구사한 게 특이하다. '홍하라'는 의미로 획을 불길처럼 위로 솟아 오르게 상형화한 자법이다. 자형이 내포하고 있듯이 나라가 일어서라는 기원하는 심서다. 우남은 경북 영주 부석사, 서울 정릉 경국사와 북한산 문수사, 가야산 해인사 등의 사찰에 글씨를 남겼다. 서법이 홍국사 현판과 같다.

홍국사 현판에서 볼 수 있는 것처럼 우남의 글씨는 명필에 필적한다. 우남은 한시를 묶은 《체역집》을 편찬할 정도로 한문에 조예가 깊었다. 또 30세의 나이에 미국에 유학해 조지워싱턴대 학사, 하버드대 석사, 그리고 프린스턴대에서 국세정치학 박사를 받았다. 동서양 학문을 모두 섭렵한 것이다. 그의 운필은 자유롭지만 체세가 아주 절제돼 있는 것은 동서양 문화를 깊이 체득한 특성의 소산으로 여겨진다. 우남은 스스로 자법을 익혔지만 '우남체'로 불러도 무방할 정도로 서체가 잡혀 있다.

일주문을 지나 오르막길을 올라가면 한옥식 건물이 나온다. 대방사진②이다. 왕실의 원찰에서 흔히 볼 수 있는 '工'자형 구조이다. 대방 앞뜰에는 나무가 무성하다. 나무 사이로 보이는 대방 처마에 힘찬 필치의 '홍국사' 사진③라는 편액이 걸려 있다. '석파石坡 대원군장大院君章'이란 명호가 선명하다. 홍선대원군 이하응李昰應이 명필로 잘 알려져 있지만 이 편액은 그의 글씨 중 백미로 꼽을 수 있다.

흥국사 편액이 걸린 승방사진②

대원군 필 흥국사사진③

대웅보전사진④

이 편액은 대방 마당에서 멀리 감상할 수 있을 뿐만 아니라 툇마루에 올라서면 아주 가까이에서 볼 수 있다. 석파 글씨의 진면목을 자세히 살필 수 있는 것이다. 각각의 글씨는 정확하게 정사각형의 방형이다. 필획이 균밀하고 결구가 더없이 치밀하다. 붓을 꾹 눌러 힘 있게 구사한 '국國'의 전절은 탄력과 기운이 넘친다. 오른쪽 전절은 근력 운동으로 다진 육체미 선수의 어깨 근육과 같다. 살아 있는 권력으로 당당한 위세를 행세했던 대원군의 기개와 위엄을 온전히 담아냈다. 왼쪽 하단의 주문 백문의 명호 두 방도 금방 찍은 것처럼 너무도 선명하다.

흥국사 현판 글씨가 있는 대방은 세심하게 다듬은 장대석을 쌓고 그 위에 주춧돌을 세우고 올린 건물이다. 필획이 굵고 가늘고, 길고 짧고, 강하고 약한 것이 마치 대방을 받치고 있는 재목과 흡사하다. 짜임새 또한 크고 작게, 길고 짧게 잘 다듬어 쌓아 올린 축대와도 잘 어울린다.

석파의 글씨는 필획을 굵고 가늘게, 먹을 엷고 짙게 구사하는 방식으로 음양의 조화를 추구하는 특징이 있다. 변화무쌍한 필획을 통해 글씨에 생명력을 불어넣었다. 전체적으로 보면 꿈틀꿈틀 기복이 심한 가운데 청경하고 고고한 느낌이 든다. 다만 흥국사 편액은 절집의 정서를 감안한 탓인지 정중하면서 위엄있는 해서로 썼다. 석파 글씨의 또 다른 서미를 맛볼 수 있다.

창암蒼巖 이삼만李三晩은 《서결書訣》에서 붓이 닿는 곳에는 소를 돌리는 것 같은 힘이 있고 굽혀 꺾는 전절에는 대나무를 쪼개는 듯한 기세가 있어야 한다. 이렇게 해야 힘이 넘치는 근골이 풍성한 글씨가 나온다고 했다. 석파가 쓴 흥국사 편액을 두고 한 서평 같다.

경내로 들어서면서 마주한 대웅보전大雄寶殿사진④ 현판은 균밀한 필선과 단정한 결구가 일품이다. '대大'의 오른쪽 삐침을 붓이 가는 대로 순행하지 않고 역행한 게 특이하다. 표암豹菴 강세황姜世晃이 쓴 태화산 마곡사 대광보전 현판의 '대'와 비슷한 구도다. 관지와 낙관이 없어 누구의 글씨인지는 알 수 없어 아쉽다. 다만 흥국사가 순조 18년1818 큰불이 나 만월보전과 양노당을 제외하고 모두 소실되었다가 순조 21년1821 중건된 기록으로 미뤄볼 때 대웅보전 현판도 당시에 쓴 것 같다.

대웅전의 주불은 석가모니불이고 좌우의 협시보살은 문수보살과 보현보살이다. 이 삼존불과 광배는 정조 시대의 진경 문화의 진수를 보여준다. 목각으로 조각해 금색을 입힌 삼존불은 단아하고 정중한 자태를 하고 있어 꼿꼿한 선비의 전형적인 자세와 같다. 특히 입가에는 잔잔한 미소가 흐르고 친근감과 인정미가 물씬 풍긴다.

삼존불 각각의 광배를 눈여겨보면 정교한 표현력과 상징성, 그리고 아름다움은 과연 덕절 중은 불 막대기로 시왕초를 낸다는 말이 틀림없구나 하는 생각이 들게 한다. 중앙의 석가모니불 광배는 전체적인 기본 틀을 한 송이 연꽃 모양으로 잡았다. 그리고 꽃잎 안에 연꽃과 당초모란의 꽃무늬로 장엄했다. 꽃잎 밖은 불꽃 모양으로 장식했는데 모두가 투각 기법으로 입체감을 부여했다.

불화 중에서 감로탱은 당시의 생활상을 사실 그대로 담아낸 일종의 생활 풍속도에 해당한다. 대웅전 왼쪽 벽에 걸려 있는 감로탱은 고종 5년1868에 조성된 것으로 당시 사회상을 사실적으로 그려냈다. 줄타기와 재주를 부리는 광대가 등장하고 굿판을 벌이는 무당도 나온다. 길거리에서 마주친

남녀가 눈길을 주고받는 춘정의 모습도 보인다. 투전판이 벌어지고 있는가 하면 술에 취해 다투고 싸움이 벌어져 얻어맞는 장면도 있다. 남녀가 어우러져 북 치고 장구를 친다. 각각의 모습이 너무도 생생하게 표현되어 있다. 참으로 묘품이다. 절제된 해학성과 정확한 인물 묘사, 예리한 관찰력 등이 당대의 명성이 높던 화승이자 흥국사에 재적했던 불모의 작품이었을 것이다. 대웅전 안에 있는 칠성탱, 산중탱 등도 같은 솜씨로 보이는 가품이다.

이렇게 화려한 대웅전 단청 등은 순조 24년1824에 마무리됐다. 기허奇虛에 의해 중창불사가 이뤄진 2년 뒤의 일이다. '흥국사법당단청기문'에는 대웅전 건립과 단청을 위해 정부 지원금에 해당하는 내탕금과 왕실 후원금 그리고 청신남자가 불사 비용으로 수백냥을 시주했다고 기록되어 있다. 시주의 배경이 이렇다 보니 흥국사 중건불사에는 최고의 장인과 최고의 화승이 참여했을 것은 불문가지가 아니겠는가. 대웅전의 장엄이 화려하고 빼어난 예술미를 자랑하는 것은 바로 왕실의 특별한 관리 덕분이다.

대웅전 서편의 전각은 영산전靈山殿사진⑤이다. 운필이 부드러우면서도 예기가 서려 있고 힘이 넘치

영산전사진⑤

는 행서이다. 신바람이 난 한량이 두루마기를 휘날리며 걷는 모양새다. 왼편에 대원군장大院君章 석파石坡라는 명호 두 방이 선명하게 찍혀 있다. 서화를 애호한 한량다운 석파의 서미가 듬뿍 담겨 있다. 영산전 주련에도 시작과 끝에 해당하는 맨 오른편과 왼편에 대원군장 석파라는 명호가 찍혀 있다. 주련 글씨에서는 드문 석파의 예서다. 이 주련은 대체로 가로획은 가늘고 세로획은 굵다. 특히 '견見', '회會', '월月'자를 보면 안으로 들어가는 가로획의 엷음이 두드러진다.

약사전은 여러 사중의 시주를 받아 중건됐다. 남한산중과 북한산중, 봉은사, 봉선사, 봉원사, 용주사, 홍천사, 신계사, 백담사, 표충사 등 원찰과 주요 사찰이 시주 명단에 올라 있다. 이 같은 시주 내역을 담은 '약사전중건각사동참문' 현판이 약사전 뒤편에 걸려 있다. 흥국사가 조선 왕실에서 얼마나 중요한 절이었는지 알 수 있는 현판이다.

대웅전 동편 위쪽의 전각이 만월보전滿月寶殿이고 다시 한 단 위에는 단하각丹霞閣이 있다. 두 쪽의 소나무 판에 새긴 만월보전은 편액의 크기에 비해 글씨가 작아 어색해 보인다. 그러나 결구가 아주 짜임새가 있어 명필에 손색없다. 왼쪽에 '계사오월하한일서癸巳五月下澣日書'라는 관지가 있으나 누구인지를 알 수 없다. 기년인 계사는 고종 30년1893으로 편액도 이때에 쓴 것으로 보인다. 하한下澣은 하순으로 하완下浣이라고도 쓴다.

만월보전의 편액 글씨에 대한 아쉬움은 기둥에 걸려 있는 주련으로 달랠 수 있다. 예서로 판자를 꽉 차게 큰 글씨로 쓴 주련에는 대원군장大院君章 석파石坡라는 명호가 찍혀 있다. 흥선대원군의 유려하면서 자유분방한 필치를 다시 만나게 된 것이다. 안으로 들어가는 가로획은 엷게 구사한 게 영산전 주련과 흡사하다. 두툼한 필선과 정사각형인 방형의 장법은 대원군의 호쾌한 성품을 그대로 드러내고 있다. 주련으로는 가장 오래된 것이라고 한다.

만월보전은 육각형의 특이한 전각이다. 정면에 석조약사여래상을 모셨고 좌우의 네 면에는 팔상탱화를 각각 두 쪽씩 모두 여덟 쪽으로 장엄했다. 약사불 앞에 단정하게 짜여 있는 불탁자에는 헌종 13년1847 '대시주 우씨'가 조성했다고 붉은 글씨로 새겨 있는 게 이채롭다.

만월보전보다 한 단 위에 있는 단하각은 산신각에 해당한다. 정면과 측면 각 1칸의 작은 전각이다. '단丹'은 '자紫'와 같은 뜻인 저녁노을로 황금색을 의미한다. 불가에서 황금색은 부처님을 상징한다. 또 '하霞'는 안개를 뜻한다. 그러니까 '단하'는 부처님의 형상이 안개와 같이 피어오르는 불국 정토를 상징하는 것이다. 단하각에서 내려다보이는 수락산 아래 남양주 벌판에 깔린 안개가 장관으로 유명하다. 당호를 산신각이 아니라 단하각이란 이름을 붙인 것은, 안개 낀 경관이 불국정토를 방불케 하기 때문은 아닐까. 거기 들판에는 대규모 아파트 단지가 들어서 있다.

선조의 생부인 덕흥대원군 묘는 홍국사 우측 수락산 자락에 있다. 이 묘는 남에서 동으로 15도쯤 기울어진 남동향의 정향으로 좌향을 잡아 쌍분으로 조성됐다. 묘 앞에는 덕흥대원군德興大院君 하동정씨지묘河東鄭氏之墓라고 새긴 묘표가 서 있다. 상석 앞에서 정면을 바라보니 용마산과 아차산이 한눈에 들어온다. 봉긋하게 솟아 있는 산봉우리는 동구릉 뒷산이다. 덕릉 뒤편의 수락산 자락의 암벽이 병풍처럼 감싸고 있다. 풍수의 문외한이 보아도 비범하게 보이는 명당이다.

덕흥대원군신도비 사진⑥

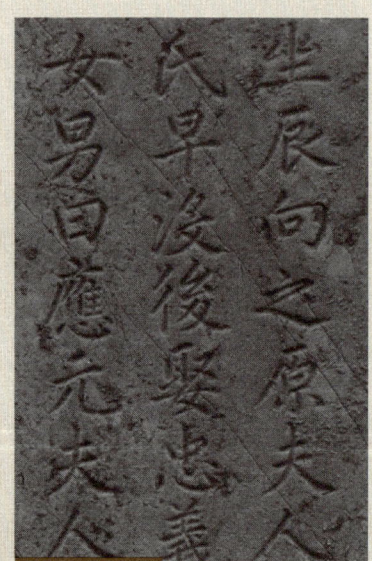
덕흥대원군신도비문 사진⑦

묘 아래에는 덕흥대원군신도비사진⑥⑦가 서 있다. 선조 6년1553에 건립된 이 비는 강녕군江寧君 홍섬洪暹이 비문을 짓고 봉헌대부 여성군礪城君 송인宋寅1517~1584이 글씨를 썼다. 송인은 해서에 아주 뛰어났다. 퇴계退溪 이황李滉이 농암聾巖 이현보李賢輔의 비문을 써달라는 부탁을 받자 퇴계는 비문은 글씨를 잘 쓰는 사람에게 받아야 한다며 송인을 추천했다. 그만큼 송인은 당대의 문인이 최고로 인정하는 명필이었다.

실제 송인은 당시의 궁전 현판과 편액, 사대부의 비명을 도맡아 썼다. 송인은 시문에 매우 뛰어났고 이황을 비롯해 이이, 성혼, 조식 등과 교류했다. 중종의 셋째 딸인 정순옹주와 결혼해 여성위에 봉해졌고 명종 때 여성군에 올랐다. 황산대첩비荒山大捷碑가 그의 친필이며《근역서화징》에 35점이 올라 있다.

더욱 흥미로운 것은 송인은 당대의 명필인 봉래蓬萊 양사언楊士彦1517~1584과 생몰년이 똑같다는 사실이다. 봉래는 식년 문과에 합격해 관직에 나갔지만 지방 관직을 자청해 근무하며 아름다운 자연경관을 유람하는 것을 즐겼다. 금강산 만폭동 암반에 새겨 있는 봉래풍악蓬萊楓岳 원화동천元化洞天이란 대형 글씨가 그의 친필이다. 봉래는 그의 호이지만 여름철 금강산의 명칭이기도 하다. 풍악은 금강산의 또 다른 이름으로 가을 금강산을 상징한다. 특히 봉래산은 영주산, 방장산과 더불어 중국 전설에 나오는 3대 영산이다. '동천' 역시 이상향인 유토피아를 의미한다. 시서에 통달했던 그는 금강산을 무릉도원과 같은 유토피아로 여긴 것은 아닌지 모르겠다.

태산이 높다하되 하늘아래 뫼이로다

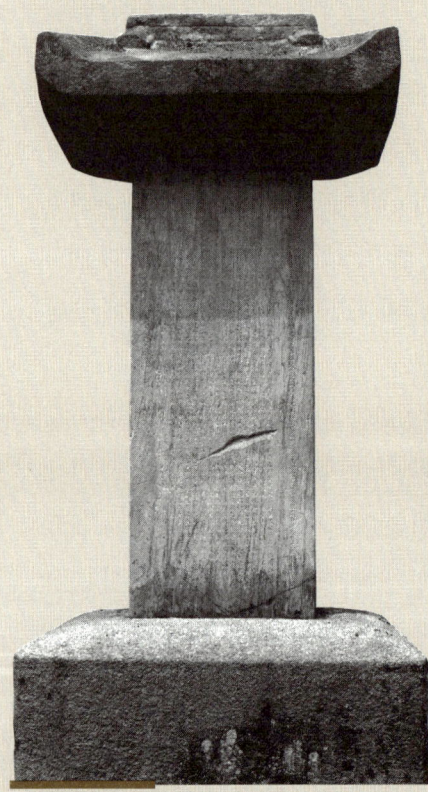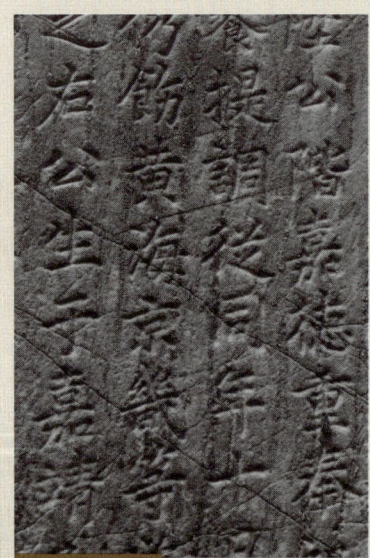

하원군신도비명사진⑧   덕흥대원군신도비문사진⑦

오르고 또 오르면 못 오를리 없건마는
사람이 제 아니 오르고 뫼만 높다 하더라

이 시조가 봉래의 대표작이다.

덕흥군 묘 아래에는 하원군과 부인 남양 홍씨의 쌍분이 있고 여기서 조금 못 미쳐 산기슭에 하원군신도비명河原君神道碑銘사진⑧⑨이 있다. 오청吳清이 쓰고 전액은 노직盧稷이 냈다. 오청은 승문원 정자를 지냈고 노직은 병조판서를 역임했다.

역사적으로 보면 덕흥대원군은 대원군의 원조에 해당한다. 흥선대원군 이하응이 흥국사에 각별한 애정을 갖고 득의필을 많이 남긴 것은 인지상정의 마음의 표현이었을 것이다. 석파 이하응은 생전에 대원군으로 추증되어 살아 있는 권세를 누렸으니 덕흥군에게 이만한 대접을 하는 것을 당연한 예의로 여겼을 것이다.

자운서원·화석정
기호학파 산실에 퇴계 문자향이 피어났네

정묘년 경칩의 명필 답사는 경기도 파주시 일원으로 율곡栗谷 이이李珥1536~1584의 발자취를 따라나섰다. 당초에는 퇴계退溪 이황李滉1501~1570의 고향이자 학문적 근거지인 경북 예안 지역을 답사한 직후인 병인년 초겨울에 일정을 잡았다. 하지만 때마침 터진 구제역 때문에 미루고 미뤘던 북행길을 이제야 밟는다. 공교롭게도 구제역은 경북 안동에서 처음 발생했고 2차 오염이 파주로 번졌다. 퇴계와 율곡의 질긴 인연은 현재진행형이 아닌가 하는 부질없는 생각이 든다.

서울 독립문에서 출발해 무악재, 홍제원, 구파발, 벽제를 거쳐 78번 국도를 따라 혜음령을 넘었다. 중국과 서북 지역을 왕래했던 의주대로의 옛길이다. 혜음령을 넘어가는 우암산에는 아직도 눈이 수북히 쌓여 있다. 지난 며칠 동안 내린 눈이 100년만의 폭설이었다고 하니 봄이 왔어도 봄이 아니라는 말이 실감 난다.

눈 덮힌 고령산과 호명산의 웅장한 산세를 관망하는 사이 파주시 법원읍 동문리 자운서원紫雲書院이 있는 율곡 선생 유적지에 이른다. 어머니 품에 안긴 것처럼 포근하고 아늑하다. 자운산을 중앙에 두고 비학산, 금병산, 명학산, 덕명산, 파평산이 사방을 옹호하는 지형적 특성이 그런 분위기를 연출한다.

율곡 선생 유적지에서는 이이신도비, 자운서원묘정비, 이이묘갈, 신사임당묘갈 등 4기의 비석을 반드시 답사해야 한다. 이이신도비사진⑫는 정문으로 들어가면 왼쪽 언덕에 있다. 이 신도비는 1631년 율곡의 업적을 기리기 위해 제자들이 세웠다.

과연 조선 최고의 유학자로 기호학파와 서인의 종장인 이이의 신도비는 누가 비문을 짓고 글씨를 썼을까. 비문은 백사白沙 이항복李恒福1556~1618이 짓고 동회東淮 신익성申翊聖1588~1644이 글씨를 썼다. 문성공율곡이선생신도비명文成公栗谷李先生神道碑銘이란 제액은 선원仙源 김상용金尙容1561~1637이 냈다. 조선을 대표하는 최고의 문장가이고 명필이다. 율곡의 신도비를 합작해 내는 데 조금도 부족하거나 흠이 없는 인물들이다.

그러나 안타깝게도 신도비가 비각 안에 있어 비문을 육안으로 관찰할 수가 없다. 글씨 판독이 어렵고 서미도 감상할 수 없다. 명필 답사에서 가끔 만나는 난간한 상황이다. 이런 경우 카메라에 의지해 렌즈를 조여 가며 서미를 감상하는 게 상책이다. 몇 커트로 나눠 찍은 후 합쳐보는 것도 한 가지 방법이다. 신도비에 군데군데 난 구멍은 6.25전쟁 때 입은 총상사진③이다. 왜군의 침략을 예상하고 10만 양병을 주장했던 율곡이 6.25전쟁의 상흔까지 입었으니 전쟁과는 깊은 인연이 있나 보다.

비문 글씨를 쓴 동회는 선조의 딸 정숙옹주와 혼인한 부마다. 병자호란 때는 남한산성에서 끝까지 싸울 것을 주장했다. 인조가 항복한 후에는 청

태종 승전비인 삼전도비 사자관에 임명되었으나 이를 거부했다. 청음淸陰 김상헌金尙憲은 동회의 비명에서 "그의 서법은 규범에 맞지 않음이 없고 해서는 왕희지 부자와 견줄 만하다. 전서에도 능해 당시 금석은 그의 글씨를 얻지 못하면 부끄럽게 여겼다"고 했다. 특히 장인인 선조는 "동회의 묘결을 누가 전수하겠는가"라며 서예 연마를 게을리 한 자신을 부끄럽게 생각했다고 한다. 서예에 뛰어났던 선조는 석봉石峯 한호韓濩, 동회와 같은 명필을 가까이 두고 총애했다. 청허당휴정대사비淸虛堂休精大師碑, 영창대군비永昌大君碑가 동회의 대표작이다.

전액을 돌린 선원은 안동 김씨의 가법을 익혔지만 왕희지 서법에도 통달했던 명필이다. 그는 시와 그림에도 뛰어났다. 또한 노론의 영수로 한 시대를 풍미한 경세가였다. 임진왜란 때는 송강松江 정철鄭澈의 종사관을 지냈고 성절사로 명나라를 다녀오기도 했다. 병조·예조·이조판서를 지냈으며 병자호란 때는 원손 등을 수행해 강화도로 피난했다. 그러나 성이 함락되자 남문 위에서 화약에 불을 질러 자결했다. 강화도 남문 밖에 그의 순절비를 세웠는데 현재는 용흥궁 입구로 옮겨놓았다.

율곡은 성리학에 조예가 깊은 대유학자로 관직에 나가 적극적인 정치력을 발휘했다. 학문적 경지가 높은 제자가 즐비했고 정치력도 컸던 만큼 신도비 비문을 쓴다는 게 큰 부담이면서 또한 영광이었을 것이다. 백사가 그 중책을 맡았으니 그의 학문과 인품, 문장력이 얼마나 뛰어났는지를 알 수 있다. 백사는 비문을 쓴 동기를 이렇게 밝혔다.

"율곡의 후인들이 비문을 부탁해 감히 할 수 없다고 사양하였으나, 여섯 차례나 와서 고집하며 청하므로 마침내 삼가 승낙했다."

총상 입은 이이신도비사진①

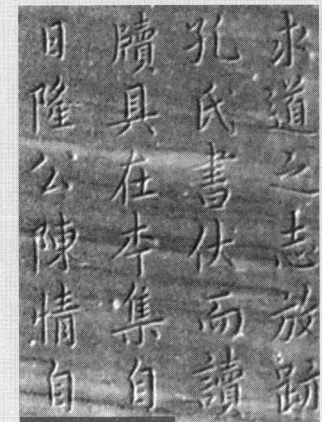

이이신도비문사진②

율곡 이이선생묘비사진③

이이신도비는 율곡의 제자이자 백사의 친구인 사계沙溪 김장생金長生 1548~1631이 쓴 행장을 바탕으로 명을 지어 완성했다.

이 신도비를 통해 율곡의 행장을 살펴보자. 율곡은 아버지 이원수李元秀와 어머니 신사임당申師任堂 사이에서 외가인 강릉 오죽헌에서 태어났다. 1536년 12월 26일 새벽이다. 율곡은 3세에 글을 읽었고 8세 때부터 시문을 지었다. 명종 3년1548에는 13세의 나이로 진사 초시에 급제했다. 이를 시작으로 29세에 치룬 식년 문과 별시까지 아홉 차례의 과거 시험에서 모두 장원급제했다. 그래서 구도장원공九度壯元公이라고 불렸다. 구도장원은 각각 두차례 치러지는 초시, 회시, 전시 등 삼시의 육도에 세 차례 보는 별시를 합쳐 모두 구도에 장원급제한 것을 말한다.

율곡 이전에 세종 대에 권람權擥이 향시, 회시, 전시 등 삼장에 장원한 적이 있다. 이때 권람의 친구인 김수광金秀光이 동반 급제했으나 세 번 모두 꼴찌였다. 《필원잡기筆苑雜記》에는 "삼장 장원은 옛날부터 많이 있었지만 삼장 꼴찌는 유일하다"라고 기록돼 있다. 권람은 세조 때 좌의정까지 올랐으나 김수광의 행장은 전해지는 게 없다.

율곡이 16세 때 어머니 신사임당이 48세의 나이로 죽자 자운산에 안장사진④하고 3년간 여막에서 지냈다. 시묘살이를 마친 율곡은 금강산에 들어가 불문에 귀의했다. 잠시 불가에 입문했던 이력은 기회있을 때마다 반대 세력이 공격의 구실로 삼아 곤혹을 치뤘다. 율곡은 금강산에서 나오면서 자신의 인생 목표를 확실히 정하는 뜻에서 스스로를

신사임당묘비사진④

경계하는 '자경문'을 지었다. "뜻을 크게 가져라. 마음을 안정시키자. 혼자 있기를 삼가자" 등 스스로를 경계하고 채찍하는 내용이다.

율곡은 23세 때 안동 예안으로 퇴계 이황을 찾아갔다. 이곳에서 이틀간을 머물면서 퇴계의 역저인 《성학십도聖學十道》와 성리학에 대해 문답을 나눴다. 당시 퇴계는 58세이었다. 최고의 대유학자와 떠오르는 젊은 유학인과의 만남이었다. 이때 퇴계는 율곡을 이렇게 평했다고 한다.

"후배가 두렵다는 말이 옛말이 아니로구나."

이후에도 율곡과 퇴계는 서신을 주고받으며 학문을 논했다. 주로 율곡이 물었고 퇴계가 답하는 형식이었다. 두 석학은 학풍은 달랐지만 서신 대담을 통해 조선 성리학의 근간을 세웠다. 율곡은 퇴계가 별세하자 영전에 만시를 지어 추모했다.

율곡은 명종 19년1567 호조좌랑으로 관직에 나갔다. 그러나 건강이 나쁜 네다 반대 세력의 견제가 심해 야인으로 지낸 세월이 많다. 관직에서 일한 것은 20년 남짓이다. 그런데도 이조·형조·병조판서를 지냈고 대사간을 아홉 차례나 역임했다. 그만큼 선조의 두터운 신임을 받았다.

그는 관직에 있는 동안 《동호문답東湖問答》과 《시무육조時務六條》와 같은 혁신적인 개혁 정책을 내놨다. 《동호문답》은 율곡이 한달간 '사가독서賜暇讀書'를 마친 후 선조에게 백성과 나라를 위해 바람직한 정치 방향이 무엇인지를 제시한 의견서다. 사가독서는 장래가 촉망되는 신하에게 학문을 연구하도록 특별 휴가를 주는 제도다. 옥수동 동호독서당, 용산 남호독서당, 마포 서호독서당 등 세 곳이 사가독서를 하던 곳이다.

율곡이 《시무육조》를 통해 '10만 양병'을 건의한 것은 경세가로서 혜안

자운서원묘정비 사진⑤

자운서원묘정비문 일부 사진⑥

을 엿볼 수 있다. 그는 조선의 국력이 매우 약하여 10년 이내에 국가에 화가 있을 것으로 내다봤다. 따라서 한양에 2만 명, 8도에 각 1만 명씩 배치하되 군사에게는 호별세를 면제해주고 무술을 단련시켜야 한다고 주장했다. 율곡의 10만 양병 건의는 서애西厓 유성룡柳成龍1542~1607 등 동인 세력의 반대로 무산됐다. 율곡은 서애에게 "나라의 형세가 부진한 지 오래인데 속된 무리는 그렇다 치더라도 공서애이 이렇게 반대할 수 있는가"라고 말했다고 한다. 8년 후 율곡의 예견대로 임진왜란이 일어났다. 서애가 참담한 마음으로 "그때는 무사하기에 백성을 혼란시키는 일이라고 반대했는데 지금 생각해보니 율곡은 참으로 성인이었다"며 뒤늦게 후회했다고 한다.

자운서원은 율곡의 학문과 덕목을 추모하는 뜻에서 광해군 7년1615에 건립됐고 효종이 자운이란 사액을 내렸다. 율곡의 학풍을 계승한 사계 김장생과 현석玄石 박세채朴世采1631~1695가 함께 배향돼 있다. 고종 5년1868 대원군의 서원 철폐령으로 사원이 헐렸으나 위패는 무덤 앞에 묻고 서원 터에 단을 만들고 향사를 계속 지냈다. 현재의 서원은 묘정비가 서 있던 자리에 1970년 복원한 것이다.

자운문紫雲門 입구 왼쪽에 있는 자운서원묘정비紫雲書院廟庭碑사진⑤는 숙종 9년1683년 율곡의 덕행을 추모하기 위해 세웠다. 대리석에 새긴 비문은 정사각형의 정간을 치고 쓴 것처럼 자형이 일정하다. 획의 굵기가 일정하고 붓에 힘을 적절히 가해 꿈틀꿈틀 움직이는 느낌이 든다. 비문을 얼마나 지극정성으로 새겼는지 한 자 한 자가 금방 붓을 놓는 것처럼 생생하다. 한 폭의 징물화처럼 조형미가 아름답다. 비문은 신도비에신 쉽게 볼 수 없는 예서로 썼다.

비문은 곡운谷雲 김수증金壽增1624~1701이 쓰고 전액은 문곡文谷 김수항金壽恒1629~1689이 냈다. 우암尤庵 송시열宋時烈은 비문을 지었다. 곡운과 문곡은 형제다. 현종 연간에 영의정을 지낸 퇴우당退憂堂 김수흥金壽興1626~1690이 둘째에 해당한다. 삼형제가 안동 김씨의 가법을 익힌 명필이자 시와 문장가로 당대를 풍미했다. 병자호란 때 청나라와 맞서 싸울 것을 주장했던 청음이 할아버지고 이이신도비 전액을 쓴 선원은 큰 할아버지다.

맏형인 곡운은 벼슬보다는 학문을 좋아해 춘천과 화악산에 은거하며 성리학을 탐구해 성리사상을 실생활에 적용하는 데 힘썼다. 문장과 역사에 높은 식견을 가졌고 전서와 팔분을 잘 썼다. 할아버지 청음과 아버지 동림東林 김광혁金光爀 묘갈, 기사환국1689 때 우암과 함께 사사된 동생 문곡과 퇴우당의 묘갈 등 직계가족의 묘비를 썼다. 문곡은 현종 원년1659 효종의 능비를 썼을 정도로 전서에 아주 능했다. 글씨를 잘 써 임금의 눈에 든 덕분에 현종 연간 15년 동안 관직에 있으면서 좌의정까지 지냈다.

자운서원 묘정비는 글씨가 아름다울 뿐만 아니라 문장이 좋다. 율곡의 학문과 인품을 아주 잘 표현해낸 것은 물론이다. 율곡과 사계가 형성한 기호학파를 더욱 발전시켜 학맥을 확고히 굳혔던 우암이 자신의 학문과 문장력을 이 묘정비에 마음껏 담아낸 결과다. 자운서원묘정비는 조선을 대표하는 대유학자의 위대함에 걸맞은 문장과 글씨로 높은 품격을 갖췄다.

자운서원 편액은 1970년 서원을 복원할 때 운정雲庭 김종필金鍾泌이 썼다. 신도비와 묘정비에서 출중한 승품의 명필을 감상한 탓인지 눈길이 별로 가지 않는다.

자운서원을 나와 자운산으로 향한다. 이곳에는 율곡 형제와 부모, 아들 등이 함께 묻혀 있는 율곡의 가족묘가 있다. 각각의 묘는 같은 용맥에 상하로 나란히 조성돼 있다. 가장 위에 율곡의 부인 노씨 묘가 있고 바로 아래에 율곡 묘가 있다. 두 묘가 연결되었으나 쌍분도 합장도 아니다.

　율곡의 묘갈은 머릿돌을 올리지 않은 민머리형이다. 묘갈 앞면은 두 줄로 이렇게 썼다. 문성공율곡이선생지묘文成公栗谷李先生之墓 정경부인곡산노씨묘貞敬夫人谷山盧氏墓사진③ 후재後在. 부인 노씨 묘가 뒤에 있다는 표기까지 넣었다. 반듯한 행서로 아주 품격 높은 글씨다. 율곡의 행장을 담은 뒷면의 음기도 가품이다. 율곡의 학식과 인품에 걸맞다. 비문은 월사月沙 이정구李廷龜가 짓고 글씨는 처음에는 이이신도비를 쓴 동회 신익성이 썼다. 이번李蕃과 민진후閔鎭厚는 묘갈이 풍화로 마멸된 것을 다시 세울 때 비문을 짓고 글씨를 추기했다. 민진후는 숙종 계비인 인현왕후의 오빠로 행서에 뛰어났다.

　율곡은 49세의 아까운 나이로 서울 대사동에서 별세, 부모가 묻힌 자운산에 안장됐다. 율곡이 학문과 제자 양성에 힘을 기울였던 고향 땅으로 돌아온 것이다. 월사는 묘갈에서 "선조가 애통한 마음에서 통곡하는 소리가 밖에까지 들렸다. 우계牛溪 성혼成渾은, 율곡은 참으로 나의 스승이다. 요·순·우 삼대 이상의 인물인데 하늘이 일찍이 뺏어 가 이 세상에서 뜻을 이룰 수 없게 되었으니 원통하다라며 통곡했다"고 적었다.

　율곡 묘 바로 아래는 맏형 부부인 이선李璿과 선산善山 곽郭씨 합장묘가 있다. 다시 한 단 아래 합장묘에는 부모인 이원수와 신사임당이 묻혀 있다. 묘 앞에는 옛 묘비가 있고 오른쪽에는 비석을 새로 만들어 세웠다. 옛 비명은 엄정하면서 기품있는 행서다. 뒷면 음기가 심하게 마멸되었어도 승품인 것은 분명해 보인다. 서자가 송준길宋浚吉이고 송시열이 비문을 지었다고 새겨 있다.

이원수 부부 합장묘 아래에는 율곡의 큰 아들 이경림李景臨과 부인 곡산谷山 노盧씨 합장묘가 있다. 이렇게 이곳에는 용맥에 3대에 걸친 5기의 묘가 나란히 있다. 이 묘역의 좌우에는 율곡의 아들과 후처, 딸과 사위까지 8기의 묘가 더 있다. 모두 합쳐 13기로 율곡은 일찍부터 가족 묘역을 조성했던 셈이다.

자운서원에서 그리 멀지 않은 파주시 향양리 문산 공업단지 인근에는 우계牛溪 성혼成渾1535~1598 묘가 있다. 율곡의 동향 친구이자 학문적 동반자로 파산학파의 거두다. 율곡은 소를 타고 우계를 찾아가 담론하며 교류했을 정도로 두 사람은 친했다. 우계는 퇴계를 만나 그의 학문적 영향을 받았으나 율곡이 죽은 후에는 서인의 지도자로 활약했다. 우계는 송강과도 아주 가깝게 지냈다. 생활이 어려우면 송강에게 재정적 지원을 부탁했을 정도로 절친했다.

묘 오른쪽에 있는 우계의 묘갈사진⑦에는 창녕성공휘혼지묘昌寧成公諱渾之墓라고 새겨 있다. 그가 조선의 대유학자로 추앙받은 것에 비해 묘와 묘갈은 너무도 간소하다. 묘갈은 외증손인 윤순거尹舜擧1596~1668가 썼다. 왕희지체에 가깝지만 자세히 보면 스스로 터득한 자법이다. 여

성혼 묘갈사진⑦

러 서체를 익혀 법고창신한 당대의 조선적인 서풍의 전형이다.

윤순거는 외삼촌인 성문준成文濬에게 학문을, 시는 강항姜沆에게, 그리고 사계 김장생에게 예학을 배웠다. 그는 변화를 중시하는 광초에 근거한 대자 초서를 아주 잘 썼는데 필세가 강하고 호쾌하다. 그가 초서로 쓴, 주자가 지은 〈무이구곡가武夷九曲歌〉는 보물1671호로 지정돼 있다.

우계 묘 아래에는 아버지 청송聽松 성수침成守琛1493~1564사진⑧과 어머니 묘가 있다. 율곡과 마찬가지로 이른바 역장이다. 묘갈 앞면에는 청송성선생지묘聽松成先生之墓 증정부인윤씨부贈貞夫人尹氏祔라고 써 있다. 또 뒷면에는 청송성선생휘수침지묘聽松成先生諱守琛之墓 증정부인파평윤씨부贈貞夫人坡平尹氏祔라고 새겨 있다. 뒷면을 봐야 누구의 묘인지를 알 수 있다.

이 묘역의 남쪽에는 청송과 우계의 신도비, 그리고 말끔하게 조성한 사당이 있다. 비각 안에 있는 신도비 중 정면에서 보아 왼쪽의 색깔이 조금 짙고 작아 보이는 게 청송신도비사진⑨다. 제액은 청송성선생묘갈명聽松成先生墓碣銘이다. 퇴계 이황이 예문관 대제학으로 있을 때 비문을 짓고 글씨를 썼다. 아마 퇴계가 비문을 짓고 쓴 유일한 신도비일 것이다. 퇴계는 이 신도비를 쓰게 된 이유를 비문에서 이렇게 적었다.

"선생청송의 아들 성혼이 교리 이이 군의 글을 가지고 나에게 명문을 지어줄 것을 청하였다. 나는 감히 감당할 수 없

성수침묘비사진⑧

퇴계 필 청송신도비문 사진⑨

는 일이지만 끝내 이를 사양할 수 없었다."

말하자면 율곡이 쓴 행장을 바탕으로 퇴계가 명문을 지은 것이다. 조선 성리학의 쌍벽을 이룬 퇴계와 율곡이 행장과 명문을 지었으니 대단한 일이 아닐 수 없다. 청송의 인품과 학식이 어느 정도 경지에 있었는지 짐작할 수 있다.

청송은 정암靜庵 조광조趙光祖1482~1519 문인이다. 중종 14년1519 기묘사화 때 스승인 정암을 비롯한 많은 유생이 화를 당하자 출사를 포기하고 처가 동네인 이곳에 은거했다. 청송은 학문 못지않게 글씨에도 뛰어났다. 퇴계는 청송의 글씨를 이렇게 평했다.

"청송은 행서와 초서를 잘 썼다. 필법이 웅건하고 창고하여 스스로 일가를 이뤘다. 운필이 마치 바람과 빗발처럼 생동감이 있어 그의 글씨를 얻은 자는 한 덩어리의 옥돌을 얻은 것과 같이 값지게 여겼다."

우계신도비는 신독재愼獨齋 김집金集1574~1656이 비문을 짓고 청음 김상헌이 글씨를 썼다. 전액은 선원 김상용이 돌렸다.

파주시 파평면 율곡리 임진강변에 있는 화석정花石亭사진⓵은 율곡이 어린 시절을 보낸 곳이다. 자운서원과 우계마을에서 그리 멀지 않다. 율곡리는 밤나무가 많아 밤나무골로 불린다. 자신의 호를 율곡栗谷이라고 지을 정도로 율곡이 특별히 여겼던 고향이다. 그래서 율곡이 야인으로 돌아오면 주로 이곳에서 기거했다.

화석정은 6.25전쟁으로 소실된 것을 1966년 유림이 힘을 모아 복원했다. 당시 박정희 대통령의 글씨를 받아 현판을 걸었다. 왼쪽 관지에 병오 4월丙午四月은 간지로 1966년이다. 정자 안 북쪽 복마루에 걸려 있는 시판은 율곡이 8세 때 지은 〈팔세부시八歲賦詩〉를 박일규朴一圭가 썼다. 관지가 신해소춘辛亥小春인 것으로 보아 1971년 봄에 썼음을 알 수 있다.

율곡의 〈팔세부시八歲賦詩〉는 화석정 오른쪽 광장에 〈화석정시花石亭詩〉란 제목으로 큰 바위에도 새겨 세웠다. 그런데 '부賦'가 '부贈'로 잘못 표기돼 있다. 유적지의 안내문 표기가 잘못된 곳이 한두 곳은 아니지만 살피고 살펴 새겼을 명시의 제목을 틀린 채 세운 것은 이해가 안 간다.

〈팔세부시〉는 훗날 우계의 손자인 성목成穆이 92세 때 써 화석정에 걸기도 했다. 그래서 두 사람의 나이를 합해 〈백세시百歲詩〉라고도 한다. 〈백세시〉를 옮기면 다음과 같다.

숲 속 정자엔 가을이 이미 깊어　林亭秋已晩
시인의 회포를 다할 길 없구나　騷客意無窮
강물은 멀리 하늘과 잇닿아 푸르고　遠水連天碧

화석정사진❿

서리 맞은 단풍은 해를 향해 붉어 있네 霜楓向日紅

산은 외로운 둥근 달을 토해내고 山吐孤輪月

강은 만리의 바람을 머금었구나 江含萬里風

변방의 기러기는 어디로 날아가는가 塞鴻何處去

처량한 울음소리 구름 속에 끊기었소 聲斷暮雲中

음률이 척척 맞아 떨어지는 오언율시다. 산이 달을 토해낸다는 구절은 저녁 하늘에 둥근달이 떠오르는 형상으로 누구나 연상할 수 있는 절묘한 표현이다. 정말로 율곡이 8세 때 지은 게 맞는지 의심이 갈 정도다.

화석정에 걸터 앉아 임진강 너머 북쪽을 바라본다. 여기까지는 한걸음에 달려 올 수 있어도 더 이상 갈 수 없는 금단의 땅이 지척이다. 강 건너 북동쪽 산허리에 있는 구암龜巖 허준許浚1539~1615의 묘소가 보일 듯 말 듯하다. 구암의 묘 앞에는 조선의 명필 한호韓濩 석봉石峯이 쓴 신도비가 초병처럼 서 있을 것이다.

소령원·보광사
영조의 효심어린 어머님 전 어필

경기도 파주시는 조선과 고려의 수도인 한양과 개성의 중간 지역이다. 또한 파주 일대의 산세는 학자가 많이 배출된다는 책상 형국의 명당이 많다. 자연히 왕실과 사대부가의 음택이 많이 들어섰고 그들이 은퇴 이후 은둔처로 선호했다. 현재 문화재급을 포함한 지방자치단체에서 관리 대상으로 삼고 있는 금석문만도 50여 기가 넘는다. 파주는 금석문과 명필의 보고인 셈이다.

경기도 파주시 광탄면 영장리 소령원昭寧園은 영조의 어필과 왕실 원로의 친필이 있어 관심 가는 답사의 대상이다. 소령원은 영조의 생모인 숙빈淑嬪 최씨崔氏의 묘다. 임금을 낳은 어머니의 묘이니 '능'이어야 마땅하다. 하지만 숙빈 최씨가 무수리 출신으로 신분이 워낙 낮았던 까닭에 '원'에 머물렀다. 그나마도 왕위에 오른 영조가 생모의 신분 상승을 고집스럽게 추진한 덕분이다. 영조의 효심이 없었다면 그냥 민묘와 다름없이 역사 속에 묻혀버렸을지도 모른다.

새끼 초록이 산천에 지천인 신묘년 5월 영조의 효심 어린 어필을 찾아 소령원 답삿길에 나섰다. 답삿길은 의주대로 초입인 벽제관에서 출발했다. 은행과 공기업에서 명퇴한 후 뒤늦게 한문과 서예에 흠뻑 빠진 만학도 3명이 동행했다. 의주대로는 조선의 9대 대로 중 제1대로로 가장 중요하게 여겼다. 한성, 무악재, 홍제원, 벽제관, 혜음령, 파주, 임진나루, 동파나루, 장단, 개성, 평양, 순안, 전문령, 의주를 잇는 1080리 길이다. 중국과 서북 지역 왕래에 가장 많이 이용했다. 이 길의 파주 구간은 벽제관, 혜음령, 분수원, 신탄막, 마산역, 서작포, 임진나루, 동파나루, 장단이다.

서대문 밖에서 출발하면 한나절이면 벽제에 닿는다. 여기서 파주 광탄으로 가려면 고령산 됫박고개나 우암산 혜음령을 넘어야 한다. 고령산은 해발 622미터로 비교적 높고 산세가 험하지만 우암산은 해발 322미터로 그리 높지 않다. 그럼에도 오후에는 혜음령과 됫박고개는 절대로 넘지 않았다. 산적과 호랑이가 자주 출몰해 야음에 이 고개를 넘기에는 큰 위험이 도사리고 있었던 까닭이다. 실제로 이 지역은 《임꺽정전》의 배경이고 인근에 호명산이 있어 호랑이가 자주 출몰했음을 알 수 있다. 해가 지기 전에 광탄에 이르기 어려운 길손은 하룻밤을 벽제에서 묵은 후 다음날 아침에 길을 떠났다.

벽제관은 이 길을 오가는 길손에게 도적과 맹수를 피해 하룻밤을 묵을 수 있도록 세운 숙박 시설이다. 고려 시대에는 벽제역이었고 조선 시대 들어 중국을 비롯한 서북부 지역과의 교류가 빈번해지면서 벽제관으로 격을 높였다. 늘어난 길손을 위해 모텔급에서 호텔급으로 확대한 셈이다. 성종 7년1476에 짓기 시작해 3년 만에 준공한 벽제관은 조선 시대 내내 존속해왔다. 그러나 일제가 경의선 철도를 건설하면서 부속 건물 50여 칸을 헐었고 나머지는 6.25전쟁 중에 폭격을 맞아 불타버렸다. 지금은 벽제 승화장을 지나 의정부로 가는 고가도로 옆에 벽제관지碧蹄館趾라는 표석이 옛터를 지키고 있을 뿐이다.

우암산 너머 파주시 용미리에는 벽제관과 같은 역할을 했던 혜음원惠陰院이 있었다. 벽제에서 78번 도로를 따라 가면 혜음령이고 여기서 고개를 넘어가면 왼쪽 산 중턱에 혜음원지가 있다. 혜음원은《동문선東文選》에 혜음사惠陰寺라는 절로 전해왔다. 이렇게 알려졌던 혜음원은 1999년 혜음원惠蔭院이라고 양각된 암막새 기와가 발견되면서 혜음원 터로 공인됐다. 이후 혜음원은 10년 동안 5차에 걸친 대대적인 발굴을 통해 24동의 건물 터가 확인됐다. 규모로 보아 벽제관과 같은 숙박 기능은 물론 임금이 행차할 때 기거할 수 있는 행궁의 역할까지 했던 것으로 추정된다. 발굴을 통해 '혜음원'이라고 새긴 기와가 더 나왔고 각 서체가 모두 동일했다. 기와 틀에 글자 판형을 새겨 제작된 것으로 짐작된다.

혜음원에서 몇 개의 산모퉁이를 돌아가면 문산과 송추로 갈라지는 삼거리가 나온다. 이곳에서 오른쪽의 송추 길로 들어서 소령원 표지판의 안내를 받아 가다 보면 숲길 막다른 곳에 있는 소령원에 닿는다. 승용차를 이용하면 벽제에서 30분, 혜음원에서 10분 가량 걸린다.

소령원에는 묘비를 포함해 모두 4기의 비석이 있다. 유명조선국후궁有明朝鮮國後宮숙빈수양최씨지묘淑嬪首陽崔氏之墓사진①라는 묘비는 숙빈 최씨를

소령묘비사진①

안장할 때 세웠다. 현재 묘 앞에 서 있다. 묘역 입구 동쪽 비각에 있는 숙빈최씨신도비淑嬪崔氏神道碑사진②는 건립 동기에 깊은 뜻이 숨어 있어 흥미롭다. 이 신도비는 왕위에 오른 영조가 어머니 숙빈 최씨의 신분 상승을 위해 시도한 첫 작업의 산물이다. 신도비 비문은 금평위錦平尉 박필성朴弼成이 짓고 글씨는 여산군礪山君 이방李枋이 썼으며 전액은 서평군西平君 이요李橈가 냈다. 인물의 면면을 볼 때 영조의 속셈이 무엇인지 읽을 수 있다.

숙빈최씨신도비사진②

    금평위는 효종의 부마다. 그는 당시 74세로 종척의 최고 원로였다. 여산군과 서평군은 각각 선조의 왕자인 순화군과 인성군의 증손이다. 항렬도 치면 영조에게는 할아버지에 해당하는 종실의 원로였다. 영조는 종척과 종실의 원로에게 신도비를 짓고 쓰게 함으로써 생모인 숙빈 최씨의 신분을 격상시키는 효과를 노렸다. 신도비가 매우 크고 받침석과 머릿돌을 정교하게 조각해 장엄한 것도 영조의 이런 의중이 숨어 있다.

    이후에도 영조는 숙빈 최씨의 신분 상승을 고집스럽게 추진했고 그때마다 대못을 박듯이 비석을 세웠다. 동쪽 비각에 있는 숙빈해주최씨소령묘淑嬪海州崔氏昭寧墓는 영조 20년1744에 세운 묘지명이다. 이때 영조는 친제를 올리는 사당과 무덤을 각각 육경묘毓慶廟, 소령묘昭寧墓라고 개정하면서 이 묘지명을 세웠다. 이 묘지명은 신도비 전액을 돌린 서평군 이요가 썼다. 육경묘는 나중에 '경慶'자와 소령의 '녕寧'자가 자음이 같다는 이유로 육상毓祥으로 고쳐 현재의 칠궁인 육상궁이 됐다.

서평군은 전서에 뛰어난 당대의 명필이면서 음악을 즐긴 가객이자 한량이었다. 그는 손님이나 식솔이 노래하면 거문고를 직접 타며 흥을 돋우어 함께 어울리기를 좋아했다. 음악을 좋아한 탓인지 가객의 든든한 후원자를 자임하고 나서기도 했다. 경기도 가평의 인평대군 묘에 있는 신도비와 치제문의 전액은 서평군의 대표적인 전서로 꼽을 만하다.

소령원비 사진③

정자각 동쪽 비각에 또 하나의 비석이 있으니 조선국朝鮮國화경숙빈소령원和敬淑嬪昭寧園사진③이다. 영조 29년1753 숙빈 최씨가 승은을 입어 무수리에서 후궁이 된 지 60주년을 맞아 세웠다. 이때 소령묘가 소령원으로 승격됐다. 화경和敬이란 시호도 함께 올렸다. '원'은 왕이나 왕비 무덤을 의미하는 '능' 다음의 칭호다.

천민 출신인 숙빈 최씨의 신분 상승을 집요하게 추진했던 영조는 친필로 이 비석의 앞뒤에 비명을 남겼다. 영조는 이 비문에 "아! 올해가 사친께서 봉작된 지 60년이 되는 해다. 앞뒷면 모두를 눈물을 삼키며 쓰다"라고 적었다. 생전에 홀대받은 어머니에 대한 안타까운 마음과 지극한 효심을 비문에 숨김없이 담아냈다.

단아한 행서로 쓴 비문에는 영조의 성정이 깊이 배어 있다. 석봉체와 송설체가 가미된 왕실의 전형적인 서법이자 영조 글씨의 특징을 더욱 잘 드러낸 승품이다. 영조는 당대의 명필로 손색없던 숙종의 서체에 많은 영향을 받았다. 영조의 글씨는 필세가 유연하고 꺾이는 부분이 완곡하게 돌아가는 특징을 보인다. 삐침과 파임은 길고 부드럽다. 특히 촉체인 조맹부체의 정수를 터득해 이를 누구보다 잘 썼다.

영조는 촉체뿐만 아니라 왕휘지 서풍인 진체에도 뛰어났다. 영조 연간의 초기에는 촉체가 유행했으나 후기에는 진체가 그 자리를 차지했다. 영조가 조맹부체와 왕휘지체에 모두 능했던 것은 이런 서풍의 시대적 흐름에 연유한다. 그의 모범적인 서풍을 엿볼 수 있는 필진도筆陣圖는 촉체와 진체로 절반씩 나눠 썼다. 필진도는 모두 32행이며 1행은 8자씩이다.

영조는 시서화에 모두 능통했다. 연잉군 시절 창의궁에 거처할 때 외가 친척인 몽와夢窩 김창집金昌集1648~1722과 그를 따랐던 겸재謙齋 정선鄭敾1676~1759 등과 같은 동네에 살았다. 영조는 이들과 어울리면서 시서화를 자연스럽게 익혔다. 이 시절 몽와 일가에는 당대의 유명 화가인 노가재老稼齋 김창업金昌業1658~1721이 있었고, 관아재觀我齋 조영석趙榮祏1686~1761도 비슷한 시기의 인물이다. 연잉군이 이들과 교류하며 예술적 영향을 받았을 것으로 생각된다. 영·정조 시대에 꽃을 피운 진경 문화에는 영조가 일찍부터 키운 문화 예술의 안목이 뒷받침됐던 셈이다.

영조의 어제 또는 어필 현판은 170여 점이 전해지고 있다. 재위 기간 1724~1776이 52년으로 역대 임금 중 가장 긴 탓도 있지만 감정이 풍부하고 글씨 쓰기를 즐겼기 때문이다.

영조는 숙종 20년1694에 태어났다. 자는 광숙光淑, 이름은 금昑이며 왕자 시절에는 연잉군으로 불렸다. 생모인 숙빈 최씨는 궁녀의 시중을 드는 무수리로 최하위 천민이었다. 생모가 숙종의 성은을 입었지만 연잉군은 출신 성분으로 보아 왕위를 넘볼 수는 없었다.

그러나 영조가 태어난 갑술년1694은 노론이 남인 정권을 몰아낸 갑술환

승방에 걸려 있는 만세루와 고령산보광사사진④

고령산보광사사진⑤

만세루사진⑥

국이 일어났던 해다. 당쟁이 가장 치열했던 시기다. 숙빈 최씨는 갑술환국에서 정권을 잡은 노론에 가담해 남인 세력을 몰아내는데 공을 세웠다. 숙종의 총애를 십분 활용한 결과다. 또한 남인 세력과 결탁해 권세를 휘두르던 희빈禧嬪 장씨張氏를 국모의 자리에서 쫓아내는 데도 큰 역할을 했다.

그러나 후에 왕세자이던 희빈의 아들 윤昀이 왕위경종에 오르면서 위기를 맞았다. 경종의 즉위는 남인의 등장을 의미한다. 정권을 잡고 있던 노론에게는 절체절명의 위협이 닥친 것이다.

이 때문에 노론은 후사를 생산하지 못한 경종을 종용해 연잉군을 서둘러 왕세제로 책봉했다. 세자가 아닌 왕의 동생인 세제를 후사로 삼는 것은 정치적 비상 국면에서나 일어날 수 있는 아주 드문 일이다. 역사적으로 봐도 정종2대이 동생인 방원태종을, 인종12대이 동생인 환명종을 왕세제로 책봉했을 뿐이다. 경종이 재위 4년 2개월만인 37세로 승하하자 연잉군이 임금으로 옹립됐으니 그가 영조이다. 영조를 두고 임금은 하늘이 낸다는 말이 나왔다는 생각이 든다.

연잉군이 왕위에 올랐지만 생모인 숙빈 최씨는 이미 숙종 44년1718 3월 49세의 나이로 세상을 떠났다. 그녀는 그해 5월 경기도 파주시 고령동 응장리에 예장됐다. 이때 영조는 여막을 짓고 시묘살이를 했으니 오늘날의 소령원이다.

영조의 효심은 소령원뿐만 아니라 인근 고령산 보광사와 한미산 홍국사에도 남아 있다. 소령원 답삿길을 되짚어 고령산 중턱에 있는 보광사를 찾았다. 길에서 볼 때와는 달리 제법 산이 깊나. 보광사 법당 앞의 건물은 승방사진④이다. 중앙에 대청마루가 있고 좌우로 큰 방이 두개 있다. 이 방은 앞

뒤로 툇마루를 돌려 대청으로 통하고 칸칸마다 미닫이를 달았다. 왕실 원찰의 전형적인 구조다.

승방에는 고령산보광사古靈山普光寺사진⑤와 만세루萬歲樓사진⑥라는 두 개의 편액이 걸려 있다. 단아하면서 엄정하고 활달하다. 볼수록 마음이 편안해진다. 석봉체의 전형이자 과거 시험이나 공문서에 쓰는 관각체를 닮았다. 말하자면 '공무원체'라고 할 수 있다. 이 편액은 절 입구의 일주문에 그대로 모각되어 걸려 있다.

법당의 대웅보전大雄寶殿사진⑦ 현판이 승품이다. 필획이 매우 부드럽고 질박하면서 결구가 치밀하고 단아하다. 석봉체를 빼닮은 모범적인 해서다. 서예에 관심이 있다면 모본으로 삼을 만한 서격을 갖췄다. 왼쪽에 갑자중추甲子仲秋 옥간서玉澗書라는 관지가 보인다. 옥간이 누구인지 알 수 없지만 당대의 명필로 손색없다.

대웅보전 서편의 문루에 고령산보광사상축서古靈山普光寺上祝序라는 현판

보광사 대웅보전사진⑦

이 걸려 있다. 고종 6년1869 불국옹佛國翁 여여如如가 짓고 썼다. 그 내용은 흥선대원군이 보광사를 중건했다는 기록이다.

"고종이 상원上元 갑자년1864에 즉위해 궁궐경복궁을 짓고 사찰을 신창하니 이때 보광사도 각각 두 개의 전각과 요사를 한꺼번에 신축했다. 이는 국가의 흥운이고 대원위 마루하의 숙원소치다." 이렇게 맺으면서 주상 전하 내외와 대원군 내외의 축수를 기원한다고 적었다.

이로 미뤄볼 때 대원군이 경복궁 복원을 주도하면서 보광사의 중창불사를 함께 벌였음을 알 수 있다. 고종을 익종에게 입승대통시켜 대원위에 오른 석파石坡 이하응李昰應은 영조의 현손에 해당한다. 그래서 대원군은 소령원을 특별하게 여겼고 소령원의 원찰인 보광사에 각별한 관심을 가진 것은 자연스러운 일이다. 다만 보광사에 대원군의 글씨가 한 점도 없는 것이 아쉽다.

보광사 대웅보전에 주불로 모셔신 아미타불의 용모는 영조의 어신을 많이 닮았다. 대원군이 법당과 불상 조성을 발원하면서 그의 의중에 따라 영조의 용안을 주불의 용모로 삼았다고 전해진다. 불상은 그냥 조성된 게 아니라 절 또는 시대적 상황과 관련 있는 누군가의 얼굴을 모델로 삼는 게 일반적이다. 불상은 석가모니 얼굴보다는 각기 다른 사람의 모습을 그려낸다. 보광사의 불상처럼 임금의 얼굴이 있고 중창불사를 일으킨 보살상도 간혹 보인다.

대웅보전 남서쪽에 있는 조그만 전각이 어실각御室閣사진⑧이다. 숙빈 최씨의 위패를 모신 전각이다. 까치발을 서면 눈높이에 들어올 정도로 낮게 걸려 있는 편액 글씨가 너무나 소박하다. 도장체의 전서에 가깝다. 필세가 강

건하면서 유연하고 고졸하다. 옆에 있는 향나무는 영조가 어실각을 짓고 그 기념으로 심었다고 한다. 이런 연유로 어실각사진⑧ 편액도 영조의 어필로 전해진다.

어머니 숙빈 최씨에 대한 영조의 지극한 효심은 경기도 고양시 덕양구 지축동 한미산흥국사漢美山興國寺에서 친필로 다시 확인할 수가 있다. 서울 은평 뉴타운에서 북한산성 입구 쪽으로 가다가 왼쪽 개울 건너 마을길로 들어가면 막다른 지점에 흥국사가 있다. 보광사에서 승용차로 20분쯤 걸리는 거리다.

어실각사진⑧

이 절은 영조가 이곳에 있는 약사불이 국가를 흥하게 한다고 하여 흥국사로 지었다. 본래 절 이름은 흥성암興聖庵이다. 흥성암은 신라 문무왕 1년 661 원효대사가 이곳에서 약사여래를 친견하고 앞으로 많은 성인이 배출될 것이라며 세운 암자다. 영조는 흥성암을 흥국사로 바꾸는 한편 약사전을 증축하고 미타전을 새로 지어 어머니 숙빈 최씨의 원찰로 삼았다. 그리고 궁궐의 상궁이 머물며 예불을 올리고 선학을 배우도록 배려했다. 약사전藥師殿사진⑨ 편액은 영조가 이때 직접 써 하사한 어필이다. 단정한 해서로 결구가 치밀하다. 이 현판은 전형적인 촉체다.

흥국사 약사전사진⑨

홍국사에는 영조가 지은 시를 새긴 현판도 전해 내려오고 있다.

아침 일찍부터 기쁜 마음이 들고 朝來有心喜
수북히 쌓인 눈은 풍년이 들 징후로세 尺雪驗豊微

영조가 재위 46년1770 소령원에 행차하던 중 큰 눈이 내려 홍국사에서 하룻밤을 유숙한 후 다음날 아침 쌓인 눈을 보고 지었다고 한다.

홍국사 일주문 현판 왼쪽에 팔십이옹해사당八十二翁海士堂이란 관지가 있다. 해사海士 김성근金聲根1835~1918이 82세에 쓴 노필이다. 팔순의 나이에 썼는데도 힘이 넘쳐 웅건함이 풍긴다. 글씨는 기교가 아닌 마음의 반영임을 새삼 깨닫게 한다.

일주문 오른쪽 산기슭에는 한미산홍국사만일회비기漢美山興國寺萬日會碑紀사진⑩가 서 있다. 이 비석은 광무 8년1904 10월 홍국사에서 개최된 만일회를 기념하기 위해 1929년 건립했다. 만일회는 기도 기간을 1만 일로 정하고 수행에 힘쓰는 신행 모임이다. 홍국사 만일회는 완해玩海를 화주로 해송海松, 뇌응雷應, 풍곡豊谷, 호봉虎峰 등 스님이 주도했나. 현재의 홍국사 선각 대부분이 만일회 기간 중인 1913년 회원의 시주로 중건됐다.

홍국사만일회비사진⑩

운악산 봉선사
'큰법당' 한글 현판에
춘원, 운허의 가족 사랑

경기도 남양주시 진접읍 부평리 일대 광릉 숲은 우리나라에서 가장 아름다운 숲으로 꼽힌다. 면적은 대략 249만 4800제곱미터에 790종의 자생식물이 식생하고 있다. 광릉 숲은 조선 제7대 임금인 세조의 능침을 조성한 이후 550년 가까이 철저히 관리한 덕분에 원림 상태로 잘 보존돼 있다. 벌채는 물론이고 풀 한 포기, 낙엽 한 잎조차 함부로 건드리지 못하게 했다고 한다.

봉선사는 광릉의 아름다운 숲에 안겨 있는 복 받은 절이다. 괴애乖涯 김수온金守溫1409~1481은 《봉선사기》에서 봉선사는 고려 광종 20년969에 법인法印 탄문坦文이 창건한 운악사雲岳寺가 원조라고 했다. 탄문은 화엄종주로서 최초의 국사를 지냈다. 충남 서산시 운산면 보원사지에 그의 사리탑과 행적을 기록한 탑비가 있다. 운악사는 조선 세종 연간에 혁파되었다가 예종 원년1469에 정희왕후의 명으로 세조의 원찰로 세운 절이다. 정희왕후는 세조의 비다.

예종 원년의 봉선사 창건 과정은 《조선왕조실록》, 《신증동국여지승람》, 《봉선사대종명》 등에 자세히 나와 있다. 이 기록을 보면 1468년 세조가 승하하자 광릉이 능침으로 정해졌고 정희왕후는 능을 수호할 사찰 건립을 명한다. 세조의 부마인 하성부원군 정현조鄭顯祖, 상당부원군 한명회韓明澮, 능성부원군 구치관具致寬 등이 사찰 건립의 공동 제조로 나섰다. 이들은 당시 권력의 실세, '살아 있는 권력'이었다. 세조의 원찰은 능침의 남쪽인 지금의 봉선사 터에 잡았다. 6월에 착공한 봉선사는 불과 3개월만인 9월에 모두 89칸의 대역사를 끝냈다. 왕실의 공력과 살아 있는 권력의 힘이 동원되지 않았다면 어림없을 일이다.

절이 완공되자 예종이 친림해 세조를 위한 천도법회를 열었다. 그리고 예종은 이때 절 이름을 봉선사라고 짓고 사액을 내렸다. 나이 어린 명종을 대신해 수렴청정에 나선 문정왕후는 우의정 상진尙震1493~1564에게 밀지를 내려 봉선사를 교종수사찰敎宗首寺刹로 삼았다. 성종 원찰인 수미산 봉은사도 이때 선종수사찰禪宗首寺刹로 복립됐다. 봉선사와 봉은사를 선교 양종의 갑찰로 인정한 것이다.

그러나 봉선사는 임진왜란 때 전화를 당했고 인조 14년1636 병자호란 때는 청나라 군에 의해 완전히 불타버렸다. 이후 정축년1637과 영조 25년1749, 헌종 14년1848에 각각 중수불사가 이뤄졌다. 일제 때인 1926년에는 월초月初 거연巨淵이 대웅전과 요사를 중건했다. 월초의 공력으로 봉선사는 어느 정도 본래의 가람 형태를 갖췄지만 6.25전쟁 때 또다시 소실됐다. 이때 불에 탄 전각은 법당을 포함해 모두 14동 150칸이다. 종각과 삼성각만이 용케도 전화를 피했을 뿐이다.

봉선사는 1956년 화엄華嚴이 범종각을 재건했고 1961년부터 3년에 걸쳐 운경雲鏡과 능허凌虛가 운하당을 건립했다. 지금의 법당은 운허耘虛 용하龍

운악산 봉선사

봉선사사진②

夏1892~1980가 1969년에 중건해 봉선사는 비로소 가람의 면모를 다시 갖췄다.

봉선사 경내의 대부분 전각은 6.25전쟁 이후 중창된 연유로 편액과 주련은 근대 이후의 작품이다. 광릉의 원찰로 어느 절보다 장중하고 장엄했을 봉선사의 옛 현판과 주련은 전란의 화를 입어 한 점도 남아 있지 않다. 그렇지만 사찰의 상징인 일주문과 대웅전 현판 등이 순수한 한글 글씨인 것은 매우 흥미롭다. 교종갑찰로서 불교 현대화의 정신과 뜻을 실천하려는 상징적 모습이다.

일주문사진①에 걸린 문액은 '운악산봉선사'사진②라고 한글로 쓰였다. 현판을 한글로 쓰더라도 가로 한 줄로 쓰는 게 일반적인데 세로 두 줄로 썼다. 아마도 봉선사가 전화를 워낙 심하게 입었던 탓에 화재를 막기 위한 비보의 방편으로 두 줄로 쓴 것 같다.

사찰의 전통과 관습으로 보면 '한글'보다는 '한자'가 아직은 익숙하다. 일주문의 한글 현판은 당연히 낯설고 이상한 느낌이 든다. 그렇지만 눈이

운악산 봉선사
일주문사진①

갈수록 어색함이 사라지면서 정감이 간다. 한글에 익숙한 탓일까. 한글로 쓴 현판의 놀라운 변신에 새삼스런 맛이 나는 것일까. 그보다는 미처 감상해보지 못한 한글 글씨가 범상하지 않은 영향이 큰 것 같다.

큰법당 사진③

왼쪽 하단에 운허 용하라는 관지가 있다. 노경의 필치로 보이지만 근골이 매우 단단하다. 소나무 가지를 뚝뚝 잘라 맞춰놓은 것 같다. 골기만이 남아 고졸하고 투박하다. 산해진미는 제쳐두고 보리밥에 소찬을 차린 밥상과 같다.

일주문에 걸린 한글 문액에서 받은 신선한 충격이 가시기도 전에 법당 앞에 이르렀다. 당연히 대웅전이란 현판이 걸려 있을 자리에 '큰법당' 사진③ 이란 낯설은 한글 현판이 보인다. 일주문 현판과는 달리 필획에 살이 조금 붙어 있다. 가로보다는 세로를 조금 길게 썼다. 전체적으로 원만하게 보이는 글씨는 부처님의 어깨 선을 연상하게 한다.

현판 왼쪽에 운봉雲峰이란 주문이 찍혀 있다. 운봉 금인석琴仁錫은 조선미술 전람회에서 네 차례 입선했고 한국과 일본, 중국 등 3국 간 서예 교류에 힘썼던 인물이다. 그는 만년에는 경북 구미에서 양고서원을 열고 지방의 서예 애호가를 지도했다. 운봉은 일본 동경대 경제학과를 졸업했는데 일본 회계사 시험과 행정고시에 합격해 국회 재경위 전문위원까지 지낸 전문 관료 출신의 서예가다.

정면 3칸 측면 2칸의 법당 네 기둥에도 한글 주련이 걸려 있다. 강석주姜

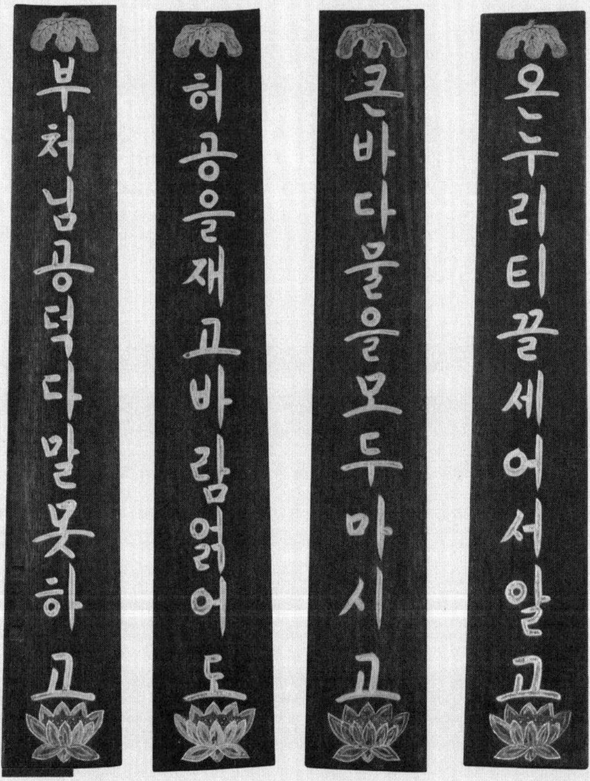

온 누리 티끌 세어서 알고

큰 바다 물을 모두 마시고

허공을 재고 바람 없어도

부처님 공덕 다 말 못하고

'큰법당' 주련사진 ④

昔珠1909~2004의 선필이다. 주련은 《화엄경》 제80권에 있는 보현보살의 게송을 한글 대장경에서 뽑아냈다.

온 누리 티끌 세어서 알고 刹塵心念可數知
큰 바다를 모두 마시고 大海中水可飮盡
허공을 재고 바람 얽어도 虛空可量風可繫
부처님 공덕 다 말 못하고 無能盡說佛功德

한자로 쓴 주련을 볼 때마다 그 뜻을 알지 못해 기가 죽기 마련인데 한글 주련을 보니 읽기가 쉬워 좋다. 주련의 뜻도 이해할 것 같은 기분이 든다. '큰법당' 내부의 벽면에도 한글로 번역한 《화엄경》 동판 125매와 한문 《법화경》 동판 227매로 장엄했다. 불경 한글화에 행동으로 앞장서는 봉선사의 모습이다.

석주는 한자와 한글 글씨를 모두 잘 썼지만 스스로는 한글 서체를 어느 정도 잡았다며 한글 글씨가 조금은 낫다고 자평했다. 서울 은평구 삼각산 진관사, 경기도 광주시 남한산성 청량산 망월사의 대웅전 주련 등이 석주의 한글 글씨다. 석주는 한글 이외에 한자로 쓴 현판과 주련을 전국 사찰에 많이 남겼다. 아마 글씨로 가장 많은 보시를 한 게 석주일 것이다.

봉선사 법당의 한글화는 한국 불교의 시대정신을 구현한 산물이다. 한자에 서툴고 경전을 알지 못하는 대중의 눈높이에 불교 정신을 맞추려는 시도로 볼 수 있다. 기둥 글인 주련은 순수한 한글로 풀이 쓰고 쉽게 의미를 전달하기 위해 의역을 서슴지 않았다. 다만 한글 현판이 법당의 공간적 성격을 순수한 우리말로 어떻게 상징성을 담아내느냐가 풀어야 할 숙제다.

교종갑찰 봉선사가 현판과 주련을 한글화한 파격적인 시도는 일주문 사액을 쓴 운허의 선풍에 연유한다. 운허는 월초의 법제자다. 월초는 동국대학교 전신인 명진학교를 설립해 후진 양성에 앞장섰고 불경 번역과 경전 강의에 일생을 바친 학승이자 대강백이다. 운허 역시 스승인 월초의 영향으로 불경 번역 등을 통해 불교 대중화에 힘썼던 학승이다. 불경 번역의 법맥이 이어지는 과정에서 봉선사의 한글화가 이뤄진 셈이다. 더욱이 봉선사는 세조가 재위 시절 《법화경언해》1463 등 9종의 경전을 한글로 옮기는 작업을 주도했던 사찰이다. 봉선사에는 이때 감경도감이 설치돼 있었다. 봉선사는 불경의 한글화 작업에 인연을 타고 난 셈이다.

속명이 이학수李學洙인 운허는 평북 정주가 고향이다. 춘원春園 이광수李光洙보다 사흘 늦게 태어나 8촌 동생이 된다. 일찍 부모를 잃은 춘원은 어릴 적부터 운허의 집에서 자랐다. 문재가 있던 춘원은 일본으로 유학했고 운허는 독립운동에 투신했다. 운허는 평양 대성학교 재학 시절 도산 안창호의 연설에 감동해 독립운동에 뛰어들었다고 한다.

독립운동 중에 일본 경찰에 쫓기던 운허는 봉일사에 숨어들었다가 주지인 경송慶松을 만나 불문에 귀의했다. 이후 당대의 대강백인 월초의 문하에서 수련을 쌓았다. 운허는 이런 정진의 결과로 범어사, 통도사, 해인사 등지에서 교학을 강의하며 강백으로 명성을 날렸다.

'큰법당'과 정면으로 마주하고 있는 정면 7칸 측면 4칸의 2층 누각인 설법전說法殿은 120평짜리 초대형 강당이다. 현판은 한자지만 각 기둥에는 한글 주련을 걸었다. 새끼줄에 곶감을 꾀어 주렁주렁 걸어놓은 모양이다.

象海雲集

증해운집사진⑤ 청풍루사진⑥

佛泉會館

불천회관사진⑦ 설법전사진⑧

방적당사진⑨ 운하당사진⑩

判事管務軒

판사관무헌사진⑪

강당이 완공될 때 운허가 젊은 학승들의 글씨를 받아 걸은 것이다. 동쪽의 네 쪽은 눌암訥庵 동안東眼. 남쪽의 여섯 쪽은 마하摩訶 선주선宣柱善, 서쪽의 네 쪽은 고담古潭 태정太定, 그리고 북쪽의 여섯 쪽은 한암閒庵 정수正修의 선필이다.

설법전은 사방에 현판을 걸었다. 동쪽의 중해운집衆海雲集사진⑤은 진성眞性이 썼다. 《화엄경》〈세주묘엄품〉에 나오는 '대중이 구름처럼 많이 모이는 모습'을 의미한다. 남쪽의 청풍루淸風樓사진⑥는 여초如初 김응현金膺顯이 썼고 서쪽의 불천회관佛泉會館사진⑦은 심은沁隱 전정우全正雨의 글씨다. 불천은 운허의 아호다. 북쪽의 설법전사진⑧은 시암時菴 배길기裵吉基가 해서로 썼다.

'큰법당' 동편의 방적당放跡堂사진⑨은 승방이다. 한글로 '큰법당'의 현판을 쓴 금인석의 예행서로 추사서류에 가깝다. 운봉은 《추사소전》을 저서로 남겼을 정도로 추사체에 조예가 깊었다. 방적은 발걸음을 조금 자유롭게 풀어준다는 의미다. 어느 정도 수행을 마친 스님이 더 높은 단계의 정진 수행을 하는 선방을 뜻한다.

방적당 맞은 편의 'ㅁ'자 건물에는 대방과 주지실, 요사가 있다. 동쪽에는 구름과 노을이란 뜻의 운하당雲霞堂사진⑩ 편액이 걸려 있다. 불자가 구름같이 모여 복해를 닦는 곳을 뜻한다. 원곡原谷 김기승金基昇의 글씨다. 남쪽에 걸려 있는 봉선사奉先寺 현판도 원곡이 썼다. 독실한 기독교 신자인 원곡은 독특한 한글 서체인 '원곡체'로 유명하다.

원곡체는 필획을 시작하는 기필과 끝을 맺는 수필이 누에머리 형상이다. 글자의 시작과 끝에서 붓에 힘을 주어 꾹 눌러 쓴 서법이다. 원곡은 독실한 기독교인이었던 탓인지 절집의 현판이나 주련 글씨를 쓴 일은 아주 드물다. 그렇지만 전국의 간판 글씨와 교회 현판에서 원곡체를 흔히 볼 수 있다. 서울 새문안교회 현판과 한글 성경 표제가 원곡체의 전형이면서 원곡의 대표적인 한글 작품이다. 아마 컴퓨터 폰트로 가장 널리 쓰이는 게 원곡체일 것이다.

운하당과 나란히 있는 판사관무헌判事管務軒사진⑪은 봉선사 경내에서 행패를 부리는 양반의 기강을 잡는 별정 기구였다. 왕실의 원찰로 위상을 세우기 위해 행패의 정도에 따라 곤장을 치는 관청의 역할을 맡았던 곳이다. 편액 왼쪽에 한암閑菴이란 관지가 보인다. 한암은 설법전 북쪽 기둥에 한글 주련을 쓴 당시의 젊은 학승이다.

'큰법당' 동쪽에 위치해 있는 개건당開建堂은 봉선사의 개산 공덕주 정희왕후 유씨, 중건 공덕주 계민과 정시문수행, 월초의 신위와 진영을 모신

조사전사진⑫

영각이다. '개산'과 '중건'에서 한 자씩을 빌려 개건당이란 당호를 지었다. 또다른 전각인 조사전祖師殿사진⑩의 한글 주련이 참으로 걸작이다.

이 절을 처음 지어
기울면 바로 잡고
불타서 다시 지은
고마우신 그 공덕

운허가 짓고 '큰법당' 주련을 쓴 석주의 법필이다. 한글 주련인데도 대귀가 자연스럽다. 한 편의 시이자 시조다. 봉선사를 처음 세우고 일으키고 고친 대덕 스님과 시주를 한 공덕주의 진영이 봉안되어 있음을 주련의 내용만으로도 알 수 있다. 편액은 청남菁南 오제봉吳濟峰이 썼다.

개건당 위편에 있는 지장전地藏殿은 세조와 정희왕후의 위패를 모셨던 어실각御室閣 자리다.《봉선사본말사지》에는 임진왜란 때 왜적이 이 전각에 불을 지르자 당시 주지이던 낭혜朗慧가 불 속에 뛰어들어 어진을 구해냈다고 기록되어 있다. 박종화朴鍾和의 소설《자고 가는 저 구름아》에는 당시 광릉 능참봉이던 이이첨李爾瞻이 어진을 빼앗아 평안도 의주행재소에 피신해 있던 선조에게 바친 것으로 묘사돼 있다. 이이첨은 이 공로로 출세 가도를 달리며 위세를 누렸다.

승적당을 끼고 돌아 몇 걸음을 옮기면 다경실茶經室이다. 한때 춘원 이광수가 기거했던 곳이다. 춘원이 자신의 친일 행각을 참담한 심정으로 고뇌하고 있을 때 운허가 제공했던 거처다.

본래 기독교에 관심이 컸던 춘원이 금강산에 갔다가 보광암寶光庵에서 만난 월하月河에게 감명을 받고 한때《화엄경》에 심취했다. 이런 인연이 다시 봉선사와 맺어진 셈이다. 세조의 원찰인 봉선사에 기거했던 춘원이《단종애사》를 명작으로 남긴 것은 참으로 아이러니가 아닐 수 없다. 어쩌면《단종애사》는 춘원이 봉선사에 기거하면서 구상했는지도 모른다. 불교의 인연은 이렇게도 맺어지는 것인가.

다경실의 본래 당호는 춘원이 이곳에 묵고 있을 때는 차를 마시며 경전을 읽는다는 의미로 다경향실茶經香室이다. 앞마당가에는 못 생긴 돌에 다경향실지사진⑬라고 새긴 표석이 서 있다. 춘원의 흔적을 보존해놓은 봉선사의 배려가 아름답다. 춘원은 절 아래에 있던 광동학교에서 교편을 잡기도 했다. 현재 광동학교의 교가는 이때 춘원이 작사한 것이다. 이 학교는 광복 직후 운허가 세웠다. 현재의 광동종합고와 광동여고가 광동학교의 후신이다.

다경 향실지사진⑬

다경실 앞의 범종각梵鍾閣에 있는 범종은 예종 원년의 봉선사 창건 때 주조된 성보 중의 성보이다. 명문사진⑭을 통해 봉선사 창건 내력을 알 수 있을 뿐만 아니라 숱한 전란에도 훼손되지 않은 봉선사 유물이다. 종의 횡대 사이에 새겨져 있는 종명은 명문이자 명필이다. 종문은 송설체로 기품이 아주 빼어나다. 당내의 명필인 허백당虛白堂 정난종鄭蘭宗1433~1489이 마음껏 솜씨를 뽐냈다. 허백당은 왕희지법으로 초서를 매

범종명문 사진⑭

이광수기념비 사진⑮

운허대종사부도탑비 사진⑯

우 잘 썼다. 잘 알려진 을유자乙酉字가 그의 글씨다. 덕수궁에 이전돼 있는 홍천사종興天寺鐘에 새긴 종명도 허백당이 썼다.

종문은 시문서화의 사절로 불리던 사숙재私淑齊 강희맹姜希孟1424~1483이 지었으니 얼마나 명문인지 쉽게 짐작할 수 있다. 탑골공원에 있는 대원각사비大圓覺寺碑의 비문은 허백당이 쓰고 전액은 사숙재가 돌렸다. 사숙재와 허백당이 콤비를 이뤄 만든 또 하나의 명품이다. 흰색 바탕의 범종각 편액에는 유수산劉壽山이란 관지가 있으나 누구인지는 알 수 없다.

일주문 옆 부도밭에는 '춘원이광수기념비'사진⑥가 세워져 있다. 봉선사의 허락을 받아 미국에 거주하고 있던 춘원의 아내 허영숙과 아들 영근, 딸 정란과 정화가 6.25전쟁 중에 소식이 끊긴 남편과 아버지를 기리는 마음을 담아 세웠다. 비문은 후학인 주요한朱曜翰이 짓고 원곡 김기승이 썼다.

이 기념비는 1975년 가을에 세웠다. 그러나 남편의 기념비를 세우기 위해 귀국해 있던 허 여사는 기념비 건립 한 달 전에 타계했다. 허 여사의 안타까운 사연은 기념비 뒷면에 이렇게 적혀 있다.

"기념비를 세우기 위해 미주로부터 귀국했던 허영숙 부인은 미처 완공을 못 보신 채 9월 7일 80세의 천수를 마치시고 이곳에서 멀지 않은 샘내공원묘지에 깊이 누우셨으니 실로 아쉬운 일이 아닐 수 없다."

남한산성
삼전도의 한,
호국 의지 간절한 산성의 묵적

경기도 광주시 남한산성은 주봉인 청량산을 중심으로 서북과 동남의 능선을 따라 성벽이 이어진다. 동남쪽은 천주봉을 거쳐 남문에 이르고 얼마 지나지 않아 동쪽으로 꺾여 남향의 산기슭을 따라가며 구축된 성벽은 동문까지 뻗었다. 여기서 연주봉과 벌봉을 거쳐 뻗어 내린 서북쪽 성벽과 연결된 게 남한산성 본성이다. 남한산성의 형세는 서쪽이 높고 동쪽이 낮은 서고동저이면서 성안은 분지형 평지다.

현재의 남한산성은 이괄의 난과 청나라 침략으로 곤욕을 치룬 인조가 재위 2년1624에 착공해 2년 만에 완공한 것을 기본 구조로 삼았다. 당시 총융사 이서 李曙1580~1637는 인조의 명을 받아 남문과 북장대를 기준으로 동남성과 서북성으로 나눠 성을 쌓았다. 동남성은 휘하 장수인 이회李澮1583~1653가, 서북성은 승군을 이끌었던 도총섭 각성覺性 벽암碧巖1575~1660이 맡았다.

《남한지南漢誌》에 따르면 이렇게 쌓은 남한산성의 전체 면적은 212만 6637제곱미터다. 산성의 안 둘레는 6290보로 17리 반이고, 바깥 둘레는 7295보에 20

리 95보에 이른다. 당시 한 자인 20.81센티미터로 환산하면 성벽의 안 둘레는 7854미터이고, 바깥 둘레는 9108미터가 된다. 오늘날 여장의 옥개중심선을 기준 삼아 측정한 둘레 7545미터와 거의 비슷하다. 또 남한산성에는 동서남북에 각각 한 개씩 4개의 문과 장대, 옹성 5곳, 암문 16개, 군포 125곳, 여장 1940개를 설치했다. 우물 80개와 연못 45개도 만들었다. 그리고 유사시 왕실이 거처할 수 있는 상궐 73칸, 하궐 154칸 모두 227칸의 행궁을 건립했다.

이렇게 철옹성처럼 구축한 남한산성은 항일운동의 근거지라는 이유로 일제가 잿더미로 만들었다. 실제로 일본의 조선 병합이 노골화되자 경기 광주·이천·양주·양평 지역 의병 1600여 명은 1896년 남한산성을 거점 삼아 항일운동을 벌였다. 3.1운동 때에는 성안의 종로에 모여 만세를 불렀다. 일본군이 천신만고 끝에 남한산성을 점령하자 무기와 화약이 많다는

수어장대사진③

이유로 지체없이 불을 질렀다. 그때가 1907년 8월 1일이다. 사찰과 주요 시설이 이때 소실됐다. 여기에 주둔했던 의병에게 일본군이 심한 타격을 입은 데 대한 분풀이였다.

일제에 의해 철저히 파괴됐음에도 남한산성에는 200여 점에 달하는 유적과 유물이 산재해 있다. 역사의 현장을 기록한 금석문과 현판 등이 포함돼 있어 흥미로운 볼거리를 제공해 산행에 즐거움을 더해준다.

남한산성 행궁은 일제에 의해 완전히 소실된 후 방치되다가 1998년부터 단계적인 발굴 조사와 복원 작업이 동시에 진행 중이다. 지금도 종로 부근을 발굴하고 있지만 행궁 복원은 2010년 마무리됐다. 행궁이 잿더미로 변한 지 103년 만이자 복원 공사를 시작한 지 12년 만의 일이다. 행궁의 정문은 한남루漢南樓다. 이 현판은 행궁이 불타기 이전의 사진을 참고해 복원한 것이다.

행궁은 상궐과 하궐로 구분된다. 이 중 상궐의 내행전 뒤편 바위에 반석盤石사진①이란 암각문이 새겨 있다. '국가를 반석과 같이 튼튼히 지켜야 한다'는 뜻이다. 병자호란 때 누란의 위기에 빠진 종묘사직과 국가를 지켜야 한다는 의지를 다지고 길이 간직하기 위해 새겨 놓았다. 이런 의미를 반듯하고 강건한 필획으로 서권기에 담았다.

행궁에서 청량산 정상으로 가는 길은 능선을 따라 나 있다. 그러나 상궐 뒤편의 계곡 길을 택하면 여기저기 바위에 새긴 금석문을 만날 수 있다. 이 계곡은 봄과 가을의 건기에는 물길이 끊기지만 장마철에는 제법 많은 물이 흐르면서 장관을 이룬다. 숨어 있는 비경이다. 그 틈새를 놓치지 않고 찾았던 풍류객이 바위와 암벽에 아름다움을 시문으로 새겼다.

불쑥 솟은 바위 면을 깎고 새긴 옥천정玉泉亭사진②에는 두 편의 시가 있다. 옥천정을 노래한 시로 이 중 한 편을 감상해보자.

늙은 소나무 기암과 구름속에 가려 있거늘 老松奇石悶雲局
천년 세월 신령의 가호를 입었구나 訶護千年賴地靈
먼 날에 한가롭게 머물 곳을 찾을 마음이라면 他日欲尋閒夢處
청량한 달빛 가을 물결 일렁이는 옥천정이 그곳일세 冷月丈秋水玉泉亭

두실거사제斗室居士題 세정축작歲丁丑作이라고 각자돼 있다. 조선 후기 문인이자 영의정을 지낸 두실斗室 심상규沈象奎1766~1838의 작품이다. 가을밤 청정한 분위기에 걸맞게 필획이 수경하다. 시상으로 보아 정자에서 보는 경관이 볼 만했던 모양이다. 수량도 많지 않은 이 계곡의 경관이 얼마나 아

반석사진①

옥천정사진②

름답기에 이런 흥취를 돋게 했는지 범인의 눈으로는 도무지 알 수가 없다. 서예가 마음을 반영하듯 자연경관 또한 마음의 눈이 열려야 보이는가 보다. 옥천정 부근에는 고운석鼓雲石, 개심폭開心瀑, 냉연대冷然臺 등 자연의 아름다움을 표현한 풍류가 넘치는 암각문도 있다.

청량산 산정에 자리한 수어장대守御將臺사진③의 누각과 편액은 언제 보아도 장엄하고 웅대하다. 수어장대는 인조 2년1624 남한산성을 쌓을 때 축조된 동서남북의 4장대 중 유일하게 남은 누각이다. 누각에 올라서면 북서로는 서울과 한강 하구의 김포, 예성강, 인천까지 조망이 가능하다. 남동으로는 성남, 양주, 양평, 용인 등이 한눈에 들어온다.

수어장대는 처음에는 1층으로 짓고 서장대라고 불렀다. 이후 영조 27년1751 광주 유수 이기진李箕鎭이 2층을 올리고 바깥쪽에는 수어장대사진④, 안쪽에는 무망루無忘樓사진⑤라는 편액을 각각 걸었다. 현재의 누각은 고종 원년1896 광주 유수 박기수朴岐壽가 다시 세웠다. 수어장대의 편액은 장중하고 위엄이 넘친다. 한 획 한 획이 굳세고 강건하다. 획과 획의 간격이 자로 잰 듯이 일정하다. 병사들이 결전에 앞서 사열을 받기 위해 도열해 있는 모습과 같다. 빗자루만 한 큼직한 붓으로 쓴 것처럼 자형이 매우 크다. 그러면서 필획은 박달나무같이 단단하다.

아마도 이곳에 주둔했던 잘 훈련

수어장대사진④

무망루사진⑤

된 장병이 이런 근육질 몸매였을 것이다. 수어장대의 팔작지붕이 또한 위엄과 기품이 넘친다. 그 건물에 그 글씨가 좋은 조화를 이뤄 더욱 장중하고 근엄한 분위기를 연출한다.

이 편액은 군여君與 박주수朴周壽1787~1836가 썼다. 군여는 판돈녕부사 박준원朴準源1739~1807의 손자다. 정조의 비로 순조를 낳은 수빈 박씨가 박준원의 셋째 딸이다. 수빈 박씨가 군여에게는 고모가 된다. 문과에 급제한 군여는 한성부 판윤을 세 차례나 역임했고 예조·형조·병조판서와 좌참판을 지냈다.

편액 왼쪽에 '세병신계하하한歲丙申季夏下澣'이란 관지가 보인다. 1836년 7월 초에 쓴 편액이다. 군여가 죽기 불과 며칠 전이다. 관지 아래의 양각 주문에는 '집금오대장군執金吾大將軍'이란 직책을 새겼다. 음각 백문의 낙관에는 '반남박주수군여지인潘南朴周壽君與之印'이라고 썼다.

무망루는 영조가 내린 당호다. 본래 수어장대 2층에 있었으나 지금은 옆에 전각을 지어 별도로 관리하고 있다. 무망루는 '잊지 말자'는 뜻이지만 '잊을 수 없다'는 결연한 의지가 담겨 있다. 영조는 무엇을 그토록 잊을 수 없어 애절한 감정을 담아 무망루라고 지었을까.

청나라 태종은 1636년 12월 1일 군사 13만 명을 이끌고 압록강을 넘어왔다. 겁에 질린 조선군은 싸워보지도 않고 성을 버리고 도망했다. 청군은 불과 사흘 만에 홍제원까지 쳐들어왔다. 이른바 병자호란이다.

청군이 도성까지 쳐들어오자 인조는 남한산성으로 피신했다. 당시 성안에는 양곡 1만 4300석, 장 220항아리가 있었다. 50여 일을 버틸 수 있는 식량이다. 청군과의 큰 싸움은 벌어지지 않았지만 시간이 지날수록 성안은 혼란에 빠졌다. 조정에서는 화친을 주장하는 주화파와 청군과 끝까지 싸워 막아내자는 척화파가 팽팽히 대립한 가운데 대세는 주화파로 기울었다.

이런 와중에 강화도가 청군에게 점령되고 말았다. 그리고 이곳에 피신했던 원손과 봉림대군 등이 청군의 포로로 잡혔다. 이 소식을 접한 인조는 소현세자와 함께 청군에 항복했다. 남한산성으로 피신한 지 47일 만에 당한 치욕이다.

인조는 지금의 서울 송파구 삼전동 송파나루의 삼전도로 나가 항복의 예를 갖췄다. 단상에 앉아 있는 청 태종에게 "천은이 망극하오이다"라며 한 번 절하고 이마를 맨 땅에 세 번을 찧는 식의 치욕스런 의례를 치렀다. 인조는 이마가 깨져 피가 흘렀다. 안타깝고 보기에 민망한 임금의 몰골이다. 인조의 항복을 받아낸 청 태종은 소현세자와 빈궁, 봉림대군을 볼모로 잡아갔다. 척화론의 주모자인 오달제吳達濟, 윤집尹集, 홍익한洪翼漢 등 이른바 삼학사도 이때 함께 잡혀갔다. 남한산성 역사관 북쪽 산기슭에 있는 현

기해주필사진⑥

절사顯節祠가 이 삼학사를 모신 사당이다.

소현세자가 볼모 생활 8년 만에 귀국했으나 보위에 오르지도 못하고 귀국한 지 불과 두 달 만에 죽었다. 이 또한 얼마나 안타까운 변고인가. 그래서 봉림대군이 인조의 뒤를 이어 왕위에 올랐으니 그가 효종이다.

효종은 즉위하자마자 김상헌金相憲, 김집金集, 송시열宋時烈, 송준길宋浚吉 등을 중용해 북벌계획을 추진했다. 송시열은 《송자대전》에서 북벌계획을 다음과 같이 적었다.

"저 오랑캐들은 이미 패망할 징조에 있다. 10년을 기한으로 군사훈련과 군장비, 군량을 비축하고 조정의 신하와 백성이 일치단결하여 군사 10만을 양성한 후 틈을 노려 명나라와 내통하여 기습하고자 한다."

효종은 재위 10년 내내 북벌계획을 추진했다. 청나라에 복수하고자 하는 일념으로 술까지 끊었다. 하지만 명나라가 쇠약해갔고 조선에선 왜란, 호란 등 잇따른 전란으로 백성들은 연명하기가 급급할 정도로 살기가 힘겨웠다. 이런 처지에 북벌을 실행에 옮길 수는 없는 노릇이었다. 결국 북벌의 뜻을 펴보지도 못한 채 효종은 1659년 5월 4일 41세를 일기로 승하했다. 가슴에 맺힌 북벌의 한을 생각하면 눈을 감지 못했을 것이다. 무망루는 이런 치욕과 한을 잊을 수 없다는 뜻이 담겨 있다.

이 같은 애절한 역사의 현장인 남한산성은 영조와 정조가 경기도 여주 영릉寧陵 능행 길에 들러 유숙하며 병자호란의 치욕을 곱씹었다고 한다. 영릉은 효종의 능침이다. 동문에서 광주 방향으로 100미터쯤 내려가면 오른쪽 계곡에 기해주필己亥駐蹕 사신⑥이라고 새긴 비위가 나온다. 정조가 재위 3년1779에 영릉 참배 길에 계곡 물이 맑아 잠시 쉬어 간 것을 기념하여 새긴

삼전도비 사진⑦

각자다. 글씨는 당시 수어사인 김종수金鍾秀가 정조의 명에 의해 바위에 기해주필이라고 네 글자를 새겼다. 주필이란 임금이 탄 가마가 멈추었다는 의미다. 기해는 정조가 이곳에서 쉬어 간 기년이다.

인조가 청 태종에게 항복한 삼전도에는 삼전도비로 불리는 대청태종공덕비大淸太宗功德碑사진⑦가 있다. 병자호란이 끝나고 3년 후인 인조 17년1639 청나라의 강요에 못 이겨 마지못해 세웠다. 이 비는 잠실 롯데백화점에서 송파대로 방향에 있는 석촌교 옆에 있다. 비각을 유리로 단장해 비를 자세히 살펴 볼 수 있다. 다만 비문의 대부분이 마멸돼 판독하기 어려운 게 흠이다.

삼전도비의 비문은 이경석李景奭1595~1671이 짓고 글씨는 오준吳竣1587~1666이 썼다. 당초 장유張維1587~1638 등이 비문을 지었으나 청나라가 마음에 들지 않는다고 간섭하는 바람에 이경석이 왕명에 의해 다시 고쳐 새겼다. 오준은 시문에도 뛰어났으며 글씨는 해서를 잘 썼다. 그는 서체를 왕희지의 《유교경遺敎經》과 《황정경黃庭經》을 임모해 얻었다고 한다. 그가 모사한 《황정경》은 오늘날에도 서예가들이 임모 대상으로 널리 활용되고 있다.

삼전도비의 재질은 대리석이며 비신과 이수를 한 개의 돌을 깎아 만든 통비다. 비문의 앞면은 둘로 나눠 오른쪽에는 만주문자 20행을, 왼쪽에는 몽고문자 20행을 새겼다. 비문 상단의 제액은 만주어와 몽고어로 돌렸고 비문 뒷면은 한문을 새겼다. 한 개의 비에 3개 언어로 새긴 희귀한 형태이다. 만주어는 여진족 지도자이자 청나라를 세운 누루하치가 1599년에 만든 문자다. 이 문자는 청나라가 중국을 지배했던 300여 년 동안 한자와 더불어 공식 언어로 쓰였다. 하지만 현재는 사료를 제대로 해독조차 할 수 없을 정도로 희귀한 언어로 전락했다.

수어장대에서 성곽을 따라 북쪽 길로 내려오면 오른쪽 산기슭에 큰 바위가 있다. 이 바위는 병암屛岩이란 각자가 있어 병풍바위로 불린다. '병암이민하10세기미서屛岩李民夏十歲己未書'라는 관지가 있어 10세 어린이인 이민하가 쓴 동자필로 전해온다.

병암 옆에 있는 명문은 정조3년1779 6월 18일부터 50여 일 동안 남한산성을 대대적으로 보수한 사실을 기록한 남성신수비南城新修碑사진⑧다. 당시 수어사로 산성 중수를 지휘했던 서명응徐命膺1716~1787이 비문을 짓고 글씨는 광주부윤 이명중李明仲이 썼다. 서명응은 영조 연간에 형조·이조·병조·호조판서를 지냈고 정조 원년에는 홍문관 대제학에 오른 문신이다. 이조판서를 지낸 서종옥徐宗玉이 그의 부친이고 영의정을 역임한 서명선徐命善이 친동생이다.

남성신수비에는 산성 개축 공사를 18구역으로 나눠 진행하고 각 구역을 담당한 18패장의 이름을 새겨놓았다. 요즈음의 공사 실명제와 같다. 이때 쌓은 남한산성 4대문에 정조가 각각의 이름을 붙였다. 북문이 전승문全勝門이고 이 문을 기준 삼아 좌측의 동문을 좌익문左翼門, 우측의 서문이 우익문右翼門이다. 남문은 지화문至和門이다. 동·서·남문의 현판은 영조의 글씨를 집자했고 북문인 전승문은 서명응이 글씨를 새겼다.

답사의 발길을 서문을 거쳐 성곽을 따라 북동쪽으로 옮긴다. 서문, 매탄

병암(오른쪽)과 남성신수비 사진⑧

비석거리 사진⑨

흥선대원군불망비 사진⑩

화현전 사진⑪

지, 북장대지, 북문, 동장대지로 이어지는 길이다. 이 성곽 길은 남한산성에서 가장 아름다운 길이다. 능선 위로 드러나는 청량산 소나무 숲이 장관이다. 성안 주민이 금림 조합을 조직해 숲을 보호한 덕분이다. 금림 조합은 일제시대 남한산성의 소나무 남발을 막아 산성을 보호하기 위해 주민들이 자발적으로 만든 조직이다.

남한산성에는 인조 2년 산성을 쌓을 때 장경사, 국청사, 개원사, 한흥사, 천주사, 동림사, 남당사 등 7개 사찰을 세웠다. 산성 안에 이전부터 있던 망월사와 옥정사를 합쳐 모두 9개나 된다. 남문 앞 비석거리 사진⑨에 있는 흥선대원위대감영세불망비興宣大院位大監永世不忘碑사진⑩ 비문에도 산성안에 9개 사찰을 세웠다는 기록이 보인다.

남한산성 역사관 뒤편에 위치한 개원사開元寺는 승병을 총지휘했던 도총섭 벽암이 주석했던 곳이다. 산성 내에서 가장 중요한 역할을 맡았던 절이다. 하지만 옛적 유물은 없고 현재의 현판과 편액, 주련은 근대 들어 중창 불사를 하면서 여초如初 김응현金膺顯1927~2007의 글씨를 받아 걸었다.

개원사에서 만나는 여초의 글씨는 만년에 왼손으로 쓴 것이어서 감상의 맛이 특별하다. 법당인 대각전大覺殿을 비롯해 화현전化現墼사진⑪, 불유각佛乳閣, 승장조사전僧將祖師殿이 모두 여초의 왼손 글씨다. 화현전은 행서에 가까운 예서다. 자벌레가 기어가는 모양의 생동감 있는 필세가 인상적이다. '전殿'이 아닌 '전墼'으로 별자를 쓴 게 특이하다. 왼쪽 관지에 완옹좌완頑翁左腕이라고 써 있어 여초가 왼손으로 썼음을 알 수 있다. 화현전 주련에도 완옹좌완이란 관지가 보인다.

대각전은 법당이다. 크게 깨달음을 얻는다는 의미로 보면 대웅전과 다를 바 없지만 명칭이 생소하다. 대각전 현판사진⑫과 주련은 해서의 정형이다. 필획이 장맛비에 계곡물이 솟구쳐 흐르는 것처럼 활달하면서 유연하다. 관지가 없지만 여초의 득의필로 여겨진다.

여초가 쓴 개원사 현판과 주련에서 엿보이는 고졸미가 추사서류를 방불한다. 여초는 가학으로 서예를 익혔는데 안동 김씨 가문은 추사체의 영향을 받았다. 이 때문에 여초의 글씨에는 자연스럽게 추사서류가 묻어 있다.

대각전 옆에 있는 승방의 마루 양쪽에는 나무판자에 쓴 글씨사진⑬가 참으로 천진하다. "여기는 공부 수행자들의 거소이오니 관람오신 분은 죄송하지만 발길을 돌려주시면 고맙겠습니다. 모두를 위한 삶의 대중 일동". 이쯤 되면 누가 감히 승방의 문턱을 넘을 생각을 할 수 있겠는가. 언어와 붓이 빚어낸 마음의 예술이 아닐 수 없다.

남한산성 역사관 앞 화단의 토막 난 비석이 서흔남묘비徐欣男墓碑사진⑭다. 민초의 묘비로 보이지만 글씨가 기품 있다. 묘비의 주인공인 서흔남은 천민 신분으로 병자호란 때 인조를 등에 업고 남한산성으로 피신시킨 인물이다. 그는 청나라 군대를 속이기 위해 나막신을 거꾸로 신고 눈길을 헤쳐나가는 기지를 발휘했다. 뿐만이 아니라 남한산성이 청나라 군에 포위됐을 때 암문을 통해 성을 드나들며 관군에게 성내 정황을 전달했다. 그는 거지 행세를 하기도 했고 적군으로 변장도 했으며 심지어는 미친 행세도 했다. 서흔남은 이런 공로로 정3품의 가의대부에 봉해졌다. 천민 출신으로서는 파격적인 품계. 서흔남의 묘는 중부면 검복리 병풍산에 있었으나 후손들이 파묘하면서 묘비만 이곳으로 옮겼다.

대각전사진⑫

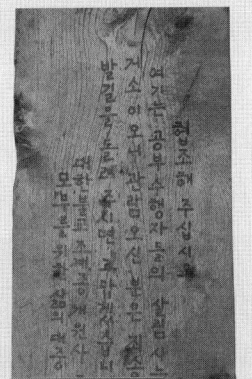

나무편자로 된 출입금지 문사진⑬

서흔남묘비사진⑭

프랑스 국립도서관에 있던 외규장각 도서가 돌아왔다는 낭보에 강화도를 찾았다. 이 도서는 병인양요 1866 때 프랑스군이 강화도 외규장각에서 훔쳐간 지 145년만에 귀환했다. 5년마다 갱신하는 대여 형식이긴 해도 일단 귀환한 것만으로도 반갑다.

외규장각에는 조선 왕실의 서적과 문서 등 총 1007종 5067책이 보관돼 있었다고 한다. 이 중에는 유일본 30책도 있었다. 프랑스군은 이 가운데 340권의 책과 천체도, 대리석판, 갑옷과 투구를 약탈해 갔다. 그리고 나머지는 모두 불태워버렸다.

강화도
붓 길로 수놓은 쇄국과 개학, 항쟁의 현장

당시 프랑스 함대 구스타프 로즈 제독은 외규장각 도서를 약탈한 후 해군부 장관에게 다음과 같이 보고했다.

"각하, 아주 중요한 것으로 보이는 서적으로 가득 찬 도서실 외규장각에서 공들여 포장한 340여 권을 수집했습니다. 통역이 없어 확언할 수 없지만 이 책들이 조선의 역사, 문학, 전설에 관해 많이 밝혀줄 것으로 기대합니다."

그는 이 편지에서 "강화에 도착하자마자 위원회를

만들어 역사적으로 관심을 가질 만한 물건을 수색하는 일을 맡겼다"고 적었다. 프랑스군은 강화도에 있는 유물과 유적 등을 계획적이고 조직적으로 약탈한 것이다.

강화도로 달려온 발길은 강화읍 온수리 정족산 전등사로 들어섰다. 이곳은 정족산성으로 고종 3년1866년 강화도에 침입한 프랑스군을 물리친 역사의 현장이다. 또한 이른바 병인양요를 승리로 이끈 병사들이 쓴 심서가 있었다. 장병들은 프랑스군과 싸우기에 앞서 호국과 무사 귀환을 간절히 빌며 대웅전과 약사전 기둥과 벽면에 애절한 마음을 담아 이름 석자를 남겼다. 그러나 단청을 새로 하면서 지워졌는지 지금은 그 심서를 볼 수가 없다.

심서의 주인공들을 지휘해 프랑스군을 물리친 명장이 양헌수梁憲洙1816~1886 장군이다. 그는 강화도가 프랑스군에 점령되자 549명의 병사를 이끌고 강화도에 입성했다. 말이 좋아 관군이지, 훈련도 받지 않은 사냥꾼이 대부분이었다. 전투와는 무관한 오합지졸에 불과했다. 양 장군은 이들을 이끌고 정족산성에서 신식무기로 무장한 프랑스군과 대적해 승리했다.

당시 프랑스 함대가 서울 양화진까지 진입해 민심이 동요했지만 조정에서는 별다른 계책없이 피난이냐, 화해냐의 논쟁으로 허송세월을 보냈다. 참다못한 화서華西 이항로李恒老 1792~1868가 칠순의 노구를 이끌고 상경했다. 그리고 목숨을 걸고 싸워야 한다

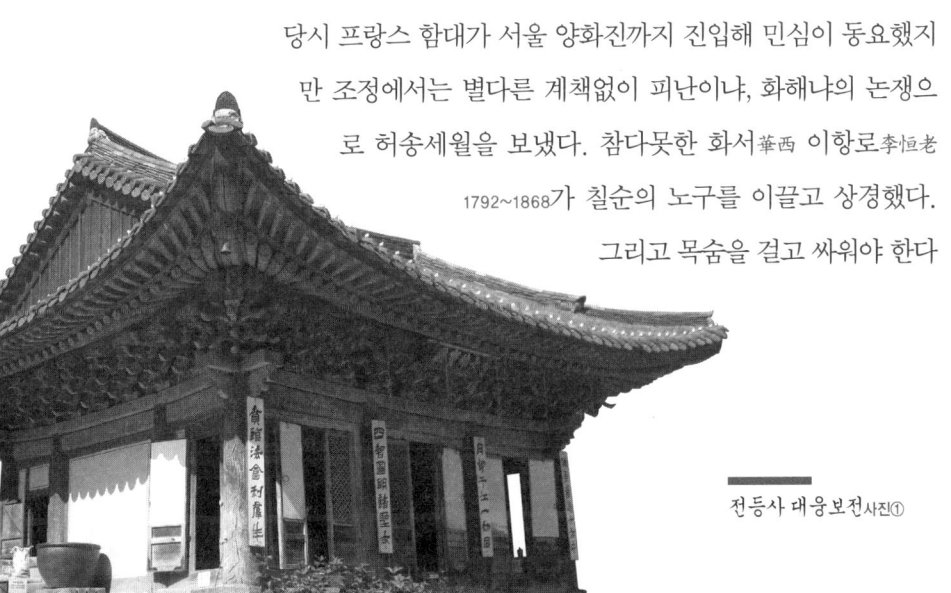

전등사 대웅보전사진①

고 상소를 올렸다. 화서의 상소를 계기로 프랑스군과 맞서 싸우기로 하고 양 장군을 파견한 것이다.

정족산성 전투에서 조선군이 승리함으로써 성안의 정서각과 선원보각에 보관되어 있던 서책과 귀중 물품을 온전하게 지켜냈다. 이 서적은 숙종 4년1678 전주사고에서 옮겨 온 《조선왕조실록》과 《왕실족보》 등이다. 이 장서가 현재 서울대 규장각 도서다.

전등사 동문으로 들어서면 왼쪽 산기슭에 순무천총양공헌수승전비巡撫千總梁公憲洙勝戰碑가 서 있다. 양 장군의 업적을 기리기 위해 세운 승전비다. 이 승전비는 병인양요 7년 후인 1873년 강화군민이 세웠다. 비가 세워진 뒤 100년이 지난 1972년에는 정족산성 인근에 있는 길상초등학교 교정에 양 장군의 동상이 건립됐다.

병사들의 심서를 보지 못한 아쉬움은 전등사 전각 현판과 주련으로 달래본다. 대웅보전大雄寶殿사진① 현판이 능품이다. 해서로 쓴 현판은 획과 획의

대조루 전면사진②

간격이 자로 잰 듯 일정하다. 결전을 앞둔 병사들이 도열해 각오를 다지는 자태와 같다. 꾹 눌러 쓴 필획은 힘이 넘치고 강건하다. 한마디로 주경週勁하다. 이 대웅전은 화재로 폐허가 되었다가 광해군 13년1621년에 서까래를 올렸다는 중건 기록으로 미뤄볼 때 현판 글씨도 이때 쓴 것으로 추정된다.

법당 앞 대조루對潮樓는 멀리서 밀려오는 바닷물과 마주 대한다는 의미의 누각이다. 전등사의 아름다운 경관과 더불어 호국의 현장에 어울리는 이름이다. 정면에는 전등사傳燈寺사진②라는 석봉체의 편액이 걸려 있다. 두 편액은 누구의 글씨인지 알 수 없다. 다만 대조루 사방의 기둥에는 위창葦蒼 오세창吳世昌1864~1953이 예서로 쓴 득의필이 걸려 있다. 위창은 전서와 전각에 뛰어났고 고서 감식에는 신안을 가졌던 인물이다. 주련을 감상하는 것만으로도 전등사 답사는 큰 보람이다.

강화도 마니산은 단군이 하늘에 제사를 올렸다는 민족의 성산이다. 1004계단을 따라 정상에 올라가면 매년 전국체육대회의 성화가 채화되는 참성단塹城壇이 나온다. 참성단은 하단 4계단 상단 17계단의 2단 구조에 21계단으로 되어 있다. 상부는 사각형이며 하부는 원형이다. 하늘은 둥글고 땅은 네모라는 천원지방天圓地方의 사상을 표현했다. 참성단에서 동쪽으로 50미터쯤에는 암벽에 참성단개축기塹城壇改築記가 새겨 있다. 손와損窩 최석항崔錫恒1654~1724이 썼다. 이 개축기에는 '마니산은 국가에서 제사를 올리는 명산이다'라는 명문이 있다. 마니산을 민족의 성지로 여긴 역사적 사실을 증명하는 금석문이다. 손와는 영조 때 소론 4대신 중 한 명으로 좌의정을 지냈다.

강화도는 지리적으로 중국과 가까워 일찍부터 한중 교류의 관문이었다.

이런 연유로 불교가 일찍 유입됐고 많은 절이 건립되어 《고려사》에는 21개 사찰이 있었다고 기록돼 있다. 강화도의 사찰 건립과 관련해 이런 일화도 전해진다.

천축인도 조사가 강화도에 들어와 절을 세울 마땅한 길지를 찾아 나섰다. 어느 날 고려산에 올라가니 연못에 오색 연꽃이 피어 있었다. 천축조사는 청·적·황·백·흑색의 다섯 색깔의 연꽃을 꺾어 날려 보냈다. 그리고는 이 꽃이 떨어진 자리에 절을 짓고 연꽃 색깔대로 이름을 붙였으니 청련사青蓮寺, 적련사赤蓮寺, 백련사白蓮寺, 황련사黃蓮寺, 흑련사黑蓮寺다. 고려산 남쪽 중턱에 위치한 적석사積石寺는 적련사의 전신이다.

고려산 적석사 입구에는 이런 내용을 기록한 고려산적석사지비高麗山積石寺之碑사진③가 있다. 이 비에는 고구려 장수왕 4년416년에 절이 창건되었고 고려 시대에는 몽골군의 침입으로 강화에 도피했던 임금이 기거했다는 내용도 보인다. 이 적석사비는 조선 숙종 40년1714에 건립됐다. 비문과 비액

고려산적석사지비사진③

은 백하白下 윤순尹淳1680~1741이 썼다. 동국진체의 진수를 고스란히 담아낸 명비다.

비의 제자가 대부분 전서인 것과는 달리 적석사비는 행서로 썼다. 또 양각으로 새겨 본래의 서미가 한층 살아 있다. 비문이 풍화가 심해 상단 일부를 제외하고는 판독이 어렵다. 탁본이 적석사 관음전에 걸려 있어 관심 있는 답사객은 챙겨볼 만하다.

김포반도와 강화도 사이를 가로지르는 해협을 강화해협 또는 염하라고 한다. 이 해협은 폭이 불과 200~300미터지만 간만의 차가 6~10미터에 이른다. 바닥은 온통 허리까지 빠지는 갯벌이다. 밀물이 몰려오면 물길이 사납고 빠르며 깊이를 가늠하기 어렵다. 물속 지형과 물길에 익숙하지 않으면 도강을 허용하지 않는다. 이런 보장지처인 강화도는 해안선을 따라 5진鎭, 7보堡, 8포대砲臺, 54돈대墩臺가 톱니바퀴와 같은 방어망을 구축해 철옹성을 자랑했다.

해문방수타국선신물과사진④

하지만 1871년 미군의 함포 몇 방을 맞고 맥없이 무너졌다. 미군은 강화해협의 관문인 강화군 길상면 초지진을 점령한 데 이어 해안을 시계 반대 방향으로 따라가며 덕진진과 광성보를 간단히 접수했다. 이른바 신미양요로 강화도가 미군에게 철저히 농락당했다.

신미양요 현장인 덕진진에는 '개방'을 강력히 반대하며 '쇄국'을 고집했던 역사적 증표가 있다. '해문방수타국선신물과海門防守他國船愼勿過사진④,

척화비 사진⑤
국립중앙박물관 소장

즉, 바다의 길목을 지켜 단 한 척의 외국 선박도 함부로 통과하지 못하게 한다'는 경구를 새긴 비석이다. 신미양요를 겪은 후 대원군의 명에 의해 고종 4년1876년 덕진첨사가 세웠다.

미국은 전투에서 이겼지만 이틀 만에 철수했다. 전투로 인해 강화 뱃길이 막혀 한양의 도성에선 물가 급등으로 서구 세력에 대한 반감이 크게 일었다. 대원군은 이런 민심을 등에 업고 그해 4월 척화비斥和碑사진⑤를 전국 주요 도시의 거리에 세웠다.

서양 오랑캐가 침입하는데 洋夷浸犯
싸우지 않으면 이는 화친하는 것이니 非戰則和
화친을 주장하는 것은 나라를 팔아먹는 것과 다름없다 主和賣國

척화비에는 이 같은 주문 이외에 작은 글씨로 '계오만년자손戒吾萬年子孫, 병인작丙寅作 신미립辛未立 즉, '우리의 만대 자손에 경계한다. 병인년 1866에 만들어 신미년1871에 세우다'라고 적혀 있다. 대원군이 직접 짓고 글씨를 썼다.

강화도는 국방 유적이 아주 잘 정비되어 있다. 1976년 박정희 전 대통령이 강화 국방 유적 정비 사업을 대대적으로 벌인 덕분이다. 그는 자주국방 의지를 대외에 천명하기

강화전적지정화기념비 사진⑥

위해 이 사업을 추진했다. 이때 용두 돈대에 강화전적지정화기념비江華戰蹟地淨化記念碑사진⑥를 세웠고 박 전 대통령은 앞면 글씨를 친필로 남겼다. 뒷면의 한글 음기는 일중 김충현이 썼다.

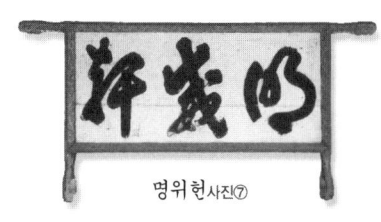
명위헌사진⑦

강화읍 관청리 강화산성 북문 일원은 몽골군의 침략을 피해 강화도로 피신한 고려 왕실이 임시 궁궐을 짓고 기거했던 곳이다. 이곳에 고려 궁궐이 세워진 것은 고종 19년1232이다. 몽골군이 침입하자 당시 실권자이던 최우崔瑀?~1249는 그해 6월16일 강화도로 도읍을 옮기기로 결정하고 2000여 명의 군사를 보내 궁궐을 건립했다. 그리고 20여 일 후 고려 고종과 함께 강화군 송해면 당산리 승천포를 통해 피신했다. 이후 강화도는 강화현에서 강화군으로 승격되고 임시 수도로서 강도江都라고 불렸다. 이른바 강도시대의 시작이다.

고려궁 안으로 들어서면 강화 유수부 본청인 동헌이 나온다. 동헌에는 명위헌明威軒사진⑦이란 편액이 걸려 있다. 백하 윤순의 진작이다. 행초서이면서도 엄정 단아하다. 동헌의 위엄을 상징하면서 동시에 몽골군에 당한 한을 담아냈다. 백하는 강화도에 기거하며 양명학을 발전시킨 강화학파 종장인 하곡霞谷 정제두鄭濟斗1649~1736의 제자다. 스승과의 인연으로 이 현판을 쓴 것 같다.

고려궁 서쪽의 넓은 공터에 덩그렇게 서 있는 건물이 외규장각이다. 규모가 작아 보인다. 외규장각 도서가 있던 원형과는 많이 다른 것 같다. 편

진송루 사진⑧

첨화루 사진⑨

액은 강화 지역에 많은 글씨를 남긴 강촌江村 정규은丁奎誾이 썼다.

고려 왕실은 고종 20~37년 사이 내성, 중성, 외성으로 구성된 강화산성을 쌓고 39년 동안 몽골에 대항했다. 이 산성의 남문이 안파루晏波樓이고 북문은 진송루鎭松樓사진⑧, 동문은 망한루望漢樓, 서문은 첨화루瞻華樓사진⑨다. 동문과 서문은 강촌 정규은이 썼고 진송루는 효남曉南 박병규朴炳圭의 글씨다. 첨화루는 해서와 소전을 가미한 독특한 기법을 구사해 화려한 멋이 풍긴다.

남문의 전면과 후면에 걸려 있는 강도남문江都南門과 안파루晏波樓는 1975년 남문을 복원할 때 운정雲庭 김종필金鍾泌 전 국무총리가 썼다. 왼쪽 하단에 관지와 도서가 찍혀 있지만 판독하기가 어렵다. 누군가 일부러 훼손했기 때문이다.

첨화루 앞에는 '연무당 옛터'라는 표지석이 있다. 연무당鍊武堂은 강화진무영 소속 병사의 훈련장이다. 그러나 1876년 2월 26일 일본의 위협 속에 강화도조약, 이른바 병자수호조약을 맺은 치욕의 현장이기도 하다.

고려 궁터와 인접해 있는 배 모양의 방주형 건물이 성공회聖公會 강화성당江華聖堂사진⑩이다. 세상의 죄인을 구원하겠다는 의미를 담아 누구나 잘 보이는 높은 언덕 위에 방주형으로 지었다. 성당 정문에는 외삼문을 앉혀 뱃머리로 삼았고 지붕 꼭대기의 십자가는 돛대를 상징한다. 본당은 선체의 중심이고 뒤편의 사제관은 선미에 해당한다.

이 성당은 한마디로 다문화를 담아냈다. 정문인 외삼문은 태극 문양으로 장식했고 본당 정면의 중앙에는 천주성당天主聖堂이란 한문 현판을 달았다. 정면 기둥에도 한문 성경 구절을 주련처럼 걸었다. 사찰이 아닌 성당에 당호와 주련을 걸어 법당처럼 장엄한 것이다. 또한 대문의 성공회 십자가 문양은 태극무늬 형상이다. 주민에게 어색함이나 거부감을 주지 않도록 세심하게 배려한 장엄이다.

현판 글씨는 성심을 다해 쓴 흔적이 역력하다. 주련도 서법을 터득한 명서가의 솜씨는 아니지만 조형성을 염두에 둔 가품으로 손색없다. 가로보

성공회 강화성당 본당사진⑩

다 세로를 길게 늘인 장법은 높은 건물과 전체적인 조화를 이룬다. 성당과 관련이 있는 성직자의 글씨로 짐작된다. 한글 주련을 한문으로 풀면 다음과 같다.

처음도 끝도 없으니 형상과 소리를 지은 분이 참된 주재자
無始無終先作形聲眞主宰
인과 의를 선언하고 구원을 제도하시니 큰 잣대가 되셨네
宣人宣義聿朝拯濟大權衡
삼위일체 천주님은 만물을 주관하시며 진실로 근본이 되시니
三位一體天主萬有之眞原
주님의 가르침 온 세상에 흐르는 것은 만물과 동포의 즐거움
神化周流國有囿庶物同胞之樂
복음 전파해 만백성을 깨닫게 하니 영생의 길을 제도하시다
福音宣播啓衆民永生之方

강화성당은 제3대 주교인 트롤로프 신부(한국명 조마가)가 직접 설계하고 감독해 완성했다. 조선 문화에 깊은 이해와 안목을 가졌던 트롤로프 신부는 성당 건축의 목재는 백두산 적송을 사용했다. 그는 신의주에 가서 백두산 적송을 구했고 뗏목으로 만들어 강화까지 운반해 왔다. 뗏목 이동 기간이 무려 6개월이 걸렸다. 재목으로 쓰기 위해 나무를 말리는 데도 다시 6개월이 소요됐다. 이런 재목으로 궁궐을 지은 경험이 있는 도편수를 초빙해 성당을 세웠다. 최상의 재목에, 최고의 도편수를 동원해 가장 토착적인 걸작의

성당을 지은 것이다.

트롤로프 신부의 사적은 내삼문 서쪽 마당에 '조선성공회제3세주교조마가기념비朝鮮聖公會第三世主敎趙瑪可紀念碑사진⑪'라고 쓴 작은 비석으로 남아 있다. 이 비석 옆에 있는 또 다른 비석은 성공회 제2대 주교인 터너 신부한국명 단아덕의 기념비다.

제2, 3대 주교인 터너, 트롤로프 기념비사진⑪

용흥궁사진⑫

성당 동쪽 후문 앞에는 한문과 한글로 병행한 '대영국알마슈녀긔념비大英國謁瑪修女紀念碑'라는 이색적인 비석이 있다. 필체가 아주 서툰 것으로 보아 선교사의 글씨로 여겨진다. 한 자를 쓰고 기도하고 또 한 자를 쓰고 기도한 것같이 정성이 배어 있다. 비문의 주인공인 알마 수녀는 영국 출신으로 1896년부터 강화도 온수리 병원에서 간호사로 일하다가 1906년 전염병에 걸려 숨진 백의의 천사다.

성공회 강화성당 아래의 용흥궁龍興宮사진⑫은 왕이 즉위하기 전에 살았던 집인 잠저潛邸다. 잠저는 왕족이나 왕자가 아니지만 혁명, 반정, 추대 등의 형식으로 왕위에 올랐거나 왕세자에 채봉되지 않아 궁궐 밖에서 살다가 나중에 용상에 오른 잠룡이 살았던 집이다. 전자로는 태조, 중종, 선조, 인조, 철종, 고종 등이 있고 후자로는 세조, 효종, 영조가 해당한다.

강화도 용흥궁은 조선 25대 임금인 철종_{아명 원범元範}이 왕위에 오르기 전 14~19세까지 5년 동안 살았던 집이다. 보잘것없는 초가집이었으나 원범이 왕위에 오르자 강화 유수이던 정기세鄭基世가 한옥 기와집으로 다시 짓고 용흥궁이란 당호를 걸었다. 유려한 행서의 현판은 누구의 글씨인지는 알 수 없지만 철종 즉위 때에 쓴 것으로 보인다.

용흥궁 문 앞에는 2기의 송덕비가 있다. 오른쪽이 용흥궁을 지은 강화 유수 정기세의 것이다. 왼쪽은 원범을 왕으로 모시는 봉영 의식을 맡았던 정원용鄭元容을 기리고 있다. 정기세와 정원용은 부자간이다. 부자의 송덕비가 나란히 서 있는 것도 이례적일 뿐만 아니라 철종에 대한 공덕이 같은 것도 드문 일이다. 정씨 부자에게 강화의 나무꾼이었던 철종은 가문에 영광을 안겨 더없는 행운을 준 은인인 셈이다.

강화읍 길은리 백운白雲 이규보李奎報 1168~1241 묘역은 고려와 조선, 근현대의 금석문을 동시에 감상할 수 있어 꼭 답사해야 한다. 백운 묘 앞 왼쪽에는 민무늬 대석에 월두형 비신의 묘표가 있다. 비석에는 '고려이상국하음백문순공휘규보지묘高麗李相國河陰伯文順公諱奎報之墓 배정경부인진양진씨부配貞敬夫人晉壤晋氏附' 사진⑧라고 새겨져 있다. 뒷면에는 'ㅇㅇㅇ계축癸丑 9월月'이라고 쓰여 있다. 이런 내용으로 보아 이 묘갈은 조선 후기에 세운 것으로 보인다. 중간 계단의 상석 왼쪽에는 '고려이상국문순공하음백규보지묘高麗李相國文順公河陰伯奎報之墓'라고 새긴 또 다른 묘표가 있다. 이 묘표는 고려 개국 527년 무오 4월에 세웠다.

백운이규보묘비사진⑬

10
갑사·마곡사
춘마곡 추갑사를 잠언한 영욕의 명찰

11
덕숭산 수덕사
삼덕에 가득한 덕필과 고절한 문자 도형

12
도솔산 선운사
추사 백파전 논쟁, 문자향으로 만개했네

13
조계산 송광사
꽃보다 아름다운 선승과 선책의 묵적

충청 전라

08 낙양산 화양계곡
선계에 숨어 있는 우암 우암의 충절

09 속리산 법주사
명필이 속세를 떠났는가, 속세가 명필을 떠났는가

낙양산
화양계곡
선계에 숨어 있는 어필, 우암의 충절

화양동은 충북 괴산군 청천면 소재지에서 20리 길로 낙양산 아래 깊은 계곡이다. 넓게 보면 국립공원 속리산 안에 들어 있다. 산이 높고 계곡이 깊으며 물이 맑고 깨끗하고 깎아 지른 바위가 감싸고 있다. 그래서 화양계곡으로 유명하다. 이 계곡을 따라 흐르는 파계巴溪 또는 파천이 주변의 자연환경과 어우러져 장관이다.

이곳은 조선 중기 노론의 영장인 우암尤庵 송시열宋時烈 1607~1689이 만년에 은둔처로 삼았던 곳이다. 우암은 60대에 이곳에 들어와 83세의 나이로 전북 정읍에서 사사될 때까지 20여 년을 지냈다. 야인이었지만 그를 따르는 제자들이 몰려들어 이곳은 성리학의 산실이면서 노론의 중심지로 우리 역사의 한 장을 장식했다.

화양계곡에서 경치가 아름다운 아홉 곳을 골라 이름을 붙여 화양구곡이라고 불렀다. 파천의 하류에서 상류 쪽으로 올라가면서 경천벽, 운영담, 읍궁암, 금사담, 첨성대, 능운대, 와룡암, 학소대, 파곶으로 오른다. 계곡 전체가 대략 10리 길로 왕복 3시간이 채 안 걸린다. 우암은 높고 깊은 낙양산을 좋아해 화양동에 몸을 숨기고 이곳을 즐겨 걸었다고 한다. 당쟁의 소용돌이 속에 몸을 던져 경륜을 폈던 지난날을 잊고 새로운 세상을 꿈꾸며 그 길을 걸었을 것이다.

화양계곡이 시작되는 화양계곡 관리 사무소 앞 파천 너머가 제1곡인 경천벽擎天壁이다. 성벽처럼 솟은 암벽의 높이가 수십 길이나 된다. 그 모양이 마치 하늘을 떠받치고 있는 것 같아 붙여진 이름이다. 힘센 장사를 동원해 기암을 차곡차곡 쌓아놓은 모습이다. 절벽 아래에 우암의 친필을 새긴 경천벽이란 각자가 있지만 개울 건너 멀리 있어 판별이 안 된다.

화양계곡은 입구부터 울창한 숲길이다. 때마침 벚꽃이 활짝 피었다. 계곡에는 제법 많은 물이 흐른다. 산림이 울창하고 이른 봄까지 내린 많은 눈이 봄기운에 놀라 뒤늦게 녹으면서 만든 물길이다. 무릉도원이 따로 없다.

주차장을 지나자 제법 넓은 잔디밭이다. 초가집 10여 가구가 옹기종기

운영담 사진①

모여 살았던 사점촌이다. 다시 산모퉁이를 돌아가니 천애의 절벽 아래 형성된 여울이 너무도 아름답다. 물가 금빛 모래사장은 웬만한 해수욕장에 버금갈 정도로 널찍하다. 제2곡인 운영담雲影潭사진①이다. 맑은 물이 못을 이뤄 생긴 이름이다. 주자의 시 '천광운영공배회天光雲影共徘徊'라는 시구에서 따왔다. 절벽 아래 여울을 살펴보니 전서로 쓴 운영담이 묘품이다. 담백하면서 그윽하고 고아하다. 글씨라기보다 한폭의 암각화다. 맑은 여울물에 비친 글씨가 운치를 더해준다. 우암의 제자인 수암遂菴 권상하權尙夏 1641~1721가 득의의 전서로 냈다. 화양구곡은 경천벽과 읍궁암을 제외하고 모두 수암이 썼다. 수암은 과거와 벼슬에 뜻을 두지 않고 우암 곁에서 학문 연마에 힘썼다. 그는 마침내 우암의 수제자에 올랐고 성리학자로 대성했다. 숙종 때 우의정과 좌의정에 특임됐으나 모두 사양하고 관직에 발을 들이지 않았다.

읍궁암비 사진②

제3곡인 읍궁암泣弓巖은 운영담 맞은 편이고 바로 건너편 여울이 제4곡인 금사담金沙潭이다. 읍궁암은 둥글고 매끄럽고 희고 평평한 너럭바위다. 우암이 효종의 제삿날인 5월 4일 새벽이면 이곳에 엎드려 곡을 했고 곡하는 모습이 활 모양과 같아 제자 수암이 붙인 이름이다. 충청도 관찰사 윤헌주尹憲柱1661~1729가 읍궁암이라고 써 바위에 새겼다고 한다. 지금은 급물살에 모두 마멸됐는지 흔적조차 찾을 수 없다.

읍궁암 앞에는 잘 다듬은 네 개의 돌기둥이 있다. 마치 커다란 메주 모양이다. 읍궁암의 내력과 우암이 효종을 그리며 쓴 시를 새긴 읍궁암비泣弓

嚴碑사진②다. 숙종 43년1717 윤헌주가 다섯 개를 만들어 읍궁암 위에 세웠다가 1725년 다시 만들었다고 한다. 현재의 비는 홍수로 유실된 것을 발견하는대로 이곳에 모아 세웠다. 네 개의 읍궁암비는 비문 내용과 글씨가 모두 똑같다. 비면에 있는 우암이 지은 시는 이렇다.

> 이날이 무슨 날인 줄 아는가 　此日知何日
> 고독한 마음 상제께서 임하여 아시네　孤衷上帝臨
> 새벽에 일어나 슬피 통곡한 후에　侵晨痛哭後
> 무릎을 끌어안고 연신 길게 탄식하네　抱膝更長吟

그리고 다른 면에는 수암이 이렇게 썼다.

"선생우암께서 효종이 승하하신 날 새벽에 일어나 바위에서 통곡하고 시 한 수를 읊었다. 후세에 그 바위를 읍궁암이라고 하니 이는 형호荊湖의 고사를 취한 것이다. 정유년1717에 방백 윤헌주가 사당을 배알한 후 크게 읍궁암 세 자를 써서 돌에 새겨 후세 사람에게 보였다. 권상하는 삼가 선생의 시를 쓰고 대략 기록했다"

형호의 고사는 황제가 형산 아래 호숫가에서 솥을 만들다가 용을 타고 하늘로 올라갔는데 그 자리에 그가 쓰던 활과 칼을 남겼다는 내용이다. 읍궁이 임금의 죽음을 뜻하는 것은 이

만절필동사진③

고사에서 유래한다.

읍궁암 길 건너의 건물이 만동묘萬東廟와 화양서원華陽書院이다. 만동묘는 숙종 30년1704 우암의 문인인 권상하, 정호鄭澔1648~1736 등이 세웠다. 임진왜란 때 조선을 도와 준 명나라 신종과 의종을 제향하기 위해 세운 사당이다. 만동은 경기도 가평군 조종암朝宗巖에 있는 선조의 어필인 '재조번방再造藩邦 만절필동萬折必東사진③'에서 따왔다. 만절필동은 황하의 물줄기가 만 번이 꺾이지만 반드시 동쪽으로 돌아온다는 의미다. 역사의 물줄기가 언젠가는 동쪽에 있는 조선으로 흐른다는 뜻을 담고 있다. 일찍이 한류 열풍을 예고한 셈이다. 만동묘는 우암이 건립하려 했으나 그 뜻을 이루지 못하자 제자인 수암에게 유언으로 당부했다.

"두 황제가 조선을 다시 부흥시킨 은혜와 사직을 위해 마땅히 조선에서 제향을 올려야 함이 오래였다. 내가 실행하지 못하고 죽으니 네가 이루도록 하라."

수암은 스승의 뜻을 받들어 문인들과 힘을 모아 우암이 죽은 지 15년 만에 만동묘를 세웠다. 1803년 성해응成海應이 쓴 《화양동지華陽洞志》에는 이렇게 기록돼 있다.

"숭정 77년 갑신1704에 명나라 신종과 의종 두 황제의 제향의 예가 비로소 이뤄졌다. 문인 권상하가 선생우암이 전한 말씀에 따라 여러 제자와 선비가 몇 년 동안 이 일을 도모했다. 올해 의종이 사직을 위해 순사한 60년을 맞아 의종의 글씨를 새긴 곳에서 1리쯤 떨어진 곳에 사당을 세우고 만동묘라고 했다. 정월 상정上丁에 신패에 신종현황제神宗顯皇帝, 의종열황제毅宗烈皇帝라고 쓰고 제사를 올렸다."

여기서 말하는 의종의 글씨는 비례부동非禮不動이다. 이 글씨는 민정중閔鼎重이 연경에서 구해 갖고 와 화양산중에 기증한 것이다. 우암은 이 글씨를 받고 백번 절을 했다. 그리고 제6곡인 첨성대瞻星臺에 모각했다. 또 돌조각에 새겨 운한각에 보관하고 족자로 만들어 환장암에 안치했다. 그때가 숭정 47년1674이다. 우암은 첨성대에 새긴 비례부동을 보호하기 위해 인근에 암자를 짓고 스님들을 거주시킬 계획을 세웠을 정도로 이 글씨를 소중히 여겼다.

재미있는 사실은 만동묘와 증산교 창시자인 강증산姜甑山1871~1909과의 관계다. 강증산은 《도전道典》5:325:1~10에서 "황극신이 이땅으로 이전한 인연은 송우암이 만동묘를 세워 비롯됐다"라고 했다. 세계의 중심이 중국에서 조선으로 옮겨 오는 징검다리 역할을 만동묘가 맡는다고 본 것이다. 그래서 그는 도통한 후 가장 먼저 만동묘를 찾았다. 증산교와 대순진리회는 만동묘를 성지로 삼고 순례한다.

만동묘 입구 동쪽에는 제사 음식을 준비하던 증반청蒸飯廳이 있고, 서쪽 건물은 묘지기가 거주하던 존사청尊祀廳이다. 협문을 지나 계단을 올라가면 양추문陽秋門이다. 여기서 계단을 통해 내삼문으로 들어서면 사당인 만동묘가 까마득히 올려다보인다. 계단의 경사가 매우 가파른 탓이다. 만동묘의 권위가 더욱 강하게 느껴진다. 묘정까지는 세 개의 계단과 다섯 개의 계단이 두 번 반복되고 다시 아홉 계단을 올라가야 한다. 마지막 아홉 계단은 천자를 의미한다.

외삼문으로 들어서면 오른쪽 비각에 만동묘의 내력을 담은 만동묘정비萬東廟庭碑사진④가 서 있다. 멀리서 보면 비문 글씨가 국화 꽃송이 같다. 그런

만동묘정비 사진④

데 가까이 가서 보니 사면의 비문과 제액까지 글씨를 조근조근 쪼아 뭉갠 흔적이다. 온전한 글씨는 뒷면에 절반 정도만이 남아 있다. 누가 이런 만행을 저질렀을까. 안내판에 이렇게 설명해놓았다.

"일제가 1937년 위패와 제사 용구를 불사르고 비문을 쪼아버렸다. 1942년에는 묘정 등 모든 건물을 철거해 괴산경찰서를 짓는데 사용하고 묘정비는 땅에 묻어버렸다."

임진왜란 때 조선에 원군을 보낸 신종과 의종은 일본의 입장에서 보면 원수와 같다. 일본이 이들을 제향하는 만동묘를 못마땅하게 여긴 나머지 저지른 만행이다. 땅에 묻혔던 묘정비는 1983년 홍수 때 발견돼 다시 세웠다. 이 묘정비는 영조 23년1747 처음 세웠다가 순조 14년1814에 재건했다. 비문은 도암陶菴 이재李栽1680~1746가 짓고 안진경 글씨를 집자해 새겼다. 전액은 지수재知守齋 유척기兪拓基1691~1767가 냈다.

화양서원은 우암이 죽은 후 6년 만인 숙종 21년1695 그의 문인인 권상하, 정호 등이 세웠다. 이때 화양서원은 지금의 자리가 아니라 만경대 아래에 건립했다. 만동묘가 건립되면서 그 제향을 화양서원이 맡았는데 거리가 너무 멀어 불편했다. 그래서 숙종 35년1709 현재의 위치로 옮겼다.《화양동지》에는 화양서원에 대해 다음과 같이 기록돼 있다.

"서원은 만동묘 오른쪽에 있다. 북향으로 낙양산 바위 능선을 등지고 앞은 읍궁암을 향했다. 8칸의 등마루는 만동묘 바깥 계단과 비슷하고 현판은 숙종 어필인 화양서원華陽書院을 걸었다. 병신년1716 비망기에 금 글씨로 판을 새겨 침소의 서문 위에 걸고 비단으로 가렸다. 정문은 승삼문承三門인데 맹자의 승삼성承三聖에서 따 편액했다. 우왕과 주자, 공자 등 세 성현을 잇는다는 뜻이다. 숙종 42년 병신년에 내린 어필 대신에 이전의 병자년1696에 사액한 현판을 앞에 옮겨 걸었다."

대개의 서원이 남향 또는 남동향인 것과 달리 화양서원은 북향이다. 만동묘도 북향이다. 명나라에 대한 충절을 상징적으로 담은 배치다.

우암이 관직에 나가 본격적으로 경륜을 편 것은 효종 9년1658 기해 독대 이후다. 효종과 은밀하게 담판한 우암은 이조판서를 맡아 북벌계획을 추진했다. 효종은 병자호란의 치욕과 심양에서 지낸 8년간 볼모 생활에 대한 원한이 컸다. 또한 우암은 임진왜란 때 조선을 구해준 명나라가 청나라에 망한 한을 풀어줘야 한다는 의지가 강했다. 이런 뜻이 효종과 우암이 일치한 것이다.

우암은 효종의 절대적인 신임 아래 북벌을 차근차근 준비했다. 그러나 반대 세력인 낙서洛西 김자점金自點1588~1651 일파가 이 사실을 청나라에 밀고했고 효종마저 급서하는 바람에 꿈을 접어야 했다.

더욱이 효종의 상에 자의대비 조씨의 복상 문제를 놓고 9개월의 대공복이냐 1년의 기년복이냐로 남인과 대립했다. 1차 예송 논쟁이다. 이 논쟁은 서인이 승리하지만 우암은 낙향했다. 현종 15년1674 효종의 비 인선대비가 죽자 자의대비의 복싱 문제를 놓고 2차 예송 논쟁이 불거졌다. 이번에는 대공복을 주장한 남인이 기년복이 옳다는 서인에게 이겼다. 서인의 영수

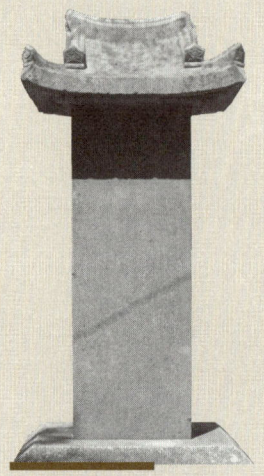

화양서원묘정비 사진⑤

화양서원묘정비문 사진⑥

이던 우암은 1차 예송 때 기년설을 채택한 죄를 물어 웅천, 거제, 청풍 등지로 유배됐다.

이렇게 유배지를 떠돌던 우암은 숙종 6년1680 경신 대출척으로 남인 세력이 몰락하자 영중추부사로 복권됐다. 관직을 떠나 화양동에 은거하던 우암은 숙종 15년1689 희빈 장씨와의 사이에서 생산한 윤昀1688~1724을 왕세자로 책봉하는 데 반대하는 상소를 올렸다. 이른바 기사환국으로 이 일로 인해 우암은 제주도로 유배됐다. 그러나 곧바로 국문을 받기 위해 한양으로 압송되던 우암은 정읍에서 사약을 받고 죽었다. 숙종 15년1689 5월로 83세의 노령이었다. 그 후 숙종 20년1694 갑술환국을 계기로 우암에게 문정文正이란 시호가 내려졌고 화양서원을 비롯한 전국 44개 서원에 배향됐다.

화양서원 길 건너편에 있는 '화양서원묘정비華陽書院廟庭碑'사진⑤⑥에는 서원의 건립 내력과 함께 우암의 행장을 담았다. 이 묘정비는 숙종 42년1706 사액을 내릴 때 건립됐다. 비문은 구암久庵 윤봉구尹鳳九1681~1767가 짓고 안진경 글씨를 집자해 새겼다.

경세가로서 우암은 생전은 물론 사후에도 조정에 막강한 영향력을 행사했다. 《조선왕조실록》에 우암의 이름이 3000여 차례나 등장한다. '조선은 우암의 나라'라는 말이 나올 정도로 위세가 당당했던 것이다. 그의 제자들이 중심이 된 노론 세력이 장기 집권했기 때문이다. 우암의 학맥을 정리한 《화양연원록》을 보면 제자가 무려 900여 명에 달한다. 이 가운데 벼슬이 당상관 이상에 오른 제자만도 54명이다. 이쯤되면 조정은 우암의 손안에 있는 것과 다름없었다고 할 수 있다.

이렇게 우암의 영향력이 커지고 보니 만동묘와 화양서원은 자연스럽게

암서재사진⑦

충효절의사진⑧

권력기관으로 변했다. 화양묵패華陽墨牌 횡포는 화양서원이 얼마나 무소불위의 위세를 떨쳤는지를 웅변한다. 묵패는 서원의 문서에 찍는 검은 도장이다. 사욕에 눈이 먼 무뢰배들이 화양 묵패를 갖고 제수 비용과 손님 접대를 핑계로 각 관청과 양민으로부터 금품을 거둬들였다. 이를 거부하면 서원으로 잡아들여 태형을 서슴지 않았다. 양민은 물론 관가도 그 위세에 벌벌 떨었다. 당시 아이들은 벼슬놀이인 〈승경가昇卿歌〉를 이렇게 바꿔 불렀다.

"원님 위에 감사, 감사 위에 참판, 참판 위에 판서, 판서 위에 삼정승, 삼정승 위에 만동묘지기"

또한 매천梅泉 황현黃玹1855~1910은 "서민의 가죽을 뚫고 골수를 빨아먹는 남방의 좀"이라고 힐책했다.

고종 1년1864 흥선대원군이 집권하면서 화양동에는 큰 변고가 생겼다. 만동묘는 흥선대원군이 집권한 지 1년만에, 화양서원은 그 다음해에 각각 철폐됐다. 서원철폐령의 서곡이었다. 민폐가 가장 심한 서원으로 지목돼 첫 본보기로 삼은 것이다. 흥선대원군은 만동묘를 시작으로 그동안 서원이 누렸던 불법적인 경제적 기반을 모두 환수하고 전국의 650여 개 서원 중 47개만 남기고 모두 철폐했다.

화양서원 건너편의 시냇물은 못을 이뤄 맑고 깊다. 여울목의 모래가 깨끗하고 아름답다. 그래서 금사담이란 이름을 붙였다. 금사담 절벽 위에 있는 아담한 정자가 암서재巖栖齋사진⑦다. 우암이 책을 읽고 휴식하던 곳이다. 암서는 산새가 바위에 둥지를 튼다는 뜻이다. 자연 속에 숨어 지내며 학문을 연마한다는 의미로 쓰인다. 주자가 지은 시 〈회암晦庵〉의 '바위 옆에 살

비례부동 사진⑨ 대명천지 숭정일월 사진⑩

면서 작은 효험이 있기를 원하네嚴栖冀徵效'에서 따왔다. 생전의 우암은 작은 배를 타고 건너다녔다.

암서재 오른쪽 암벽에는 '충효절의忠孝節義사진⑧, 창오운단蒼梧雲斷, 무이산공武夷山空'이란 각자가 있다. 충효절의는 명나라 태조 고황제의 어필이다. 필획이 두툼하면서 필세가 아주 활발하다. 창오운단과 무이산공은 우암의 친필이다. 암벽에 새기기 위해 쓴 글씨가 아니라 누군가에게 써준 것을 모본으로 이 바위에 새겼다. 암서재 아래 금사담 옆 큰 바위에도 '화양수석華陽水石 대명건곤大明乾坤'이란 여덟 자가 예서로 각자돼 있다. 읍궁암을 쓴 윤헌주의 필적이다.

화양서원에서 산모퉁이를 돌아가면 화양삼교가 나오고 그 오른쪽 도명산 등산로 옆에 천애의 절벽이 솟아 있다. 제5곡인 첨성대瞻星臺로 명나라 의종이 쓴 '비례부동非禮不動사진⑨'이 새겨져 있는 곳이다. 암벽 상단에 석감을 만들고 그 안에 새겼다. 왼쪽에 '숭정황제어필崇禎皇帝御筆'이라는 조금 작은 글씨를 병기했다. 명나라 의종 황제 필이라는 의미다.

비례부동을 새길 때 얼마나 정성을 들였는지는 민대수閔大受에게 보낸 편지에서 엿볼 수 있다.

"황제 어필의 모본을 공경히 받았습니다. 한 획이라도 빠진 것이 있으면 진본과 대질하겠습니다. 어필 아래에 '배신 성명 구입', '배신 성명 새기다'라고 쓰고 '숭정 갑인 3월 일'이라고 새기면 어떻겠습니까."

조심하고 신중하며 공경을 다해 새기겠다는 뜻을 몇 번이고 다짐하는 내용이다.

비례부동 오른쪽 아래로는 '대명천지大明天地 숭정일월崇禎日月사진⑥'이란 여덟 자가 두 줄로 각자돼 있다. 우암이 신만申曼에게 써준 것을 모본으로 새겼다.

우암은 특정한 서법을 익히지 않고 고향인 회덕懷德의 '회송懷宋' 집안의 가법을 발전시켜 자법을 터득했다. 그의 글씨는 성품대로 강건하며 장중하다. 필세가 강하고 예리하다. "글씨가 곧 그 사람의 됨됨이와 같다書與其人"는 말대로 우암의 강직한 성품과 학문 세계를 그대로 표출한 것이다.

그러나 우암의 글씨를 자세히 보면 춤사위마냥 휘어 감아 도는 특징도 보인다. 왼쪽이든 오른쪽이든 삐침을, 마치 준마가 땅을 박차고 뛰어오르는 것처럼 추켜올렸다. 안진경체와 주자체의 일면이 엿보이기도 한다. 우암의 글씨에 이런 특징이 있어 만동묘정비와 화양서원묘정비를 안진경 글씨로 집자해 새긴 것으로 여겨진다.

첨성대 맞은편의 뭉게구름 모양의 비위기 제6곡인 능운대凌雲帶다. 여기에서 주차장과 매점, 서너 채의 민가를 지나면 파계를 따라 거슬러 올라가

학소대사진⑪

는 호젓한 산길이다. 시원한 물소리와 산벚꽃, 진달래에 취해 걷다 보니 꿈틀대는 바위가 걸음을 멈추게 한다. 제7곡인 와룡암臥龍巖이다. 자형이 운영담이나 능운대와 동일하다. 수암이 전서로 용모양을 담아 썼다. 획이 가는 것으로 보아 새끼 용을 형상화한 것 같다.

  봄 햇살을 받은 와룡암이 제법 따뜻하다. 벌렁 누우니 맞은편에 또 다른 암벽이 보인다. 제8곡인 학소대鶴巢臺사진⑪로 청학이 새끼를 기르기 위해 둥지를 틀었다는 곳이다. 암벽 왼쪽 하단을 다듬어 전서로 학소대라고 새겨 넣었다.

여기서 화양구곡의 마지막인 제9곡 파곶巴串까지는 5리 길이다. 파곶에는 수십 명이 앉을 수 있는 평평하고 반들반들한 마당바위가 장관이다. 군데군데 구멍이 뚫려 있는데 수천 년 흘러내린 물살에 패인 흔적이다. 파천의 물이 맑고 물에 씻긴 바위 또한 깨끗해 이 구멍에 국물을 끓여 밥을 말아 먹었다고 한다. 파곶에서 계곡을 따라 10리 가량 거슬러 올라가면 선유계곡에 이른다. 퇴계退溪 이황李滉이 잠시 들렀다가 그만 이곳의 비경에 빠져 아홉 달을 머물렀다는 선계다.

속리산은 동북쪽의 물을 몰아 남한강에 담고 서남쪽으로 흐르는 물을 금강에 보낸다. 남동쪽으로 쏟는 물은 낙동강으로 합류한다. 속리산은 한강, 금강, 낙동강 등 3대강을 끼고 있는 산 깊고 물 좋은 웅장한 명산이다.

속리산 법주사
명필이 속세를 떠났는가, 속세가 명필을 떠났는가

충북 보은군 법주사는 속리산 남쪽 아래 수정봉과 태봉에 둘러싸인 넓은 분지에 자리 잡았다. 넓이가 자그마치 10만 평이 넘는다. 수정봉에 올라 산세와 형국을 감별해보면 법주사는 영락없이 아기집 안에 들어 있다. 그래서 누군가는 법주사가 여인의 관능을 저 혼자서 품고 음덕을 자랑한다고 말한다. 수정봉과 태봉의 지명에 숨어 있는 의미로 봐도 고개가 끄덕여진다.

속리산에서 만나는 첫 명필은 법주사 일주문에 걸려 있는 '호서제일가람湖西第一伽藍' 사진① 문액이다. 법주사를 밝히는 등불인 듯 티없이 맑다. 한낮에도 햇

호서제일가람 사진①

살이 들지 않을 정도로 울창한 산림 속에 묻혀 있어 더욱 해맑아 보인다. 단정한 해행서로 안진경체의 전형이다. 세로획은 두터우면서도 살이 붙지 않았다. 가로획은 가늘지만 허약하지 않다. 획의 비수를 적절히 조정해 상하좌우가 절묘한 균형을 이룬 묘품이다.

'일一' 자의 획을 오른쪽에서 붓을 꾹 눌러 역행하면서 가볍게 들어 올려 삐침을 구현한 게 이채롭다. 명서가가 아니면 구사할 수 없는 서법이자 여유다. 전체적인 구도가 왼쪽으로 기울어지는 것을 방비한 장법이다. 각 글자의 어깨를 일직선으로 처리한 것도 눈여겨볼 만하다. '계묘춘벽하癸卯春碧下 조주성인趙周星印'이란 관지와 음각의 도서가 찍혀 있다. 조주성은 전주 사람이며 계묘는 1903년에 해당한다.

일주문 안쪽에는 '속리산대법주사俗離山大法住寺'사진②라는 또 다른 사액이 걸려 있다. 전서로 보이지만 연원이 확실하지 않다. 각 글자의 아래에 해서를 병기해 전서를 이해할 수 있도록 배려했다. '대大'를 이중으로 쓴 것이 흥미롭다. 관지에 '광무8년임인4월일중건光武八年壬寅四月日重建'이라고 쓰여 있다. 1901년 일주문을 중건할 때 쓴 것으로 보이나 누구의 글씨인지는 알 수 없다.

일주문을 지나 법주사로 가는 길은 아름드리의 전나무와 소나무, 갈참나무, 느티나무가 양쪽에 도열해 있다. 마치 경쟁이라도 하듯이 몇 길 높이로 자란 자태가 품위 있게 보인다. 겨울의 많은 눈과 찬바람을 힘겹게 이겨낸 조릿대는 미세한 바람에도 살며시 쳇소리

속리산대법주사 사진②

를 낸다. 멀리서 들려오는 풍경 소리와 어울려 절묘한 화음을 만든다. 자신도 모르게 무상무념에 빠진다. 고운孤雲 최치원崔致遠은 그래서 속리산을 이렇게 노래한 것 같다.

도는 사람을 멀리 하지 않았는데, 사람은 도를 멀리 하려 하네
道不遠人人遠道
산이 속세를 떠난 게 아니라, 속세가 산을 떠났네
山非離俗俗離山

법주사 경내에 들어가는 첫 관문이 금강문金剛門사진③이다. 순서로 보면

금강문사진③

일주문 다음이니 천왕문이 있어야 할 자리다. 하지만 금강문을 일주문과 천왕문 사이에 두거나 순서를 바꿔 천왕문 다음에 건립한 경우는 아주 흔하다. 금강문 편액은 그야말로 금강석이 연상되는 아주 단단한 글씨다. 운필을 빠르게 구사해 획과 획이 연결되었음에도 가로와 세로의 획이 고르고 활달하다. 하늘을 향해 쭉쭉 뻗은 소나무와 전나무의 자태와 흡사하다. 세로획은 갈고리를 창 끝과 같이 날카롭게 추켜올렸다. 오른쪽 어깨가 높은 것과 좋은 조화를 이룬다. 획 속에 숨어 있어 삼과삼절三過三折이나 길굴완전佶屈宛轉에 어긋나 보이는 흠을 보완한 절묘한 서법이다. 왼쪽에 만당晩堂이란 관지와 방인이 있다. 성주표成周杓의 수작이다.

만당은 해서와 행서에 뛰어났다. 왕희지, 안진경의 행서첩을 임서하며 서법을 익혔다고 한다. 그는 현판 글씨를 서도의 최고 형식으로 꼽았으며 실제로 큰 글씨를 잘 썼다. 만당은 스스로 만족하는 회심작을 얻으면 붓을 내던지고 밖으로 뛰쳐나가 행인들을 바라보며 이렇게 말했다고 한다.

"저 사람들은 무슨 낙으로 사는가."

그러면서 혼자서 기쁨을 즐겼다고 한다. 대단한 풍류가 아닐 수 없다.

금강문 앞에 서니 비로소 속리산이 속살을 드러냈다. 사하촌 주차장에서 5리 길을 걸었어도 본색을 전혀 보이지 않았던 속리산과 마주한다. 3월 초순의 이른 봄날에 때마침 하늘은 구름 한 점이 없이 맑다. 북서에는 묘봉이, 남동에는 관음봉, 문장대, 입석대, 비로봉, 형제봉 등이 우뚝 솟아 있다. 서쪽에는 수정봉, 태봉, 천황봉이 법주사를 옹호하듯 감싸 안았다.

팔상전捌相殿은 천왕문, 금강문과 일직선상에 배치돼 있나. 금강문에서 천왕문이 보이고 천왕문 앞에 서면 팔상전이 드러난다. 팔상전은 법당과 일직선에 세워 대웅전을 함부로 범접하지 못하도록 수문장의 소임을 맡고 있는 구조다.

법주사 팔상전은 5층 목탑이다. 거대한 목탑 내부에 있는 고주 사이를 막아 사면에 불벽을 치고 여덟 폭의 팔상도로 장엄했다. 경주 기림사 3층탑과 황룡사 9층탑이 팔상전과 같은 목탑 형식이다. 그렇지만 원형이 남은 것은 법주사 팔상전 하나뿐이다.

사리공에서 나온 탑지에 의하면 속리산 팔상전은 선조 30년1597년 정유재란 때 왜적의 방화로 소실됐다. 그 후 5년이 지난 선조 35년1602년에 복원 계획을 세우고 3년 뒤인 선조 38년1605년 상고주를 세우면서 복원불사를 시작했다. 그리고 22년만인 인조 4년1626년에 완공했다. 이 복원 공사는 사명泗溟 유정惟政1544~1610이 주관했다. 사명은 한창 불사가 진행 중이던 1610년 열반하는 바람에 팔상전 점등법회를 주관하지 못했다.

팔상전은 중앙의 기둥을 중심으로 각 면과 각 층에 모두 561개의 기둥을 받쳐 세웠다. 바닥의 한 변 길이가 11미터이고 높이는 65미터다. 황룡사 탑에는 못 미쳐도 웅대한 위용은 국내 제일의 탑으로 꼽기에 손색없다. 팔상전을 장대한 규모로 건립한 것은 법주사의 넓은 터와 조화를 이루려는 건축 기법으로 생각된다.

팔상전 현판사진④은 후실하고 장대하다. 공간이 별로 남지 않을 정도로 꽉 채워 썼다. 전각이 크고 넓은 법주사 터를 감안한 장법이

팔상전사진④

다. 가로획과 세로획이 동일하면서 근기가 넘치고 원활하다. 아래로 쭉 내려 그은 세로획은 마치 팔상전을 떠받치고 있는 기둥처럼 장대하고 굳세다. 가로획은 사방에 목침을 차곡차곡 쌓아 올린 형상이다.

법주사 법당인 대웅보전大雄寶殿은 높고 크게 장엄했다. 산중인데도 평지 가람형식이다. 높이 61척, 건평 170평의 2층 전각으로 120칸의 초대형 법당이다. 받쳐 세운 기둥이 360개나 된다. 법주사의 넓은 터에 조금도 위축되거나 어색하지 않고 아주 잘 어울린다. 대웅보전 안에 모신 불상도 높이가 무려 18척에 달한다. 큰 법당과 좋은 조화를 이룬 세심한 눈썰미가 새삼 경이롭게 여겨진다. 중앙에는 법신불인 비로자나불을 봉안했고 왼쪽에는 보신불인 노사나불을, 오른쪽에는 화신불인 석가모니불을 모셨다.

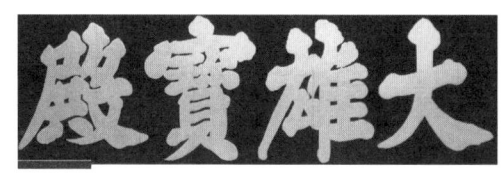

대웅보전사진⑤

역시 대웅보전에도 장대한 현판사진⑤을 걸었다. 필획이 강건하고 힘이 넘친다. 획과 획 사이가 자를 대고 쓴 것처럼 일정하다. 유달한 운필은 질박한 서미를 한껏 풍긴다. 석봉체를 근간으로 한 해서이면서 안진경체가 숨어 있다. 대웅보전 현판은 어느 방향에서 보느냐에 따라 서미가 달라진다. 그중에서도 법당 앞마당의 쌍사자 석등의 창틈으로 보는 맛이 제일이다. 마치 구름 위에 떠 있는 것 같아 오묘하다. 허리를 굽히고 엉덩이를 쭉 뺀 모습이 볼썽사납더라도 한 번쯤 그런 자세로 감상하길 권한다. 부석사 법당 앞에 있는 석등의 창틈으로 보는 무량수전과 다를 바 없는 서미를 맛볼 수 있다. 달 밝은 밤에 이 현판을 보면 불국정토에 들어온 게 아닌가 하는 착각이 생길 정도로 신비롭다.

이 현판은 일설에 의하면 숙종의 어필이라고 하지만 확인되지 않았다. 경주 불국사와 칠곡 송림사의 대웅전 현판 필세와 흡사하다. '보寶'자가 빠져 있는 게 다르다.

그리고 보니 앞서 지나온 원통보전圓通寶殿사진⑥이 대웅보전을 방불한다. '보寶'와 '전殿'은 자형을 베낀 것처럼 똑같다. 'ㅗ'의 필세가 유사하고 '패貝'의 자형 구조도 동일하다. '전殿'의 경우에도 '공共'과 '문殳'의 비수와 획을 감싸 안은 수법이 비슷하다. 원통보전은 흰색 바탕에 흑색으로 단청해 고풍스러운 멋이 더욱 짙다. 원통보전은 임진왜란이 끝난 후인 인조 2년1624년 벽암碧巖 각성覺性1575~1660이 중수했다. 대웅보전도 이때 중건한 것으로 보아 두 현판은 이 시기의 명필이 썼을 것이다.

대웅보전 주련사진⑦은 두툼한 필선과 거침없는 필세가

원통보전사진⑥

대웅보전 주련 일부사진⑦

돋보인다. 독립운동에 투신했고 법주사 주지를 지낸 정호鼎鎬 박한영朴漢永 1870~1948의 선필이다. 첫째와 다섯째 구의 '십十', 둘째와 여섯째 구의 '일一'이 중복되자 각기 다른 형태로 써 변화를 도모했다. 이 주련은 앞의 네 구는 '석문의범釋門儀範'의 대장전청大藏殿請 가영歌詠을, 뒤의 네 구는 석문의범 향화청香花請 가영이다. 주련은 대부분 네 구로 되어 있지만 네 구를 넘으면 다른 글귀로 이어 쓰는 게 보통이다.

정호는 한학에 정통했던 학승이자 선승이다. 그는 선교 양종은 물론 유교, 도교, 역사, 천문, 지리에도 밝았다. 또한 불교전문학교 교장 등을 역임하며 후학 양성에 심혈을 쏟아 많은 인재를 키웠다. 그는 불가와 시중의 인재를 구별하지 않고 제자로 삼아 학비와 침식을 제공하며 배움의 길을 열어줬다. 서정주, 신석정, 조지훈, 이광수 등을 그가 후원했다. 이 중 가출 청년으로 문학도이던 서정주는 정호가 특별히 아꼈다.

정호의 제자 사랑이 어느 정도였는지는 다음과 같은 일화에서 알 수 있다. 그가 서울 개운사에 주석할 때 40여 명의 제자가 기숙하고 있었다. 이들을 가르치는 것보다 재우고 먹이는 게 더 힘든 일이 되고 말았다. 어느 날 정호는 자신이 소중하게 갖고 있던 고서 한 권을 들고 육당 최남선을 찾아갔다. 그는 육당에게 책을 내밀었다.

"이게 그대가 갖고 싶어 하던 책이네. 30원만 주게나."

정호는 그렇게 아끼던 책을 육당에게 넘겨주고 그 돈을 제자들의 뒷바라지 비용으로 썼다. 육당은 얼마 후 이 고서를 개운사에 있던 자리에 슬며시 넣어두었다. 정호가 전혀 눈치채지 않도록 조심한 것은 물론이다. 육당은 정호를 존경했을 뿐 아니라 그 역시 후학 양성에 힘을 기울였으니 당연한 일이다. 정호는 1948년 내장사에서 세수 79세 법랍 60세로 열반에 들었다.

금동미륵대불은 법주사의 상징이다. 불신의 높이가 무려 80척이고 기단이 28척이니 모두 합해 108척인 33미터나 된다. 이 미륵불은 워낙 커 불신을 13등분으로 나누고 이를 다시 각각 4조각으로 쪼개 모두 52조각을 내어 아래에서 위로 올라가며 용접하는 방식으로 조성했다. 이 대불은 삼장륙미륵불三丈六彌勒佛이라고도 한다. 장륙은 36척이고 그 삼배수는 108척인데서 연유한 이름이다.

법주사 미륵대불은 당초 신라 혜공왕 때 진표율사가 처음 조성했다고 전해지고 있다. 이후 정유재란 때 왜적에 의해 훼손됐다가 인조 2년에 금동미륵장육삼존불로 재조성되어 용화전龍華殿 혹은 산호전珊瑚殿에 봉안했다고 한다. 주변에서 발견된 초석으로 미뤄볼 때 용화전은 2층이고 크기는 35칸의 대형 법당으로 추정한다. 어렵게 조성된 금동미륵장육삼존불은 대원군이 경복궁 복원 자금을 조성할 때 원납전 형식으로 징발되어 다시 훼손되고 말았다.

이후 1939년 당시 법주사 주지인 석상石霜이 전라도 태인의 가산迦山 김수곤金水坤의 시주를 받아 100척 크기의 시멘트 대불불사를 시작했다. 이 미륵대불 조성은 김복진金福鎭이 맡았다. 하지만 2차 대전을 일으킨 일본이 전쟁물자를 통제하고 1941년 김복진이 갑작스럽게 사망하면서 미륵불사는 중단되고 말았다. 이렇게 미완성으로 남아있던 미륵대불은 1963년 당시 박정희 국가재건최고회의 의장과 이방자 여사의 발원으로 25년 만에 완성됐다.

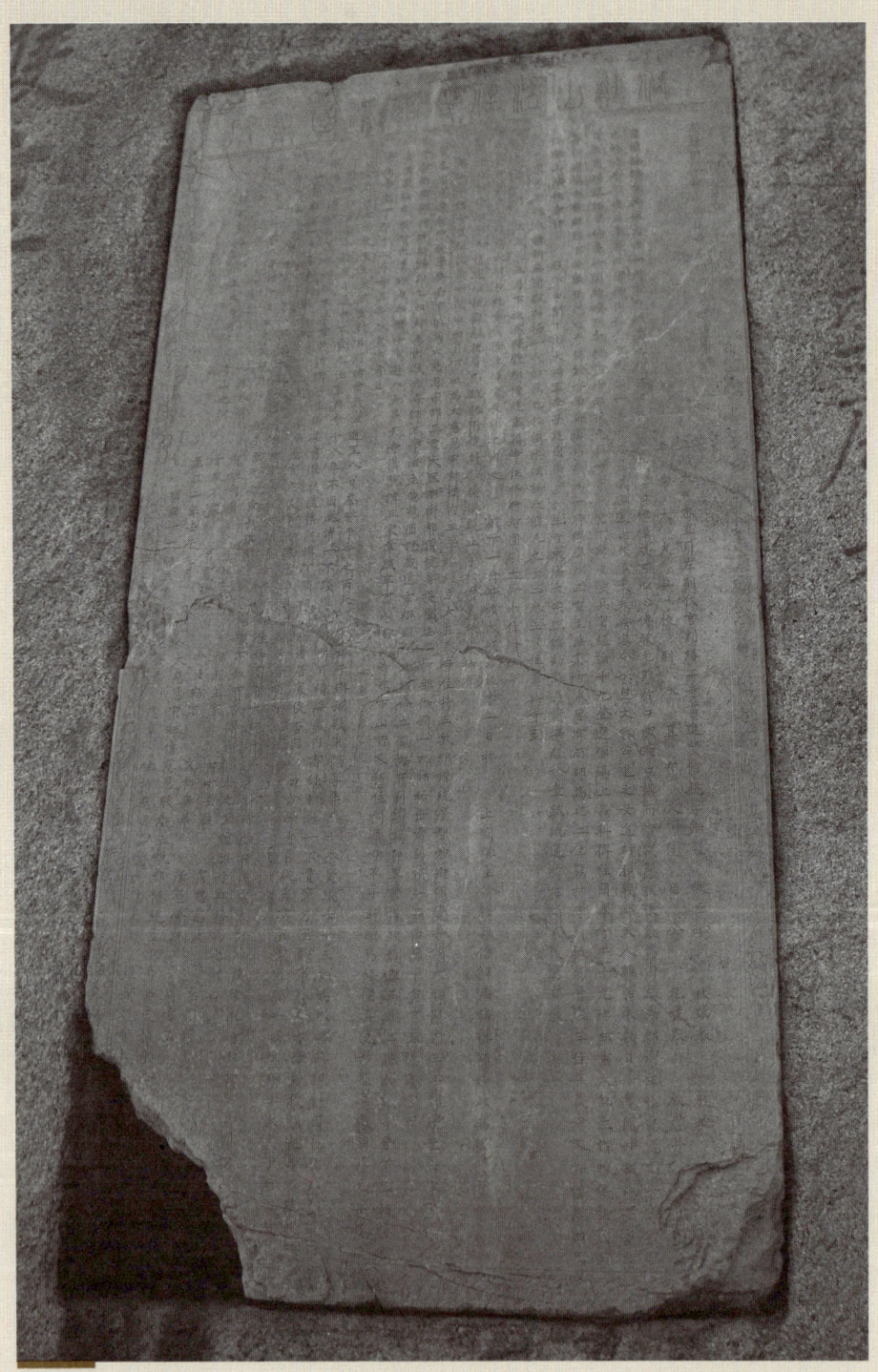
법주사자정국존비사진⑧

왜적의 방화와 대원군의 폭정, 그리고 전대미문의 시멘트 불상에서 청동 미륵대불을 거쳐 금동 미륵대불로 바뀐 사연은 '미륵불상조성기념비彌勒佛像造成紀念碑'에 자세히 기록돼 있다. 미불대불 남쪽에 있는 이 기념비는 불기 2991년, 서기 1964년에 세웠다. 비문은 법주사 주지 추담秋潭이 짓고 글씨는 일중一中 김충현金忠顯이 썼다.

　　이 기념비가 서 있는 바로 위쪽 산기슭의 화강암 바위에 '법주사자정국존비法住寺慈淨國尊碑' 사진⑧가 있다. 이 비석은 대리석으로 만든 비신을 바위를 파고 그 안에 안치한 특이한 형식이다. 비석 하단의 일부가 깨졌지만 비문은 거의 온전하게 남아 있다. 이 비문은 이숙기李叔琪가 짓고 고려 때의 문신인 전원발全元發이 썼다. 전원발은 원나라의 문과에 장원급제해 집현전 태학사까지 올랐다가 만년에 고려에 귀국한 인물이다. 건립 시기로 보아 이 비문은 마땅히 당시의 주류이던 송설체를 구사했어야 한다. 그러나 그런 서미는 엿볼 수가 없다. 전원발이 터득한 자가풍의 서체로 썼기 때문이다. 행간 간격이 넓고 자형은 가로보다 세로가 길다. 그래서 한 글자 한 글자가 시원하게 보인다. 정제된 해서로 쓴 비문은 사경을 연상시킨다. 다만 비문 글씨가 곡선보다 직선이 많아 전체적으로 유연성이 부족하다.

　　비문의 기록을 보면 자정1240~1327은 9세에 시경과 서경을 통달했던 신동이었다. 13세에 출가해 6년만인 19세에 선불장에서 실시한 승과에서 상품과에 올랐다. 약관 29세에 삼중대사에 올라 석학 대덕을 대상으로 유식론을 강론하며 대강백으로 명성을 떨쳤다. 비문을 지은 이숙기는 자정의 이런 천재성을 두고 이전에 전혀 찾아볼 수 없었던 일이라고 찬사를 아끼지 않았다.

중흥사, 유가사, 장의사, 동화사 등에서 강론을 펼쳤던 자정은 만년에 법주사에 주석하다가 충숙왕 14년 앉은 자세로 입적했다. 그때가 세상 나이 88세이고 승려 나이는 75세였다. 고려 충선왕은 자정에게 자은종慈恩宗의 최고직인 자은종사慈恩宗師라는 직위를 주었다. 자은종은 법상종法相宗을 의미한다. 자정을 법상종의 대가로 인가한 것이다. 법주사가 법상종에서 연유한 것과 맥을 같이한다.

하산길에 수정교를 건너서자 오른쪽에 미처 배관하지 못한 비석 2기가 있다. 비각 없이 지상에 노출되어 있는 비석이 '벽암대사비碧岩大師碑'다. 벽암은 오늘날의 법주사 모습의 근간을 이룬 삼창불사를 주도했다. 그는 인조 때 승군장인 도총섭에 임명돼 승려들을 이끌고 남한산성을 쌓기도 했다. 벽암은 현종 1년1660 화엄사에서 세수 86세, 법랍 73세 입적했다.

속리산사실기비사진⑨

벽암대사비의 비문은 선조의 손자인 낭선군郎善君 이우李俁1637~1693가 짓고 썼다. 낭선군은 왕휘지체에 뛰어났으며 예서와 초서가 절묘했다. 남구만南九萬1629~1711은《약천집藥泉集》에서 낭선군의 글씨를 다음과 같이 평했다.

"공은 7, 8세부터 이미 한묵에 유념했다. 장성하여 왕우군의 서체를 흠모해 전서와 초서, 예서가 절묘한 경지에

달했다. 임금은 자주 필묵을 하사하고 서경 등을 쓰도록 했고 이를 병풍으로 만들어 옆자리에 놓고 감상했다. 임금의 보책, 조정과 개인의 비, 탑명, 누각의 편액을 많이 썼다. 그에 평범한 글씨도 사람들이 보물처럼 여겼다"

    이 비석과 인접한 비각 안에 안치되어 있는 비는 '속리산사실기비俗離山事實紀碑' 사진⑨이다. 비문은 우암尤巖 송시열宋時烈이 짓고 글씨는 동춘당同春堂 송준길宋浚吉이 썼다. 우암과 동춘당은 짝이 되어 당대에 많은 비문과 글씨를 남겼다. 우암이 비문을 지으면 동춘당이 글씨를, 동춘당이 비문을 지을 때는 우암이 글씨를 쓰는 식이었다. 우암은 동춘당의 조카이지만 한 살 터울이어서 동문수학했고 학맥도 같다. 우암의 필적이 속리산에 있는 것은 만년에 속리산 북쪽 자락인 괴산군 화양계곡에서 여생을 보냈기 때문일 것이다.

갑사 · 마곡사

춘마곡, 추갑사를 장엄한
영욕의 명필

경인년 5월 답사는 계룡산 갑사와 태화산 마곡사로 잡았다. 충청도를 가로질러 흐르는 금강을 사이로 남북에 위치한 옛 절집이다. 이번 답사에는 '절친'들의 모임인 동진회 회원이 동행했다. 갑자기 일정을 잡은 '번개' 답사인 탓에 일부 회원은 빠졌지만 부인들이 따라나서 분위기가 봄날이다.

계룡산은 천왕봉, 삼불봉, 관음봉, 쌀개봉 등이 조화롭게 어울려 만든 영산이다. 이 산봉우리들이 이어진 능선이 영락없는 닭 벼슬이고 꿈틀꿈틀 용트림하는 산세는 용을 닮았다. 그래서 계룡산이고 산 중의 산으로 친다.

호젓한 숲길을 따라 올라가면 금강문을 만나고 여기서 얼마 안 가 축대를 쌓고 조성한 법당 구역이 나온다. 법당을 가로막고 있는 전각에 계룡갑사鷄龍甲寺

계룡갑사사진①

사진①라는 편액이 걸려 있다. 아홉 쪽의 송판으로 짠 편액이다. 왼쪽에 정해국추丁亥菊秋 절도사節度使 홍재희서洪在羲書라는 관지가 보인다. 고종 24년 1887 충청 감사이던 홍재희의 글씨다. 추사서파의 서미가 풍기지만 추사체를 흉내내는 데 그친 아쉬움이 있다. 기년 뒤에 쓴 국추는 음력 9월을 의미한다. 계추季秋, 모추暮秋, 영월咏月 등과 같은 뜻이다.

계룡산 갑사는 간지 중 첫 번째로 으뜸을 상징하는 '갑甲'을 절 이름에 붙였다. 절 중의 절을 자부하는 이름이다. 대웅전大雄殿사진② 현판은 산 중의 산이요 절 중의 절을 자부하는 계룡산 갑사의 위상에 걸맞게 쓴 것일까. 법당 중앙의 한 칸을 전부 차지한 현판을 꽉 채워 썼다. '대'의 왼쪽 획이 '웅'의 '주主' 획과 겹쳤다. 또한 '웅'의 왼쪽 삐침을 크게 돌려 '전'의 '우又' 획을 범접했다. 아주 드문 자법이자 쉽게 감상하기 힘든 대형 글씨로 답사객을 압도한다.

갑사 대웅전사진②

갑사 대웅전은 계룡산 주봉인 천왕봉과 관음봉 등과 같은 높은 산을 왼쪽 곁눈질로 바라보고 있다. 산의 형세가 워낙 엄중해 자칫하면 위압당하기 십상이다. 대웅전 현판 글씨를 아주 크게 쓴 것은 안산의 위압을 제어하고 조응하기 위한 것으로 여겨진다.

이 현판은 '강희팔년기유육월일서康熙八年己酉六月日書'라는 관지로 보아 헌종 10년1669에 썼다. 글씨가 크고 획이 비대하기 때문인지 석봉石峰 한호韓濩1543~1605의 친필이라고도 한다. 그러나 기년인 기유는 석봉이 죽은 지 65년이 지난 1671년이다. 석봉의 친필로 보기에는 시대가 맞지 않다.

석봉의 친필은 아닐지라도 이만한 명필을 보기가 쉽지 않다. 노련한 농부가 쟁기질로 일궈낸 밭고랑과 같이 필획이 아주 고르고 튼실하다. 간가결구는 가래떡을 뚝뚝 잘라 맞춘 것과 같이 균밀하다. 붓을 들어 장봉으로 역입하며 형성한 잠두가 일품이다. 정말로 누에가 꿈틀거리는 것처럼 생동감이 있다.

송나라 때 서예가인 미불米芾1051~1107은 "나만이 큰 글씨 쓰는 법을 얻었다"고 자부했고 실제로도 큰 글씨를 잘 썼다. 그는 큰 글씨는 작은 글씨와 같이 필봉의 형세를 온전히 갖춰야 하고 고심한 흔적이 없어야 아름답다고 했다. 글자의 대소와 소밀이 각기 균형을 이루되 한 글자로 한 칸을 가득 차게 하면 안 된다고 지적했다. 갑사 대웅전은 미불의 대형 서법에 대비해보면 감상의 맛을 더할 수 있다.

편액 글씨로는 절세의 작품으로 꼽는 평양 연광정練光亭에 걸려 있는 제일강산第一江山이 미불의 석각서石刻書 탁본을 집자한 것이다. 다만 '강江' 자가 없어 명나라의 주지번朱之蕃1600~1682이 썼으나 잘 어울리지 않았다고

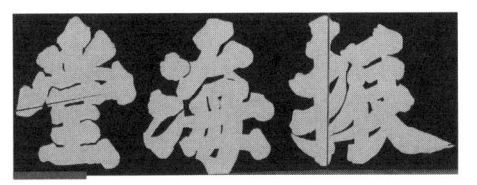
진해당사진③

한다. 이후 윤순尹淳이 써 바꿔 걸었으나 역시 짝이 맞지 않았다.

대웅전 앞 서쪽에 있는 건물이 진해당振海堂사진③이다. 필세가 춤을 추듯 유연하다. 결구가 허한 것 같지만 치밀하다. 석봉체에 양송체가 가미된 선조 이후에 유행했던 전형적인 서풍이다. 진해당은 대웅전과 마찬가지로 선조 37년1604에 중건하고 고종 12년1875에 중수했다. 이 편액은 중건 당시에 쓴 것으로 보인다.

진해당은 주련 글씨가 상승이다. 시원하면서 기교있는 비백이 마음을 사로잡는다. 초겨울에 살짝 내린 눈을 빗자루로 쓸어 생긴 흔적과 같이 신묘하다. 비백은 필봉을 흩어서 획을 가볍게 구사해 빈 곳을 만들어내는 서법이다. 붓을 가볍게 그어 나가되 굳세야 좋은 비백이 나온다. 필력이 강해야 비백을 쓸 수 있다. 명호를 보니 창암蒼岩 이삼만李三晩1770~1845이 썼다.

창암은 진나라 주정周庭에게 감동을 받았고 유공권柳公權의 진묵에서 본 의를 깨달았다고 스스로 밝혔다. 그는 만년에 신라 김생金生 글씨를 얻어 옛 명필의 심서의 창경함을 알게 됐다고 한다. 창암은 '벼루 세 개를 뚫어 놓지 않으면 안된다'는 각오로 서예 대가의 서첩을 임모하는 수련을 거쳤다. 그리고 법고 창신해 물이 흐르는 것같이 아주 유연한, 독특한 서체인 창암체를 창안했다.

창암은 수완법과 필묵법을 이렇게 정리했다.

"서법은 먼저 팔을 들어 손에 힘을 뺀 상태로 붓을 쥐고 기운이 종이 위

대적전 전경사진④

대적전사진⑤

에 전달돼야 한다. 그 다음 진한 먹으로 농염하되 미끄러지면 안 된다. 이어 붓을 멈춰 쉬었다가 붓털에 골고루 힘이 미쳐야 한다. 이때 무게를 실어 짓누르지 않으면 서체를 신명나게 이뤄낼 수 있다."

서동이라도 따라서 하면 금방이라도 근사한 글씨가 나올 것 같다.

창암은 갑사 너머 동학사의 동학사東鶴寺, 지리산 천은사의 보제루普濟樓, 대흥사 가허루駕虛樓 편액 등을 친필로 남겼다.

서남쪽의 산길을 돌아 대적전大寂殿사진④으로 향한다. 삼불봉이 서쪽으로 뻗어 내리면서 몇 차례 몸을 비튼 후 고개를 우뚝 세워 만든 명당이다. 대적전 현판사진⑤은 동국진체에 가깝다. 대웅전 글씨가 비대한 것과는 대조적으로 획이 옅고 근골이 강건하다. 가로획의 왼쪽 어깨를 오른쪽에 비해 지나칠 정도로 낮췄다. 선정에 든 고승의 모습이다.

대적전은 북서향을 바라보고 있어 앞산이 낮다. 대웅전이 천왕봉과 같은 높은 산이 안산인 것과는 아주 다르다. 안산이 낮은 만큼 현판 글씨를 작게 써 조화를 모도한 것이다. '도광6년4월목암서道光六年四月牧岩書'라는 관지가 있으나 목암이 누구인지는 알 수 없다. 관지를 오른쪽 상단에 쓴 게 이채롭다.

대적전 옆에 있는 아담한 건물은 노전이다. 이 노전의 마루 기둥에 걸려 있는 주련사진⑥이 발걸음을 멈추게 한다.

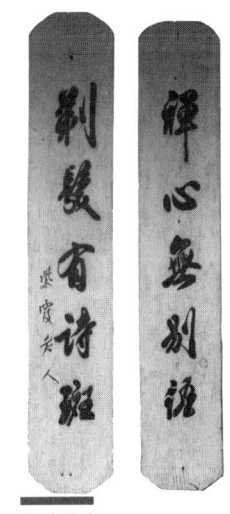

노전주련사진⑥

선심 밖에 별다른 말이 없고 禪心無別語

다만 깎은 머리에 시의 무늬만 있네 剃髮有詩斑

  무엇인가 아쉽고 여운이 있다. 여러 구절 중 두 구절만을 걸었기 때문이다. 그럼에도 속세와 절연하는 운치와 멋이 한껏 담겨 있다. 글씨에 속기가 전혀 없는 일품의 주련이다. 자하노인紫霞老人이란 관지가 보인다. 신위申緯 1769~1845의 신필이다. 심산유곡의 계룡계곡에서 자하의 글씨를 감상할 수 있다니 뜻밖이다.

  자하는 서예는 물론 시와 그림에도 능해 시서화의 삼능으로 통했다. 그는 동기창 서법에 능통했고 그림은 묵죽을 잘 그렸다. 또한 4000여 수의 시를 남긴 문인이다. 추사秋史 김정희金正喜는 자하를 이렇게 평했다.

"그는 천성이 초연하여 글씨에도 정신이 깃들어 있다. 100년이 지난 후에 자하가 없으면 필의를 물을 곳이 없을 것이다."

자하의 글씨는 신품으로 후세에는 찾아보기 어려울 것이라는 극찬이다. 대적전 아래에 우뚝 솟은 당간지주가 붓을 거꾸로 세워 놓은 것처럼 보인다. 자하가 이 붓을 들어 글씨를 쓴다면 어떤 작품이 나올까.

    갔던 길을 되짚어 오는데 개울 옆에 우공탑牛功塔사진⑦이라고 새긴 작은 3층 석탑이 서 있다. 이 탑 아래 계곡의 작은 못이 어느 텔레비전 프로그램에

우공탑사진⑦

서 방영했던, 박찬호와 강호동이 한 겨울에 냉수욕 시합을 벌인 곳이다. 우공탑에 새긴 글귀가 재미있다.

> 쓰러진 탑 일으켜 세우니 臥塔起호
> 인도에 우연히 합치되었네 人道偶合
> 세 번을 수고하고 수고했으니 三勞乙乙
> 그 공이 으뜸이다 闕功居甲

이 내용은 갑사 중창 설화의 한 토막이다. 정유재란으로 소실된 갑사를 중창할 때 돈과 인력이 부족해 곤경에 빠졌다. 당시 중건불사에 나섰던 인호印浩 스님이 어느 날 꿈을 꾸었다. 꿈속에서 한 마리 소가 나타나 말하기를 "제가 도와드릴 테니 걱정하지 마십시오" 하고 사라졌다. 잠에서 깬 스님이 밖에 나가 보니 소 한 마리의 앞마당에 서성거리고 있었다. 소는 이날부터 갑사 중건에 필요한 자재들을 찾아 끌고 왔고 덕분에 옛 당우들을 복원하는 불사를 마칠 수 있었다. 중건 불사가 끝나자 그동안 힘든 일에 기력을 다했는지 소는 지쳐 쓰러졌고 곧 숨을 거뒀다. 소의 공덕을 기리기 위해 수정봉 아래 하사자암에 탑을 세웠다.

이 탑은 한일합방 후 윤덕영尹德榮1873~1940이 별장을 짓고 옮겨놓았다. 그 별장이 개울 건너에 있는 전통찻집이다. 당시 쌀 400가마 상당을 들여 지은 호화 별장이다. 윤덕영은 순종의 비인 순정황후 아버지인 해풍부원군 윤택영尹澤榮의 형이다. 순정황후의 큰 아버지인 셈이다. 일본이 한일합방 조약을 강제로 맺으려 할 때 순정황후가 치마폭에 옥새를 숨기고 내놓지

용문폭사진⑧

갑사사적비명사진⑨

않았다. 이때 치마폭을 뒤져 옥새를 빼앗아 넘겨준 게 윤덕영이다.

윤덕영은 최고급만을 선호하는 특이한 성격의 소유자였다. 그는 서울 삼청동에 장안 8대가로 불린 호화 저택을 지었고 젊은 여자를 옆에 놓고 엉덩이를 만지는 것을 즐겼다고 한다. 모자를 맞춰야 할 정도로 머리가 커 '윤대갈'이란 별명을 가졌다. 그는 글씨를 쓸 때 최고급 종이와 먹, 붓을 선호했다. 인주도 최고급이었고 인장은 장안의 명인이 새긴 것만을 사용했다.

갑사 입구에서부터 계곡을 따라 올라가면서 용유소龍遊巢를 시작으로 이일천二一川, 백룡강白龍岡, 달문택達門澤, 군자대君子臺, 명월담明月潭, 계명암鷄鳴岩, 용문폭龍門瀑사진⑧, 수정봉水晶峰 등 구곡이 차례로 바위와 암벽에 새겨져 있다. 아마도 대부분 윤덕영이 새긴 것으로 짐작된다.

갑사사적비는 자연 암반에 비좌를 만들고 그 위에 대리석 비신을 세웠다. 제액은 '공주계룡산갑사사적비명公州鷄龍山甲寺事蹟碑銘사진⑨'이라고 전서로 돌렸다. 첫 머리에 공주 계룡산이라고 쓴 게 이색적이다. 비문은 여주 목사 이지천李志賤이 짓고 글씨는 공주 목사 이기징李箕徵이, 전액은 홍석구洪錫九가 썼다. 비석이 깨진 것은 비신에 금을 넣어 두었다는 소문이 돌아 그것을 파내기 위한 소행 때문이다. 비문은 판독이 어려울 정도로 마모가 심하다. 지금이라도 비각을 세워 보존해야 할 것 같다.

갑사 답사를 마친 일행은 이곳에서 그리 멀리 않은 이인면 주봉리에서 점심을 먹기로 했다. 그곳에는 친구 최용식이 '주봉마을우렁촌'이란 간판을 걸고 음식점을 하고 있다. 대기업을 나와 여기에 정착한 지 10년이 넘었다. 야채와 우렁, 양념된장을 내놓는 우렁쌈장쌈밥이 아주 일미다. 야채와 우렁 등의 식재료를 무공해 유기 농법으로 직접 재배해 쓴다. 된장도 직접 담고 그 된장으로 양념된장을 만든다. 양념된장은 그만이 갖고 있는 비법이다. 음식 맛이 좋기로 입소문이 나면서 공주와 부여에 오는 관광객이 수소문해 찾는다고 한다. 더욱이 우리 일행에게는 언제나 마음대로 가져가라며 잘 가꿔놓은 채소밭 한 두둑을 선뜻 내주는 그는 마음씨 좋은 친구다.

우렁쌈밥으로 든든하게 배를 채운 일행은 마곡사로 향했다. 남공주 나들목으로 진입해 공주 분기점에서 대전 당진 고속도로로 갈아타니 얼마 안 가 사곡 나들목에 이른다. 여기서 산길을 돌고 돌아가니 마곡사에 이른다. 승용차로 30여 분 거리다.

충남 공주시 사곡면 운암리 태화산 마곡사는 그 터가 태극 형국이다. 태화산에서 흘러내린 물길이 성보 박물관 앞에서 남서쪽으로 꺾이고 극락교에서 다시 북동쪽으로 크게 방향을 틀며 활모양으로 휜다. 그리고 일주문 부근에서 남쪽으로 바꿔 마곡천으로 빠진다. 반원을 두 번 그리는 영락없는 태극형이다. 마곡사 매표소 앞에 있는 안내판을 보면 태극 형국이 잘 드러나 있다.

마곡사 대웅보전大雄寶殿사진⑩ 현판은 신채가 엿보이는 명필이다. 상하좌우의 획과 점, 꺾임 등이 힘 있고 당당하다. 필획의 연결과 조합, 결합이 빈틈없이 일정하다. 숙련된 목수가 짜낸 창살과 같이 획과 획 사이가 소밀한

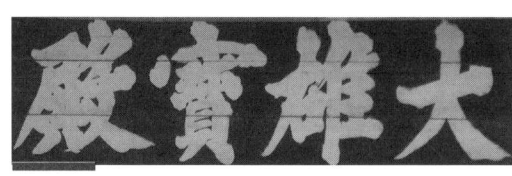

마곡사 대웅보전사진⑩

형상미가 빼어나다. 김생金生711~791의 글씨로 전해지는 신품이다. 대웅보전은 좁은 산지에 지어 한 켤레의 신발을 놓을 수 있는 댓돌이 있을 뿐 마당이 없다. 법당 앞에서 현판을 보려면 고개를 바짝 뒤로 제쳐야 한다. 목이 아플 정도로 제쳐도 현판이 처마에 가려 눈에 잘 들어오지 않는다. 이 현판은 축대 아래에 있는 대광보전과 조사전 사이에서 감상하는 게 한층 수월하다.

일부 전문가는 대웅보전 글씨의 연대를 아무리 높여 잡아도 조선 중기로 본다. 김생의 친필이 아니라는 주장이다. 이 진위 논란은 문화재 위원회가 김생의 글씨로 확정해 수그러들었다. 마곡사 관광지에도 김생의 친필로 소개되어 있다.

퇴계退溪 이황李滉은 김생의 글씨를 다음과 같이 평했다.

  창주종왕과 같은 옛 예인을 논하지 말라 蒼籀鍾王古莫陳
  우리의 해동에도 천년 전에 뛰어난 인물 있었네 吾東千載挺生身

마곡사 대광보전사진⑪

마곡사 대광보전사진②

창주종왕은 창힐蒼頡, 사주史籀, 종요鍾繇, 왕희지王羲之를 말한다. 창힐은 고문古文을, 사주는 주문籀文을, 그리고 종요와 왕희지는 해·행·초서에 능했던 명필이다.

대웅보전 아래에 또 하나의 법당이 있는데 대광보전大光寶殿사진②이다. 필세가 힘이 넘치면서 유려하고 부드럽다. 표옹豹翁이란 관지가 왼쪽 하단에 보인다. 표암豹菴 강세황姜世晃1713~1791이 노회한 서법을 구사한 묘품이다. 표암은 등에 있는 하얀 반점이 표범의 무늬와 비슷해 장난삼아 지었다고 한다. 표암은 전서와 예서에 탁월했는데 대광보전은 행서로 썼다. 바로 위에 있는 대웅보전이 해서인 것과 조화를 도모한 것 같다. 행서로 쓴 법당 현판은 아주 드물다. 이 현판은 표암이 76세 때 쓴 만년의 작품이다.

대광보전 현판은 운필을 느리게 하여 부드러움을 취하고 빠르게 돌려 강건함을 도모했다. 음악적인 리듬을 붓에 녹여 대·광·보·전을 순서대로 천천히 출발해 빠르게 내달리다가 멈춘 듯 지체하며 한숨을 돌렸다. 그리고는 다시 급하게 나아간 뒤 긴 숨을 내쉬면서 천천히 붓을 거뒀다.

창암 이삼만은 《서결書訣》에서 이렇게 말했다.

"필세는 한 획을 긋고 남은 필의를 다음 획에 온전하게 전달해야 나온다. 각각의 글자가 똑같은 필세로 이뤄져 작품 전체가 하나의 필세로 완성된다. 왼쪽은 오른쪽을, 오른쪽은 왼쪽을 돌아보고 위쪽은 아래와 조응하고 아래는 위를 이어준다. 서로 등지되 돌아보고 곁눈질하며 사뿐하게 달리고 때로는 움츠리고 엎드린 가운데 형체가 생긴다. 이렇게 써야 생기 있는 획이 나오고 글씨가 살아 움직인다."

마치 표암이 쓴 대광보전에 대한 서평인 것 같다.

표암은 54세 때 스스로 지은 묘지에서 자신의 글씨가 왕희지와 왕헌지, 미불, 조맹부를 섞어 오묘한 경지로 나아갔다고 자평했다. 뿐만 아니라 이사, 이양빙, 유공권, 회소, 채양, 소식, 황정견, 축윤명, 문징명 등 중국의 서예가와 안평대군 이용, 한호, 백광훈, 윤순 등 조선 명필의 서체를 익혀 자신의 서법을 형성했다고 했다.

표암은 만년에 삼세기영三世耆英이란 호를 사용했다. 삼대가 기로소에 들어간 집안이라는 자부심의 소산이다. 기로소 입소 자격은 학덕이 높고 정2품 이상에 나이가 70세 이상이거나 정3품 당상으로 80세가 넘어야 한다. 학덕과 인품, 정3품의 벼슬에 장수까지 해야 하는 매우 까다로운 조건이다. 그럼에도 표암의 할아버지인 설봉雪峰 강백년姜栢年1603~1681이 1673년에, 아버지 백각白閣 강현姜鋧1650~1733은 1719년에 각각 기로소에 들어갔다. 표암 또한 71세가 되던 1783년 기로소에 들어갔으니 가문의 영광이 아닐 수 없다.

설봉은 정시문과1627와 문과중시1646에 급제한 후 동부승지를 지냈다. 사후 9년만인 숙종 16년1690 영의정에 추증됐고 그 후에는 청백리로 녹선됐다. 백각은 설봉처럼 정시문과1680와 문과중시1686에 급제해 관직에 나갔다. 숙종 연간에 형조·예조판서, 대제학 등을 역임했고 경종 연간에는 의금부판사, 좌참찬에 올랐다.

표암은 정조 15년 81세를 일기로 세상을 떠났다. 그는 임종에 앞서 붓을 들어 다음과 같은 여덟 자의 간단한 시 한 수를 남겼다.

    푸른 소나무는 늙지 않고   蒼松不老
    학과 사슴이 일제히 운다   鶴鹿齊鳴

푸른 소나무와 학, 사슴과 같은 청고했던 그의 인생을 표현한 명문이다. 대광보전 동쪽의 요사에 걸려 있는 심검당尋劍堂사진⑬에 편액는 송하松下라는 관지가 선명하다. 영·정조 대의 청백리인 송하 조윤형曺允亨1725~1799의 친작이다. 필획이 매우 강하고 힘이 넘치는 해서다. 결구가 짜임새 있고 꼿꼿하다. 승방에서 지혜의 칼날을 곤추세우고 어리석음을 끊기 위해 진력하는 선승의 정진 자세를 그대로 드러내고 있는 형상이다. 서권기가 번뜩이는 편액이다.

심검당사진⑬

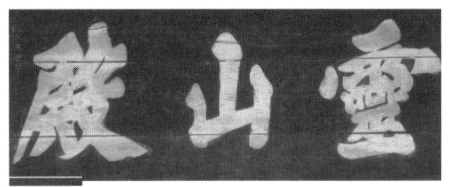

영산전사진⑭

대광보전 서쪽에는 정갈한 한옥 한 채가 있다. 백범白凡 김구金九가 한때 은거했던 곳이다. 백범은 황해도와 평안도를 중심으로 항일운동을 벌였는데 어느 날 마곡사를 찾아 불문에 귀의했다. 하은荷隱을 상좌로 원종圓宗이란 법명까지 받고 마곡사에서 3년 동안 수도했다. 건물 앞에 있는 향나무는 환속했던 백범이 마곡사를 다시 찾았을 때 기념으로 심은 것이다.

수행 공간인 남쪽 구역의 영산전靈山殿사진⑭은 세조의 어필이다. 현판 상단에 '세조대왕어필世祖大王御筆'이란 관지가 있다. 아주 가는 세필인데다 단청 과정에서 손상을 입은 탓에 세심히 살펴봐야 한다. 세조가 마곡사에 머물고 있던 매월당梅月堂 김시습金時習1435~1493을 찾아왔다가 썼다고 한다. 매월당은 한때 설잠雪岑이란 법명을 가진 재가승이었다. 그는 전국을 유랑하다가 마곡사에서 그리 멀지 않은 부여 청량산 무량사에서 입적했다. 무량사 경내에 그의 부도가 있다.

세조가 행차했을 때 매월당이 미리 종적을 감춰 두 사람은 만나지 못했다. 다만 세조는 태화산 매봉에 올라 마곡사를 만세불망지지萬歲不亡之地의 명당 터로 지목하고 영산전 편액을 남겼다. 세조는 부친인 세종과 형인 문종의 국장을 치르며 풍수 안목을 키운 풍수가였다. 그런 세조가 마곡사의 산태극 수태극 형세를 놓칠 리가 없었을 것이다.

영산전을 자세히 살펴보니 조선 후기를 넘지 못하는 글씨로 보인다. 세조의 친필로 잘못 전해지고 있다는 생각이 든다. 그것도 아니라면 여러 차례의 단청 과정에서 신체에 손상을 입어 글씨가 많이 변질된 것 같다.

덕숭산 수덕사
삼덕에 가득한 덕필과 고집한 문자 도형

덕산, 덕숭산, 수덕사 등 이른바 삼덕의 후덕한 기운이 감도는 탓일까. 충남 예산군 덕산면 덕숭산 아래 수덕사는 언제나 푸근하다. 10월 초 덕숭산 단풍은 아직 기미도 없지만 사하촌을 거쳐 절집으로 들어가는 길은 향기롭다. 수령이 대략 5, 60년쯤 된 소나무는 젊은 기품을 뿜내며 진한 송진향을 뿜는다. 지나가는 소슬바람에 송진향이 가슴 깊숙이 스며든다. 길을 거슬러 올라가니 일주문이다.

일주문은 아담하다. 키 큰 어른은 머리를 숙이고 들어가야 할 정도로 낮다. 옛 고향 집 대문과 다름없다. 사액인 '덕숭산수덕사德崇山修德寺사진①'가 눈높이에 있다. 소전素筌 손재형孫在馨 1902~1981이 해서를 바탕으로 전서로 쓴 득의필이다.

덕숭산수덕사사진①

동방제일선원사진②

운필이 물이 흐르듯이 부드럽고 유연하다. 첫 글자부터 마지막 글자까지 가락에 맞춰 춤을 추고 있는 것 같다. 첫 글자인 '덕德'자에서 첫 획을 생략해 중복을 피한 솜씨에서 대가다운 소전의 기지를 엿볼 수 있다. 일주문 안쪽에 걸려 있는 '동방제일선원東方第一禪院사진②'도 소전이 썼다. 그의 글씨로는 흔히 볼 수 없는 전서다.

소전은 전남 진도 출신으로 국회의원과 예총 회장, 국전 심사 위원을 오랫동안 지냈다. 박정희 전 대통령에게 서예를 가르친 것으로 전해진다. 전통문화에 관심이 많았던 소전은 흥선대원군의 별처였던 아소정我笑亭의 일부를 홍제동으로 옮겨 전통 한옥을 짓고 살았다. 이 한옥은 지금은 '석파랑'이란 상호를 달고 한식 전문점으로 바뀌었다. 소전이 추사秋史 김정희金正喜의 〈세한도〉를 일본에서 찾아온 것은 우리나라 회화사에 길이 남을 일화다.

일주문을 넘어서면 금강문金剛門사진③이다. 일주문과 같이 아담하고 소박하다. 두세 사람이 나란히 들어갈 수 있을 정도로 비좁다. 금강문은 해서 또는 행서로 쓰는 게 보통인데 이 편액은 초서다. 강건하면서 요동치는 필획은 금강문의 우락부락한 역사상을 형상화한 것처럼 보인다. 송원松原이란 관지가 있다. 수덕사 주지를 지낸 설정雪靖 송원松原의 선필이다.

금강문사진③

황하정루사진④

법당으로 가는 계단을 오르기 전에 황하정루黃河精樓사진④가 우뚝 가로막는다. 불과 몇 년 전에 건립된 누각이다. 황하정루는 1층은 성보 박물관이고 2층은 강당이다. 이 편액은 수덕사 방장을 지낸 원담圓潭 진성眞性 1926~2008의 법필이다.

황하정루를 지나 가파른 계단을 올라서면 대웅전이다. 대웅전大雄殿사진⑤은 정면 5칸인데 대웅전 현판이 중앙 한 칸을 꽉 채웠다. 덕숭산의 문패로 삼아 걸어놓아도 잘 어울릴 정도의 초대형 글씨다. 스모 선수의 자태처럼 필획이 후박하고 우람하다. 현판 왼쪽에 원담이란 명호가 찍혀 있다.

수덕사 대웅전은 고려 충렬왕 34년1308에 건축됐는데 당시의 목조건물의 아름다움을 고스란히 간직하고 있는 성보다. 대웅전에는 1970년대 말까지 의창군義昌君 광珖이 단정한 해서로 쓴 품격 높은 현판이 걸려 있었다. 의창군은 선조의 여덟째 왕자로 왕족 출신이면서 서예에 아주 뛰어났다.

의창군이 쓴 대웅전 현판은 구례 화엄사, 전주 송광사, 서울 조계사 등에 남아 있다. 서미가 모두 비슷하지만 '전殿'자의 '공共'이 조금씩 다르다. 이 중에서도 의창군의 최고 글씨는 수덕사 대웅전 현판을 꼽는다.

명부전冥府殿, 원통보전圓通寶殿, 법고각法鼓閣사진⑥, 범종각梵鐘閣, 보광당普光堂 편액 등도 원담의 선필이다. 전북 옥구 출신의 원담은 7세에 벽초碧超를 은사로, 만공滿空을 계사로 사미계를 받았다. 만공에게 전법계를 이어받아 선농일여禪農一如의 가풍을 새롭게 진작시킨 선지식인이다. 그는 선지식을 서법에 가미한 당대 최고의 선필로 꼽힌다. 특히 '큰스님체'라고 불러도 좋을 만큼 큰 글씨를 잘 썼다. 원담이란 관지에 '원圓'을 대신에 일원상을 뜻하는 '○'을 즐겨 썼다.

대웅전 앞에는 청련당靑蓮堂사진⑥과 백련당白蓮堂사진⑦이 각각 동쪽과 서쪽

대웅전사진⑤

법고각사진⑥

청련당사진⑥

백련당사진⑦

에 자리 잡고 있다. 이 편액에는 각각 '이구육일二九六一'이라는 관지와 함께 송월면인宋月面印 만공滿空이라는 명호가 찍혀 있다. 오랫동안 수덕사에 주석하며 선풍을 일으킨 만공의 선필이다. 동쪽의 청련당은 행서로 썼다. 유연하고 부드러워 기운생동하는 느낌이 든다. '당堂'자는 봄날에 땅을 비집고 솟아오른 새싹과 같다. 해가 떠오르는 동쪽의 의미와 좋은 조화를 이룬다. 반면에 서쪽의 백련당은 예서다. 갈필로 쓴 것처럼 비백이 확연하다. 부드러움과 비백을 통해 동서 양료를 구분한 재치 있고 기교 넘친 문자향이다. 관지의 '이구육일'은 불기 2961년으로 서기로 치면 1934년에 해당한다.

향운각香雲閣 역시 만공의 선필인데 행서에 가까운 초서를 구사했다. 대웅전 앞 마당의 한자리에서 만공의 행서, 예서, 초서를 감상할 수 있으니 이 얼마나 행복한가.

만공1871~1946은 1925년부터 입적할 때까지 20여 년 동안 수덕사에 주석하며 무너져가는 대웅전을 복원했고 정혜사定慧寺를 개축했다. 능인선원能仁禪院을 열었고 비구니 선원인 견성암見性庵을 세웠다. 견성암에서는 근대 불교의 대표적인 비구니인 하엽荷葉 김일엽金一葉1896~1971이 출가해 정진한 도량이다. 평남 용강 출신의 일엽은 본명이 원주元周이며 법호는 하엽荷葉, 일엽은 호이다. 독실한 기독교 집안에서 자란 일엽은 이화여대와 일본 유학을 한 후 여성해방운동에 앞장섰고 자유연애를 구가했던 신여성이었다. 결혼에 실패하고 자유연애에 환멸을 느꼈던 일엽이 만공과 조우하면서 출가의 인연을 맺었다. 일엽이란 법명은 만공에게 받았으며 견성암에서 일생을 보냈다. 그래서 견성암을 그가 쓴 책 이름을 따서 '청춘을 불사르는 곳'이라고 부른다. 견성암은 장판지 240장 크기의 큰 방으로 100명이 기거할 수 있다.

법고각 동편의 종무소에는 조인정사祖印精舍사진⑨라는 편액이 걸려 있다.

조인정사사진⑨

정혜사사진⑩

능인선원사진⑪

김돈희인金敦熙印 성당惺堂이라는 주문 백문의 방인 두 방이 보인다. '조祖'자와 '인印'자를 전서에서 차용하여 특이하게 구사했다. 성당은 송나라 황정견의 행서와 예서를 잘 썼다.

수덕사에서 산길을 따라 올라가면 덕숭산 7부 능선에 정혜사定慧寺사진⑩가 나온다. 한걸음에 가면 흠뻑 땀이 날 정도로 산길의 경사가 제법 가파르다. 하지만 산속 절집으로 가는 길을 재촉해 걸을 필요는 없다. 깊은 계곡에 넘쳐흐르는 시원한 물소리를 벗삼아 울창한 숲 속을 쉬엄쉬엄 걷다 보면 저절로 절집에 닿는 게 산길이다.

수덕사와 정혜사, 견성암은 덕숭산의 품 안에 안겨 있어 형제자매로 불린다. 정혜사는 본래 수도도량이다. 외부인의 출입이 금지됐으나 최근에는 특별한 일이 없는 한 문을 열어 개방한다. 대문을 열고 들어서면 오른쪽에 있는 건물이 수도도량인 능인선원能仁禪院사진⑪이다. 편액은 소나무 판인

데 애초부터 단청을 하지 않았는지 아니면 세월의 풍화를 입은 탓인지 이목이 모두 드러나 있다. 발가벗은 나무판이다. 편액은 성당 김돈희가 썼다. 조인정사와 같은 서법이다.

능인선원 왼쪽에 있는 정혜사는 법당 형식이 아닌 가옥처럼 지은 '一'자형 건물이다. 정혜사 현판은 가로가 긴 건물의 중앙에 크지도 작지도 않아 사우와 잘 어울린다. 글씨는 해강海岡 김규진金圭鎭의 해서인데 품격이 매우 높아 보인다. 능인선원과 정혜사 현판은 한결같이 정갈하고 천진해 세상 물정을 모르는 귀부인을 연상케 한다. 세상 구경을 한 번도 해보지 못한 양갓집 규수가 연상되기도 하고 말끔히 차려입고 안살림을 챙기는 종갓집 며느리의 모습이 떠오르기도 한다. 이곳이 외부인의 출입이 철저하게 금지된 수도 도량임을 서미에 담아낸 것이다.

정혜사 앞마당의 발우형 석조에는 만공이 친필로 불유각佛乳閣이란 편액을 써 걸었다. 그냥 물이 아니라 부처님의 젖으로 한 모금의 물에도 불교의 진리가 들어 있다는 의미다

정혜사 아래는 금선대金仙臺

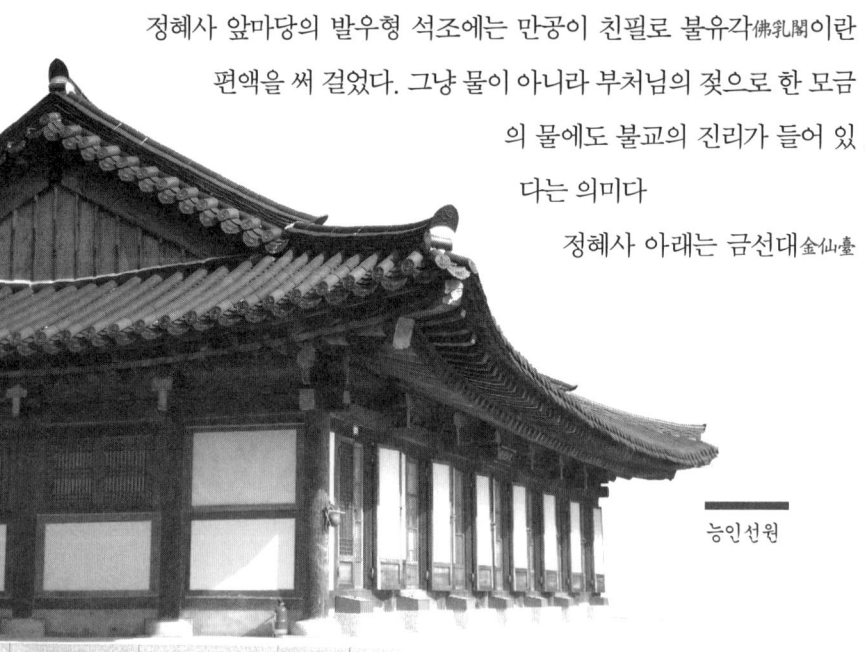

능인선원

다. 만공이 34세에 띳집을 짓고 보임에 들어갔던 곳이자 만공의 스승인 성우惺牛 경허鏡虛의 진영을 봉안했던 곳이다. 경허의 진영은 현재 성보 박물관에 있다. 진영은 설산雪山 최광익崔光益이 그렸다. 설산은 당대 최고의 초상화가로 1936년 만공의 구술을 토대로 경허의 진영을 그렸다. 범어사에 있는 경허 진영은 수덕사의 모본을 베낀 이모본이다.

수덕사에는 만공과 더불어 혜월慧月과 수월水月 등 경허의 3대 제자가 있었다. 만공은 말 그대로 보름달이고 수월은 상현달, 그리고 혜월은 하현달로 불렸다. 상현달인 수월은 북쪽을, 하현달인 혜월은 남쪽을 그리고 보름달인 만공은 중부 지역을 맡아 선풍을 일으키기로 약조한 사이다.

남쪽 지역을 맡은 혜월은 덕숭산 정혜사에서 붙박이 생활을 한 천진불이다. 그는 13세에 수덕사에서 출가해 38년 동안 절 밖으로 나서지 않았다. 그러다가 51세이던 1913년 물병 한 개와 주장자만을 들고 유랑길에 올랐다. 약조한 대로 남쪽에 선풍을 전파하기 위한 유랑이다. 그는 통도사, 내원사, 범어사, 선암사, 파계사 등에서 선풍을 크게 일으켜 약속을 지켰다. 평생 동안 삽과 괭이, 지게, 죽비를 놓지 않았다. 삽과 괭이는 땅을 갈아 농사를 짓고 지게는 산에서 나무를 하며 '일일부작一日不作, 일일불식一日不食', 즉 하루 일하지 않으면 하루 먹지 않는다는 선농일여의 의지를 실천했다.

그는 이를 실행하기 위해 하루 2시간 이상 잠을 자지 않았다고 한다. 혜월은 부산 화엄사 뒷산으로 땔감을 구하러 갔다가 인근 바위 아래에서 솔방울 자루를 어깨에 멘 채 서 있는 자세로 열반에 들었다. 지금도 불가에서 큰 화제로 전해 내려오는 열반이다. 그때가 1937년 6월 16일로 세수 76세

법랍 62세였다.

경허의 3대 제자 중 만공이 막내에 해당하지만 가장 많은 법문과 기록, 행장이 남아 있다. 경허와의 선화도 수두룩하다. 그중에서도 백야白冶 김좌진金佐鎭1889~1930과의 객기 넘친 일화가 아주 재미있다. 기골이 장대했던 백야가 만공의 힘이 장사라는 소문을 듣고 어느 날 금선대를 찾아왔다. 힘겨루기로 한판 붙어보자는 객기가 발동한 것이다. 당돌한 도전을 받은 만공은 이긴 사람이 마음대로 처분하는 내기를 걸었다. 승부는 팔씨름이었다.

당시 백야는 약관 20세의 청년이었고 만공은 34세로 세가 불리했지만 결과는 만공의 승리였다. 만공은 백야를 출가시킬 요량으로 삭도를 꺼내 머리를 깎으려 했다. 그러자 백야는 중만은 절대로 할 수 없다고 통사정하는 바람에 불발됐다. 이때 만공은 백야의 골상을 보고는 "중노릇을 하면 틀림없이 고승이 될 상이요, 그렇지 않으면 천하를 호령하는 호랑이가 될 상이다. 하지만 한 가지 아쉬운 게…"라며 말끝을 흐렸다.

청산리 전투를 승리로 이끈 백야는 불과 42세에 중국 영안현 역 앞에서 흉탄을 맞고 절명하고 말았다. 공산당의 감언이설에 속은 박상실이 저지른 천인공로한 일이다. 만공이 끝내 말문을 열지 않았던 그 아쉬움이 '절명'이 아닌가 생각된다. 백야는 수덕사 인근의 홍성이 고향이다.

만공은 1942년 덕숭산 동편에 떳집을 짓고 마음 한가운데 둥근 달을 굴리며 유유자적하며 지냈다. 그러던 만공이 어느 날 "내가 덕숭산에 와서 40년간 많은 청신납자가 나를 만났지만 내 얼굴만 보고 갔을 뿐이다. 나의 진면목을 못 보고 갔으니 곧 자기를 못 본 것이며…"라며 목욕단좌를 했다. 그리고는 거울에 비친 자기 모습을 보고 "자네와 내가 이제 이별을 할 인연이 다 되었네 그려" 하면서 껄껄 웃고 입적하니 세수75세, 법랍 62세였다.

이때 만공은 다음과 같은 임종게를 남겼다.

> 팔십 년 전에는 그대가 나이더니 八十年前渠是我
> 팔십 년 후 오늘에는 내가 그대로구나 八十年後我是渠

만공의 법구를 다비해 수습한 사리를 봉안한 게 만공탑滿空塔사진⑫이다. 만공탑은 정혜사 조금 못 미쳐 숲 속에 있다. 동경 유학을 했던 박중근의 작품이다. 탑은 1940년대에 세워졌음에도 만공탑이란 탑명을 한글로 새겼다.

북쪽으로 떠난 수월은 금강산을 거쳐 압록강 부근에 기거하며 국경을 오가는 길손에게 짚신을 삼아 보시하며 유랑 생활을 했다. 수월은 이 유랑길에서 종적을 감추었던 스승인 경허를 함경도 갑산 도

만공탑사진⑫

하동에서 만났다. 경허는 이 마을 선비인 김탁의 집에 머물며 서동을 가르치며 지내고 있었다. 오랜만에 법제자 수월을 만났음에도 경허는 방문을 걸어 잠그고 모른 처했다. 수월은 김탁에게 경허가 열반하면 수덕사 만공에게 연락해줄 것을 당부하고 발걸음을 돌릴 수밖에 없었다.

경허는 갑산에서 입적했다. 그는 입적하기 전 하나의 일원상 '○'을 종이 위에 힘 있게 찍었다. 그리고 온 힘을 다해 글을 써 내려갔다.

마음은 홀로 둥글어 心月孤圓
빛이 세상 모든 것을 삼켰네 光吞萬象
빛과 경계가 모두 허망한데 光境俱忘
다시 이 무슨 물건이오 復是何物

이렇게 열반송을 쓴 경허는 붓을 던지고 그대로 입적했다. 세수 64세 법랍 56세이었다. 김탁은 경허를 유교식으로 장례를 치르고 갑산의 난덕산에 안장했다. 생전에 경허가 쓰던 담뱃대와 쌈지를 함께 묻었다. 수월이 알려준 대로 수덕사 만공에게 경허의 열반 소식을 전했다. 덕숭산 정혜사에서 경허의 천화 소식을 들은 만공은 통곡한 후 시 한 수를 지었다.
〈경허법사의 천화 소식을 듣고서〉라는 제목의 추모시다.

선함은 부처님을 능가하고 악함은 호랑이보다 더하네 善惡過虎佛
경허 선사이시여 是鏡虛禪師
천화하여 어느 곳으로 가셨습니까 遷化向甚處
술 취한 스님은 꽃 앞에 누워 계시네 酒醉花面臥

경허의 성품을 간략하면서 정곡을 찔러 표현해낸 명작이다.
만공은 혜월과 함께 갑산으로 찾아가 스승인 경허의 법구를 다시 수습

이응노 기념관 사진⑬

해 다비했다. 만공은 스승인 경허가 천장암을 떠나기 전에 선물했던 담뱃대와 쌈지가 묻혀 있어 법구를 쉽게 확인할 수 있었다.

일주문에 이르자 어둠이 깔려 있다. 바쁜 답삿길이지만 수덕여관을 찾아든다. 수덕여관은 한때는 숙박업소였다. 화가인 고암顧菴 이응노李應魯 1904~1989가 한때 기거하며 이 지역의 풍광을 화폭에 담아낸 곳이다. 그러나 2007년 이응노 기념관사진⑬으로 개관해 미술관을 겸하고 있다. 이제 길손을 받는 숙박업소가 아니다. 기념관 앞 다리를 건너면 오른쪽에 문자 추상화사진⑭를 새긴 두 개의 암반이 있다. 고암이 1969년에 그린 암각화다. 큰 암반

고암 작 문자도형사진⑭

은 전면 둘레 17미터에 높이 1.85미터, 그리고 작은 암반은 둘레 7.6미터 높이 75센티미터다.

고암이 화가이기에 문자 추상의 암각화를 그렸지만 서예가였다면 조형미가 일품인 필적을 남겼을 것이다. 암각화의 문자 도형이 전서나 고예와 다름없어 보이기 때문이다. 이 문자 추상화는 서법으로 치면 개울 건너 일주문에 소전이 쓴 '동방제일선원'의 전서와 별로 다를 게 없다.

전국 각지에서 만날 수 있는 금석문과 현판, 주련은 대부분 한자로 썼다. 이 때문에 해독이 어려워 서예의 예술성과 조형미까지도 간과하게 된다. 그렇지만 한자를 모른다면 그림처럼 감상하면 된다. 잘 알지 못하는 한자를 해독하고 뜻풀이를 하려고 애쓰면 아무것도 볼 수 없다. 수덕여관의 문자 도형 암각화를 감상하듯이 그저 한 폭의 그림으로 본다면 서예의 조형미와 예술성을 제대로 감상할 수 있는 안목이 생긴다.

도솔산 선운사
추사 백파 선 논쟁, 문자향으로 만개했네

예년보다 꽃소식이 빠를 것이라는 예보에 꽃 마중을 위한 남도 여행길에 나섰다. 경칩 다음날이다. 방학 중인 아내와 취업 3년차인 딸은 휴가를 내고 따라 나섰다. 동행한 부모님은 차창 밖에서 눈길을 떼지 않으신다. 봄 경치가 아주 마음에 드시는 모양이다. 부모님을 모시고 금강산을 갔다온 게 3년 전이었으니 오랜만의 가족 여행이다.

서해안 고속도로를 얼마나 달렸을까. 선운사 나들목 표지판이 나온다. 표지판의 안내대로 따라가니 전북 고창군 도솔산 선운사 입구에 닿는다. 때마침 점심시간이다. 시장이 반찬이었던가, 아니면 풍천 장어가 정말 맛이 있는 것이었을까. 피자나 떡볶이, 김밥, 샌드위치 등에 익숙해 있는 딸까지도 감칠맛이 '땡긴다'며 싱글벙글이다. 부모님은 장어가 담백하고 구수한 게 정말로 맛있게 먹었다며 밝게 웃으신다. 이번 여행은 '점심 한 끼'만으로도 큰 보람이다.

산속의 해는 일찍 진다. 아직은 이른 봄이어서 추위도 걱정되었다. 서둘러 자리를 털고 일어나 선운사로 향했다. 아직 관광철이 아니어서 한적하다. 다리가 불편하신 어머님을 승용차에 모시고 경내 주차장까지 갔다. 매표소에 양해를 구해 선뜻 허락받은 덕분이다. 주차장 앞에서 몇 걸음 옮겨 다리를 건너니 천왕문天王門사진①이다. 바다에서 일렁이는 너울같이 운필이 유연하고 경쾌하다. '천'자는 리듬에 맞춰 사뿐히 춤을 추는 모습이다. 뱅

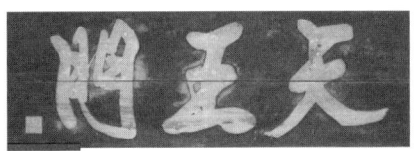
천왕문사진①

쿠버 동계올림픽에서 김연아 선수가 프리스케이팅에서 연기한 '스파이럴 spiral'이 연상된다. 목을 길게 빼고 두 손은 벌리고 오른쪽 다리를 들어 앞으로 나아가는 모양이 학이 춤을 추는 것과 같았다. 이 연기는 피겨 사상 가장 아름다웠다는 평가를 받은 '김연아표' 기술이다. '왕'자는 굵고 가는 가로·세로획이 엉퀴면서 마치 구렁이가 똬리를 틀고 있는 형상이다. 그런가 하면 '문'자는 산꼭대기에 있는 기암괴석같이 보인다.

왼쪽 하단에 이광사인李匡師印이라는 백문 도서가 찍혀 있다. 원교 이광사의 유려한 행서다. 역시 명필이다. 처음부터 눈에 익었다 싶었는데 조계산 대흥사의 천왕문 현판을 모각한 것 같다. 영광 불갑사 천왕문에도 같은 글씨가 걸려 있다. 천왕문에서 알 수 있듯이 원교는 결코 정형화된 결구와 장법을 구사하지 않았다. 균제미나 정아하고 단정함

대웅보전

은 전혀 찾아볼 수 없다. 떨어지는 폭포수나 굽이치는 파도, 아니면 구불구불 기어가는 뱀처럼 뒤틀린 서법을 구사했다. 그의 순탄하지 않은 삶을 반영한 서법이다.

천왕문 현판 아래에는 예서로 쓴 '도솔산선운사兜率山禪雲寺'라는 사액이 걸려 있다. 흑백 바탕에 백색 단청을 한 글씨가 근엄하고 질박한 분위기를 더한다. 일중一中 김충현金忠顯의 글씨다. 앞서 지나온 매표소 앞 일주문 현판도 같은 글씨다. 해서의 모범으로 삼을 만한 가품이다.

대웅보전사진②

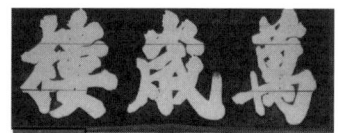

만세루사진③

천왕문을 지나니 정면 5칸 측면 3칸의 법당에 대웅보전大雄寶殿사진②이라고 두 줄로 쓴 현판이 걸려 있다. 도솔산의 산세가 워낙 강해 법당이 압도당하는 모양새가 나오기 십상인데 전혀 위축됨이 없다. 법당이 맞배지붕이고 현판을 두 줄로 써 걸어 무게감을 분산한 효과 때문이다. 현판이 웅장한 도솔산의 위압을 덜어주는 균형추와 같은 역할을 하고 있는 절묘한 구도다. 글씨는 이렇게 자연과 조화를 이뤄야 제맛이 난다.

대웅보전 현판은 보기 드문 수작이다. 한참을 넋을 놓고 올려다본다. 현판 글씨는 왼쪽 삐침이 창끝처럼 날카롭고 예리하다. 반면에 오른쪽 삐침은 붓을 꾹 눌러 여유롭고 무디게 마무리를 지어 균형을 잡았다. 단정하면서 치밀한 균제미가 자연스럽게 풍긴다.

그러나 아쉽게도 관지와 도서가 없어 누구의 글씨인지 확인할 수가 없다. 종무소에 문의해도 답변이 신통하지 않다. 선운사는 선조 30년1597년 정유재란 때 모두 소실됐다. 이후 광해군 5년1613년부터 대대적인 불사가 이뤄졌는데 대웅보전은 이때 중창됐다. 현판도 이때 명필가가 쓴 글씨로 전해오고 있다는 게 종무소의 설명이다.

그러고 보니 대웅보전 현판은 석봉체와 양송체가 혼용된 조선풍이 엿보인다. 이 서풍은 광해군 때 유행했던 서체다. 대웅보전 중창 시기와도 맞아 떨어진다.

법당 맞은편에 있는 만세루萬歲樓사진③ 역시 대웅보전과 비견할 수 있는 가품이다. 운필이 힘 있고 부드럽고 원만하다. 왼쪽보다 오른쪽 어깨를 추켜올렸고 필획을 가늘고 굵게, 즉 비수를 적절히 구사했다. 방금 붓을 놓은 것처럼 글씨가 생동감이 묻어난다.

만세루는 일종의 강당이다. 법당을 대신해 설법을 들을 수 있었다. 평지에 이층으로 지은 것은 법당과 눈높이를 맞추기 위한 것이다. 강당과 법당을 겸했던 만세루는 차를 마시고 담론할 수 있는 공간으로 개방돼 시인 묵객이 시와 글씨를 많이 남긴 곳이다. 미당未堂 서정주徐廷柱1915~2000의 〈선운사 동구〉의 시상은 여기서 나오지 않았나 생각된다.

선운사 골짜기로 선운사 동백꽃을 보러 갔더니
동백꽃은 아직 일러 피지 않았고 …

미당의 표현대로 선운사 법당 뒤편 언덕에는 동백꽃이 아직 만개하지 않았다. 검붉은 꽃망울이 곧 터질 준비를 마친 상태다. 동백꽃을 기대하고 꽃마중을 나섰던 마음 한구석이 서운하다.

미당은 선운사에서 불과 20리 길인 고창군 부안면 선운리 길마재가 고향이다. 집안이 가난해 학업을 포기해야 했던 미당은 영호映湖 박한영朴漢永1870~1948을 만났고 그의 도움을 받아 공부했다. 영호는 당초 출가할 마음이 있었던 미당의 됨됨이를 보고 문학의 길을 걷도록 권유했다. 그러면서 참된 문학인이 되려면 시와 소설뿐만 아니라 유교와 불교도 알아야 한다고 채근했다고 한다. 미당이 노벨문학상 후보로 다섯 차례나 추천될 정도로 한국은 물론 세계적인 시인이 될 수 있었던 바탕이다.

산신당山神堂은 정면 1칸 측면 2칸으로 아주 소담하다. 두세 명의 장정이 번쩍 들 수 있을 정도로 규모가 작다. 손바닥 크기 정도인 작은 편액은 건물의 규모와 너무도 잘 어울린다. 가로보다는 세로가 조금 길다. 작은 건물을 크게 보이게 하려는 시각적 효과를 노린 장법이다. 산신각 편액으로는 보기 드문 가품이다.

정와사진④

명부전冥府殿은 축대를 쌓고 그 위에 지었다. 축대는 크고 작은 자연석을 오밀조밀하게 쌓아 올렸다. 마치 여기저기 꿰맨 노스님의 법복과 같다. 편액은 필획이 고르지 않다. 작은 붓으로 큰 글씨를 쓸 때 기인하는 현상이다. 가로획과 오른쪽 획은 굵은 데 비해 왼쪽 삐침은 가늘면서 골기가 있다. 용암龍巖이라는 관지로 보아 노스님의 선필로 생각된다.

관음전觀音殿 글씨는 다른 편액이 워낙 좋은 탓에 격이 떨어져 보인다.

지수止修 이학용李學庸이란 관지로 보아 은둔처사의 솜씨다. 관음전은 본래 노전이었다. 관음전이 아닌 '조용한 작은 방'이란 의미의 정와靜窩사진④라는 편액이 걸려 있었다. 이 편액은 새로 지은 요사에 옮겨 걸었다가 지금은 성보 박물관에 전시되어 있다.

푸른색 바탕에 흰색 글씨의 정와는 원교 이광사의 득의필이다. 이 편액은 서법의 오묘함을 모두 담아낸 승품이다. 각 글자의 획을 먹줄처럼 곧게 긋고 구불구불 기어가는 뱀처럼 서로 어긋나게 구사했다. 획은 살아 있는 것이고 운필은 행동하는 것이라는 원교의 서예관을 고스란히 드러냈다. 원교는 살아 있는 것은 꿈틀거리며 굴신하고 그냥 곧게 있지 않는다고 했다. 행동한다는 것은 사람이나 벌레, 뱀 모두가 그 모양이 꼿꼿하게 바로 누워 있는 것과 다르다. 그러면서 원교는 이는 자연스러운 천기의 조화라며 자신의 서체에 담아냈다.

'정와'를 보고 있으면 참으로 재미있다. '청靑'과 '정爭'을 떼어놓고 보면 아주 어색하다. 하지만 하나로 묶여 있으니 마치 교접하는 쌍룡의 모양이고 어머니가 아기에게 젖을 물린 형상이다. 각 획은 흐트러진 것 같으면서도 정제되어 결구가 완벽하다. 글씨를 한 폭의 그림으로 담아낸 것 같다. 서예의 조형미와 예술성의 극치다.

이 편액에는 원교라는 두인과 왼쪽에 이광사인이란 명호 두 방을 찍었다. 오른쪽과 왼쪽의 공간을 보완해 균형미를 도모한 효과가 절묘하다. 명필은 글씨를 잘 쓸 뿐만 아니라 관지와 낙관을 장법의 한 수법으로 활용하는데 이는 그 전형적인 시례다.

비림으로 발길을 옮긴다. 추사秋史 김정희金正喜가 짓고 쓴 '백파율사비'

사진⑤⑥를 완상하기 위함이다. 비림은 일주문에서 경내로 들어오는 중간쯤의 오른편 숲 속에 있다. 일주문을 통과해서 제일 먼저 들러보는 답사코스지만 승용차로 경내 주차장까지 온 탓에 순서가 바뀌었다.

'화엄종주백파대율사대기대용지비華嚴宗主白坡大律師大機大用之碑'인 이른바 백파율사비는 비림의 맨 앞에 있다. 그런데 비석이 엊그제 세운 듯 고풍스런 맛이 전혀 없다. 안내판을 읽어 보니 2008년 본래의 비석을 성보 박물관으로 이관하고 지금의 비석은 조금 작게 줄여 모각해 세운 것이었다. 무분별한 탁본으로 비석의 훼손을 막기 위한 조치다. 이 비석은 밤낮없이 탁본하는 사람이 몰려 한때는 탁본을 못하도록 비면에 콩기름을 발라 비면이 반짝반짝 빛났다.

백파율사비 옆에 있는 '화엄종주설파당대사비華嚴宗主雪坡堂大師碑' 사진⑦⑧가 명문에 명필이다. 비문은 번암樊巖 채제공蔡濟恭1720~1799이 짓고 글씨는 성당惺堂 김돈희金敦熙1871~1937가 예서로 썼다. 그런데 번암은 정조 시대의 명재상이고 성당은 일제시대에 활동했다. 함께 비문을 짓고 쓸 수가 없다. 자세히 보니 비문은 번암이 병진년1795 3월에 지었고 글씨는 갑자년1922 1월에 썼다.

그런데 설파가 어떤 인물이기에 영의정이었던 번암이 비문을 지었을까. 상언尙彦 설파1707~1791는 17세에 선운사로 출가해 연봉蓮峰과 호암虎巖으로부터 법을 받은 화엄의 대가였다. 법계로 보면 서산대사의 7세손이다. 번암은 비문을 통해 설파의 인품과 학식을 이렇게 적었다.

"해인사에 봉안돼 있는 화엄판본은 서로 달라 보완이 필요했다. 설파는 모든 판본을 일일이 교합해 80권본의 정본을 만들어 낙안樂安의 징광사澄

 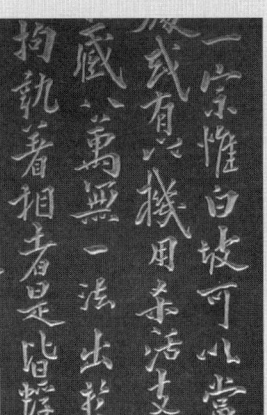

백파율사비 사진⑤   백파율사비문 사진⑥

설파당대사비 사진⑦   설파당대사비문 사진⑧

光寺에 봉납했다. 그 후 영조 46년1770 징광사에 불이 나 판본이 모두 소실돼 버렸다. 설파는 소실된 판본을 다시 조성할 때 이전의 80권 내용을 기억력에 의존해 구술하는 놀라운 재주를 보여 다시 판각하는 공력을 발휘했다."

번암은 비문에서 설파를 화엄의 대가이자 화엄의 충신이라고 극찬했다. 추사가 화엄종주라고 높이 평가한 백파가 설파의 제자로 화엄의 전통을 이었다. 설파는 경술년1790 세수 85세, 법랍 66세로 영각사靈覺寺에서 입적했다.

추사는 '화엄종주백파대율사대기대용지비'라는 비석 전면의 15자에 백파의 위상을 함축적으로 표현했다. 화엄은 화엄학이고 종주는 우두머리를 뜻한다. 화엄종주는 화엄학에 정통해 으뜸이라는 의미다. 백파대율사의 백파는 긍선의 법호이고 대율사는 계율을 철저히 지킨 큰스님을 말한다. 추사는 우리나라에 끊겼던 계율을 백파가 다시 명맥을 일으켜 세웠다고 평가했다. 대기는 깨달아 얻은 큰 진리로 마음의 청정함을 뜻한다. 대용은 마음의 광명으로 큰 작용을 일으킨다는 뜻이다. 종합하면 백파가 교·선·율을 모두 갖춘 최고의 스님이라고 칭송한 비문이다.

비석의 뒷면은 추사의 학문적 깊이가 어느 정도인지 가늠할 수 있는 명문이다. 또한 추사체의 정수를 감상할 수 있는 명필이다. 백파白坡 긍선亘璇 1767~1852은 선강법회를 통해 선문에 큰 자취를 남긴 선승이다. 특히 50세에 지은 삼종선을 논한《선문수경禪文手鏡》은 명저이면서 당시 불교계에 커다란 논쟁을 일으켰다. 백파는《선문수경》에서 삼종선을 격에 따라 의리선, 여래선, 조사선으로 구분했다.

그러자 일지암에 기거하던 초의艸衣 의순意恂1786~1866이 반박하고 나섰다. 초의는 교와 선은 다르지 않으며 조사선이 여래선보다 우위에 있지 않고 입각처가 선이면 조사선이고 교이면 여래선이 된다. 즉 깨달으면 교가 선이 되고 미망에 있으면 선이 교가 된다. 그러면서 선을 조사선, 여래선, 격외선, 의리선 등 네 가지로 나누어 설명한 《선문사변만어》를 저술해 백파와 논쟁을 벌였다.

당대 최고의 학승인 백파와 초의의 논쟁에 유마거사인 추사가 호기 있게 끼어 들어 초의를 거들었다. 추사와 백파의 논박은 서신을 통해 주고받았다. 추사가 먼저 백파에게 《선문수경》의 오류를 지적한 서신을 보내자 백파는 추사에게 13가지를 들어 논증한 답신을 보냈다. 이 서신을 받은 추사는 백파 논지를 15가지 오류로 나눠 조목조목 비판했다. 이른바 《백파망중 15조》이다.

"스님의 제2의 망중은 정자, 주자, 퇴계, 율곡의 학설을 끌어들여 유불을 비유하니 이렇게 무엄한 자를 일찍이 보지 못하였다. 이는 곧 개소리 쇠소리를… 참으로 하룻강아지 범 무서운 줄 모르는 꼴과 다름없다."

망중 제1부터 15까지의 문투가 이와 같이 거칠고 도도하다. 백파와 그 문도를 아울러 힐난하고 있어 놀랍다. 추사의 학식이나 인품을 감안하면 차마 입을 떼기가 민망할 정도다.

《백파망중 15조》가 담긴 서신은 현재 전해지지 않는다. 다만 이 서신을 읽은 백파는 "그 양반, 반딧불로 수미산을 태우려고 덤비는 군"이라며 웃어넘겼다고 한다.

추사는 백파를 먼저 보내는 자신의 마음을 비문 말미에 이렇게 담았다.

가난해서 송곳 꽂을 땅도 없으나 기운은 수미산을 누를 만하네
어버이 섬김을 부처님을 섬기는 것과 같이 하니
참으로 진실한 가풍이구나
그 이름 긍선이여! 더 이상 무슨 말을 할 수 있으랴

《백파망증 15조》의 거친 어투와는 달리 아주 공손하고 품격 있는 문장으로 백파에 대해 최대한 존경의 예를 표시했다. 백파를 심하게 비판했던 무례가 고수의 세계에서만 통하는 신실한 학문적 논쟁이었음을 확인할 수 있다. 추사가 글씨만 잘 쓴 명필이 아니라 유불선에 폭넓은 식견을 가진 학자의 면모를 함께 보여준 번득이는 문자향을 여기서 읽을 수 있다.

이 비문은 추사가 69세1855에 썼다. 타계하기 불과 1년 전이다. 추사체가 가장 무르익은 시기의 대표적인 문장이자 글씨다. 비문의 앞면 글씨는 추사체의 해서로 방정함과 엄격함이 최고조에 달했다. 뒷면의 글씨는 행서에 해당하지만 해서와 초서를 뒤섞어 자유분방하면서 활기찬 필치를 구사했다.

이 비문 글씨를 보면 획의 가늘고 두터움, 길고 짧음, 강하고 약함, 곧고 구부러짐, 성글고 빽빽함, 건조하고 습함, 마르고 살찜 등이 서로 달라 변화무쌍하다. 마치 바다에서 잔물결과 큰 파도가 동시에 일어나는 형상이다. 그런가 하면 고래가 심호흡을 하면서 토해내는 물기둥 같다. 벌레 한 바가지를 풀어놓은 것처럼 각 글자와 획이 꿈틀꿈틀 살아 움직이는 형상이다. 한마디로 신필이다.

비문에는 '대大, 불不, 용用, 지之' 등의 글자가 몇 번씩 중복되고 있는데

모두 자형을 달리해 썼다. 왕희지가 《난정서蘭亭序》에서 20여 자나 되는 '지之'의 자형을 모두 달리 쓴 것과 같다.

백파율사비의 비문에 적혀 있는 건립 시기는 1858년이다. 추사가 타계한 지 2년 후로 무언가 착오가 있다. 마지막 부분인 '완당학사 김정희 찬 병서'나 '숭정 기원년 후 넷째 무오년 오월 일립'은 추사의 친필이 아닌 것이다. 비문의 마지막 줄도 자세히 보면 '불不' 등의 자형이 추사 친필과 다르다. 행간의 수사도 어색하다.

유홍준은 《나의 문화유산 답사기 1》〈선운사 편〉에서 서예가이자 감식가인 청명 임창순에게 들었다며 추사 글씨가 아니라고 적었다. 청명은 이 정도 수준의 추사체를 구사할 수 있는 사람으로 조희룡趙熙龍을 지목했다고 한다.

조계산 송광사
꽃보다 아름다운
선승과 선객의 묵적

무소유를 삶의 실천과 수행의 선지로 삼았던 법정 스님이 2010년 3월 11일 서울 성북동 길상사 행지실에서 열반에 들었다. 세상 나이 78세, 불가 나이로는 55세다.

법정의 다비식은 열반한 지 사흘 후에 전남 순천시 송광면 조계산 송광사에서 아주 조촐하게 치러졌다. 송광사 답삿길에 오른 날은 법정의 다비식이 열리기 하루 전이다. 법정의 법구가 길상사에서 송광사로 운구되는 날이다. 큰스님의 마지막 가는 길을 지켜보고 그가 오랫동안 수행했던 송광사를 답사하고 싶은 마음이 불현듯 생겨 무작정 길을 나섰다. 한창 물이 오른 남도의 봄은 답사의 덤으로 염두에 뒀다.

생전에 법정은 이렇게 말했다. "내가 죽으면 거창한 다비식이나 장례 의식을 치르지 마라. 입던 승복 그대로 입혀서 즐겨 눕던 대나무 침상에 뉘어 그대로 화장하라. 사리 따위를 수습하려 들지 마라. 더욱이 시줏돈 거둬서 탑 같은 것은 절대로 세우지 마라." 준엄한 당부이자 유언이었다.

스님의 유언대로 수의는 입었던 승복으로, 관은

대나무 침대로 대신했다. 그의 법구는 이런 상태로 다비장으로 운구됐다. 그리고 "스님, 불 들어 갑니다"라며 피워 올린 연화煙火 속으로 사라졌다. 스님의 다비장은 연화蓮花로 장엄할 것으로 예상했지만 연화煙火만이 피어 올랐다. 이보다 더 향기롭고 아름다운 연화蓮花가 또 있을까.

 스님의 유골은 사리를 수습하지 않고 송광사 불일암과 성북동 길상사, 그리고 강원도 오대산 오두막에 뿌려졌다. 생전에 정을 붙이고 지냈던 곳이다. 스님은 그렇게 툭툭 털고 한 줌의 흙으로 돌아갔다. 스님이 쓴 책대로 '아름다운 마무리'였다. 그리고 스님이 생전에 쓴 글도 함께 묻혔다. 《무소유》《아름다운 마무리》《살아 있는 것은 다 행복하다》《한 사람은 모두를, 모두는 한 사람을》《일기일회一期一會》《산에는 꽃이 피네》《인연 이야기》 등이 스님의 유언에 따라 더 이상 내지 않는다.

 송광사는 법정과 같은 당대의 시대적 등불로 추앙받는 고승 대덕을 많이 배출해 승보종찰이라고 부른다. 부처님佛, 가르침法, 승가僧 즉 사찰의 삼대 요소 가운데 '승僧'의 으뜸을 상징한다.

 송광사는 신라 말 혜린慧璘이 창건했다고 한다. 당시는 송광산松廣山 길상사吉祥寺였으며 절 규모는 100칸쯤 됐다. 고려 시대에 들어 보조普照 지눌知訥이 9년간1197~1206 대규모 중창불사로 절의 면모를 새롭게 하고 절 이름을 수선사修禪社로 바꿨다. 송광산이 지금의 조계산으로 바뀐 것도 이즈음이다. 지눌은 수선사를 정혜결사의 도량으로 삼고 수많은 대중을 지도해 승보종찰의 기틀을 마련했다. 수선사가 현재의 송광사로 바뀐 것도 지눌이 생전에 주도한 정혜결사에서 연유한다.

 과연 승보종찰 송광사에는 어떤 명필이 있을까. 결론부터 말하면 아쉽게도 큰 기대를 할 수 없다. 임진왜란과 정유재란 등 각종 전란과 화재, 6.25전쟁을 거치면서 철저하게 훼손된 탓이다. 1990년대 말까지 대규모 중창불사만도 아홉 차례나 이뤄졌으니 그 피해가 얼마나 심했는지 짐작이 간다.

그렇다고 송광사에서 명필을 전혀 만날 수 없는 것은 아닐 것이다. 누구의 글씨를 만날 수 있을지를 상상하며 경내로 향한다.

향긋한 봄 기운을 만끽하며 주차장에서 10여 분쯤 올라가니 하마비下馬碑사진①가 반긴다. 엄정 단아한 해서로 썼다. 이 하마비는 송광사가 절 중의 절이라는 상징적 표식인 것 같다. 하마비에서 바라본 일주문사진②은 송광사의 사격에 비해 아주 소박하고 아담하다. 기둥이 장대하지도 않고 주춧돌이 크지도 않다. 불보종찰 통도사와 법보종찰 해인사가 입구부터 거대한 산문을 세운 것과 아주 대조적이다.

일주문에는 두 개의 사액이 걸려 있다. 앞에는 '대승선종조계산송광사 大乘禪宗曹溪山松廣寺' 사진③란 현판이 걸려 있다.

하마비사진①

큰 글씨로 쓴 '대승선종'을 중심으로 '조계산'과 '송광사'를 양쪽으로 나눠 썼다. 모두 세 줄로 된 별난 구성이다. 똑같은 해서에 석봉체의 일반적인 서법이다. 청색 바탕에 금박을 입혀 청아한 멋이 물씬하다. 조용하지만 강하게 승보종찰의 사격을 표현해냈다.

일주문 뒤쪽에는 '승보종찰조계총림

일주문사진②

대승선종조계산송광사사진③

승보종찰조계총림사진④

'僧寶宗刹曹溪叢林' 사진④이란 또 하나의 문액이 걸려 있다. 자세히 보면 각 글자의 크기가 다르지만 자형의 대소를 적절하게 안배해 그 차이가 드러나지 않는다. 서예에서 빚어낼 수 있는 조형미이자 신묘한 장법이다. '보, 종'의 '宀'의 포치가 일주문 처마 지붕을 형상화한 것 같다. 왼쪽에 김충현인金忠顯印 일중一中이란 음양각 도서 두 방이 찍혀 있다. 일중의 예서로 서미가 질박하다.

일주문 오른편 담장 안에 있는 작은 전각은 척주당滌珠堂사진⑤과 세월각洗月閣사진⑥이다. 죽은 이의 위패를 잠시 이곳에 안치하고 재를 지내기에 앞서 신령을 깨끗하게 씻는 곳이다. 척주당은 '주珠'가 구슬을 의미하고 있어 남자용이고 세월각은 '월月'로 보아 여자용이다. 죽은 이를 남녀로 구분해 혼령을 깨끗하게 씻도록 만든 남탕과 여탕인 셈이다. 편액은 퇴색했지만 글씨만은 정갈하다.

일주문을 따라 길 왼쪽 계곡에 흐르는 개울이 신평천이다. 신평천에 놓인 무지개다리 위의 회랑에 우화각羽化閣이란 편액이 보인다. '우화'는 번데기에서 날개가 돋아 나온다는 뜻이다. 일주문을 넘어 회랑을 통해 연화의 세계로 들어간다는 의미를 담았다. 깊은 의미에 비해 우화각 편액의 서미는 떨어진다.

우화각 아래 신평천 맑은 물에 일품의 글씨가 비친다. 침계루枕溪樓사진⑦이다. 점, 가로·세로획, 갈고리, 치킴, 삐침, 짧은 삐침, 파임에 이르기까지 시원하면서 호쾌하게 구사했다. '목木' '수氵' 특히 '계溪'의 '氵'는 점을 주먹만 하게 꾹꾹 눌러 찍었으면서도 크기와 간격이 조화롭다. 찐빵을 빚기 위해 밀가루 반죽을 알맞게 한 개씩 떼어낸 것 같다. 시냇물을 베개로 삼는

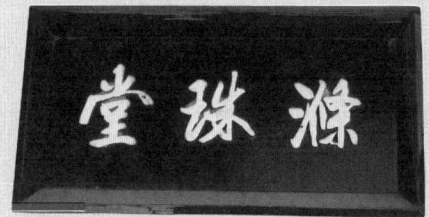
척주당 사진⑤

세월각 사진⑥

신평천가에 있는 침계루 사진⑦

다는 의미대로 풍류가 물씬하다.

회랑 서쪽 전각은 거울처럼 맑은 물가에 자리 잡은 집이라는 의미의 임경당臨鏡堂이다. 여기에는 육감정六鑑亭과 삼청권각三淸倦閣이란 편액이 달려 있다. 육감정은 부드럽고 유연한 서법을 구사했다. 창암체의 전형이다. 다만 창암蒼嵒 이삼만李三晩의 진작으로 확인할 수 있는 증거가 없어 아쉽다. 왼쪽의 관지가 빼곡하게 쓰여 있으나 단청의 잘못으로 판독이 어렵기 때문이다. 육감정이란 육근六根, 즉 눈·귀·코·입·몸·마음을 지혜롭게 새겨보는 정자라는 뜻이다. 이곳에서 맑은 신평천을 거울삼아 자신의 모습을 비춰보면 저절로 무언가를 깨닫게 될 것 같은 분위기다.

임경당과 침계루 사이로 난 통로를 지나면 대웅전 구역이다. 대웅보전大雄寶殿 현판이 한눈에 익다. 필획이 자로 잰 듯이 균밀하면서 유려하다. 일주문 사액을 쓴 일중 김충현의 글씨다. 일중은 해서와 행서에 뛰어났는데 대웅보전은 해서로 썼다. 이 현판은 송광사 8차 중창 때인 1988년에 쓴 것이다.

대웅보전 왼편에 있는 승보전僧寶殿 편액도 일중이 해서로 썼다. 무딘 붓으로 죽죽 그은 것처럼 무미건조해 보이지만 그 속에 숨긴 다양한 변화를 통해 일정하게 구사한 간가가 신묘하다. 승보종찰의 사격을 담은 편액의 의미에 걸맞은 묘품이다. 승보전은 대웅보전을 새로 지으면서 옛 건물을 그대로 옮겨놓았다. 일중은 법정이 17년 동안 머물면서 수행했던 불일암佛日庵 편액도 절제 있는 예서로 담아냈다. 막대기에 먹물을 찍어 쓴 것처럼 필획이 무디다.

불일문佛日門은 수선 구역의 출입문이다. 그러나 일반인의 출입은 제한

된다. 스님의 수행 정진을 방해할 수 있기 때문이다. 이 선원에는 정혜결사를 다짐한 200여 명의 스님이 정진 수행하고 있다. 송광사의 승보종찰 위상은 이런 승풍 진작이 끊임없이 이어져 지켜지고 있는 것이다.

불일문 편액은 두꺼우면서 필치가 부드럽다. 후덕한 인품이 숨어 있는 모양새다. 강약과 곡직을 적절히 구사해 음양의 조화를 도모했다. 왼쪽에 병자류하丙子榴夏라는 관지가 있으나 누구의 글씨인지를 밝히는 명호가 없다. 사중에선 용은龍隱 완섭完燮이 1936년 썼다고 전해온다.

수선 구역 내 국사전國師殿에는 송광사가 배출한 16국사의 영탱을 모셨다. 이들은 송광사를 승보종찰의 위상을 다진 선승으로 고려부터 조선 초까지 임금을 자문하는 국사를 지냈다. 송광사의 사실상 창건주인 보조국사를 시작으로 청진淸眞, 진명眞明, 원오圓悟, 원감圓鑑, 자정慈靜, 자각慈覺, 심당諶堂, 혜감慧鑑, 자원慈圓, 혜각慧覺, 각진覺眞, 정혜淨慧, 홍진弘眞 그리고 고봉高峯에 이르기까지 모두 16명이다.

국사전 편액은 필획에 별다른 변화를 주지 않고 서법의 정형을 구사했다. 국사전을 상징하는 위엄에 허물이 되지 않도록 기교를 부리지 않았다. 오른쪽에 '세경자중간눌사歲庚子重刊訥史'라는 관지가 보인다. 눌사 최농복崔農福이 1900년에 썼다. 상주 남장사의 교남강당嶠南講堂이 눌사가 쓴 편액이다.

설법전說法殿 편액은 '법法'의 'ⅰ'에서 볼 수 있듯이 침계루의 서풍이 연상된다. 하지만 전혀 다른 글씨다. 왼쪽에 원광圓光 경봉鏡峰이란 명호가 선명하게 찍혀 있다. 시서에 능했던 경봉의 선필이다. 제8차 중간불사를 주도했던 구산九山 수련秀蓮이 경봉에게 부탁해 받았다고 한다. 중후하면서 유려한 서미에서 선기가 가득하다. 수선사 구역의 선원에 걸려 있는 수선사修禪社 현판도 경봉의 선필이다. 설법전과 마찬가지로 중후하고 유려한 멋에서 선승의 인품을 읽을 수 있다.

송광사가 표방해온 선종의 기본 이념은 조사 숭배와 법맥 계승이다. 선종은 조사가 열반하면 그 유골을 명당에 안치하고 탑을 세워 일문을 열었다. 또한 사리탑 인근에는 선문종찰을 상징하는 탑전을 세웠으니 송광사 부도전浮屠殿이 여기에 해당한다.

송광사 경내의 남쪽 대나무 숲을 지나면 부도암이 나오고 이 암자 편액이 부도전이다. 입구에는 무용無用1651~1719, 영해影海1668~1754, 풍암楓巖1688~1767을 비롯한 근대의 계룡溪龍1913~1995까지 계보에 맞춰 29기의 부도가 안치돼 있다. 또한 묵암墨庵1717~1790, 용운龍雲1813~1888 등의 공덕비와 불일보조국사감로지탑佛日普照國師甘露之塔사진⑧, 송광사사원사적비松廣寺祠院事蹟碑사진⑨ 등 5기의 비석이 있다.

이 중 불일보조국사탑비가 가장 관심이 간다. 비가 처음 건립된 것은 고려 강종 2년1213이다. 당시 비문은 문인 김군수金君綏가 짓고 글씨는 유신柳伸이 썼다. 보창寶昌이 1211년에 글씨를 새겨 2년 만에 건립했으나 임진왜란 때 귀부만 남고 훼손됐다. 현재의 비는 숙종 4년1678 백암栢庵 성총性聰이 원래의 비문을 다시 새겨 중건한 것이다. 전면에는 보조국사의 행장 등을 담은 처음 비문 내용을 그대로 새겼다. 뒷면에는 중건 배경과 건립에 참여한 승려와 시주자의 이름을 적었다. 당시 시주자가 500여 명이라고 기록돼 있는데 그 이름이 아주 재미있다.

이씨막금李氏莫今, 정씨애개鄭氏愛介, 조개동趙介同 차옥돌시車玉乭屎, 선담

불일보조국사감로지탑비 사진⑧

송광사사원사적비 사진⑨

사리宣淡沙里, 덕금이德今伊 등으로 이름이 낯설고 어색하다. 아마도 서민이었던 모양이다.

보조국사탑비 비문을 쓴 유신은 고려 문종에서 숙종까지 5대를 섬기면서 청렴과 충의를 지킨 명신이다. 또한 김생金生, 최우崔瑀, 탄연坦然 등과 함께 신품 사현으로 불리는 명현이다. 서체로 보면 행서와 초서를 잘 썼다.

'송광사사적비'는 고려와 조선의 제일가는 명찰로 유래가 깊은 송광사의 16국사 등 그들의 법맥을 명확하게 정리해놓았다. 비는 숙종 4년 백암 성총이 보조국사탑비와 함께 건립했다. 비문은 조종저趙宗著가 짓고 글씨

비림사진⑩

는 낭선군朗善君 이우李俁가, 전액은 낭원군朗原君 이간李偘이 냈다. 비문 앞면은 해행서로 보이지만 흘림이 있는 해서로 봐야 한다. 뒷면에는 건립에 관여한 사람을 일목요연하게 정리했는데 보조국사탑비에 보이는 생소한 이름이 여기에도 등장한다.

하산길에 일주문 왼쪽 산비탈에 있는 비림사진⑩을 살펴본다. 이곳에는 송광사가 배출한 근·현대 고승 대덕의 기적비가 자그마치 17기가 서 있다. 비문을 짓고 쓴 사람들이 선승이자 문인이요 명필이다. 각각의 기적비에는 각기 다른 문자향이 가득하다.

'벽담대선사비명碧潭大禪師碑銘'은 규장각 전제관을 지낸 윤희구尹喜求가 비문을 짓고 성당惺堂 김돈희金敦熙가 비문과 전액을 썼다. 옆에 있는 '설운대선사비명雪雲大禪師碑銘'의 비문과 전액 역시 성당의 솜씨이다. 비문은 규장각 부제학을 역임한 정만조鄭萬朝가 지었다. 설운은 송광사의 제6차 중창 불사를 주관했다. '기봉대선사비명奇峯大禪師碑銘'도 성당이 비문과 전액을 썼으며 비문은 여규형呂圭亨이 지었다. '두월대종사비명斗月大宗師碑銘'의 비문은 윤희구가 지었다. 비문의 글씨는 정대유丁大有가, 전액은 염재念齋 송태회宋泰會가 썼다. 염재는 '환해대선사비명幻海大禪師碑銘'의 비문을 짓고 썼으며 전액은 강진희姜進熙가 돌렸다. 염재는 이 지방 출신의 서예가로 호남 지역에 많은 글씨를 남겼다. '등계대화상비명登階大和尙碑銘'의 비문과 전액도 염재의 글씨다. 이 비문은 이건창李建昌이 지었다.

'기산대종사비명綺山大宗師碑銘'은 용은龍隱 완섭完燮이 비문을 짓고 직접 비문을 썼다. 또 '용운대종사비명龍雲大宗師碑銘'의 비문은 금명錦溟 보정寶鼎의 선필이다. 이 비문은 조성희趙性憙가 지었으며 전액은 서정순徐正淳이 돌렸다.

'부휴당대선사비명浮休堂大禪師碑銘'은 특별히 눈여겨볼 만하다. 비문은 백곡白谷이 찬하고 전액은 염재가 냈다. 그리고 비문은 동농東農 김가진金嘉鎭1846~1922이 썼다. 동농은 예조판서를 지낸 김응균金應均의 아들이지만 서자로 태어난 탓에 하위직 관리로 맴돌았다. 그에게 관운이 열린 것은 40대 중년 시절이다. 갑오경장으로 적서 차별이 철폐되면서 40세의 뒤늦은 나이에 과거에 급제한 것이다.

이후 일본 외교관을 거쳐 농상공부 대신, 충청 관찰사, 규장각 대제학을 지내 서자로는 드물게 고위직에 올랐다. 한일합방 이후 남작 작위를 받기도 했지만 1919년 상하이로 망명, 임시정부 고문을 지내며 독립운동에 가담한 애국지사다. 그의 장남 김의한과 며느리 정정화가 독립운동에 투신한 공로로 서훈을 받았으며 손자인 김석동도 광복군으로 활약했다. 독립운동가로 일가를 이룬 셈이다.

동농은 해서와 행서에 뛰어났다. '운달산김용사雲達山金龍寺' 사액과 덕휘루德輝樓 편액, '천등산봉정사天燈山鳳停寺' 사액이 그의 친필이다. 모두 활달한 행서로 썼다.

송광사 비림은 전서 감상에 특별한 묘미를 즐길 수 있다. 각 비석의 제액은 각각의 독특한 전서로 돌렸다. 비문이 풍화를 용케도 견뎌 판독이 가능한 것도 답사객에게는 행운이다. 전서는 쓰기도 어렵지만 해독이 힘들어 해서와 행서로 진화해 오늘날에는 보기 힘든 서체다. 하지만 조선 초기만해도 전서는 보편적으로 사용됐다. 세종은 반드시 전서를 쓰고 읽을 수 있어야 관리로 임용했고 승진 조건으로 삼았다. 그리고 모든 공문서에는 전서로 새긴 인장을 쓰도록 했다. 전서에 문외한이면 출세의 길이 막혔던 셈이다. 서예가 차츰 한자에서 멀어지는 오늘날에는 전서가 아예 외면당하는 실정이다. 하지만 전서를 알지 못하면 서예의 높은 안목을 키울 수 없다.

17 희양산 봉암사
최치원·혜강, 천년 명필이 창연한 결사도량

18 가야산 해인사
팔만대장경 보위에 정심을 쏟은 혼필

19 영축산 통도사
선필과 명필이 예불하는 불보종찰

20 금정산 범어사
금빛 고기 유영하는 금정에 편 필화

강원

경상

14 오대산 월정사
문수성지를 장엄한 경봉, 한암, 탄허 묵적

15 황악산 직지사
임진왜란 승장 사명대사 필적은 없지만

16 안동 도산서원
올곧은 선비 정신 묻어나는 퇴계의 길

오대산 월정사

문수 성지를 장엄한
경봉 · 한암 · 탄허 묵적

강원도 오대산은 전설의 산실이다. 산속 구석구석마다 숨은 사연이 전설로 화현해 전해지고 있는 게 오대산이다. 오대산을 이루고 있는 다섯 개의 산봉우리가 그렇고 산과 바위의 이름에 담긴 내력이 전설과 같다. 산속에 있는 월정사와 상원사, 암자, 그리고 이곳에 주석했던 선사와 얽힌 이야기는 하나하나가 신화고 전설이다.

오대산의 '대臺'는 산림이 우거져 있지 않아 사방이 확 트여 있는 산봉우리를 뜻한다. 말하자면 오대산은 다섯 개의 민둥산이 어울려 만든 산이다. 각각의 방위별로 동대산, 두로봉, 상왕봉, 비로봉, 호령봉이 주봉이다. 이들의 옛 이름은 각각 만월滿月, 기린麒麟, 장령長嶺, 상왕象王, 지로地盧다. 또한 동대에 관음암, 남대 지장암, 서대 수정암, 북대 미륵암, 그리고 중대에는 사자암의 암자가 있다. 이 중 관음암과 지장암만이 옛 이름 그대로고 현재 서대는 미타암, 북대는 나한당이다. 명칭에서 알 수 있듯이 오대산은 문수보살을 추앙하는 화엄 불국 사상의 터전이다.

오대산은 산과 물이 깊어 지명의 의미대로 불국정

토로 제격이다. 이쯤 되면 명찰이 빠질 리가 없고 명찰에는 큰스님이 나오기 마련이다. 이 때문인지 오대산 월정사와 상원사 현판과 주련은 고승 대덕의 선필로 가득하다. 근대 한국 불교의 선승인 경허鏡虛, 한암漢巖, 탄허呑虛 등의 법필이 편액과 주련으로 주렁주렁 걸려 있는 선필의 전당이다.

월정사에서 선필과의 첫 만남은 일주문의 '월정대가람月精大伽藍사진①'이다. 탄허가 행초서로 쓴 보기 드문 승품이다. 가람은 절을 의미한다. 월정대가람은 월정큰절이다. 일주문 현판은 '오대산월정사'로 산과 절 이름을 병기하

일주문 월정대가람사진④

는 게 일반적이다. 하지만 월정사 문액은 이 격식을 깼다. 문수 성지의 선풍에서나 나올 수 있는 파격이다.

월정사의 명칭에 대한 유래는 정확히 알려져 있지 않다. 동대에 해당하는 만월산과 산속의 수정암에서 '월'과 '정'을 따 월정사라고 불렀다고 한다. 또 월정사의 터가 마치 반달 모양인 데서 차용했다고도 한다. 그런가 하면 만월산의 정기를 받고 있어 월정사라고 붙였다는 이야기도 있다. 월정사의 명칭이 어디에서 유래했던 '달月'과 깊은 연관이 있는 것만은 공통 사항이다.

일주문 현판에서 '월月'자를 보면 옆으로 비스듬히 누워 있다. 상현달의 형상이다. 월정사가 달에서 연유했음을 조형적으로 담아냈다. 왕희지는 용필론에서 이렇게 말했다.

"자획에는 쓰러뜨리는 것과 세우는 것이 있고 기울이고 비스듬하며 옆으로 눕히기도 한다. 또한 작고 크게, 길고 짧게도 한다."

일주문 현판은 왕희지의 용필론에 정확히 부합한다. 그러나 비스듬히 누워 있는 '월'자에서 느낄 수 있듯이 어딘지 모르게 짜임새가 엉성해 보인다. 혹시 결구에 잘못이 있는지, 장법에 문제가 있는 것은 아닌지를 찬찬히 살펴봐도 빈틈이 없다. '월'자가 오른쪽으로 기울어진 데 대련해 '람'자는 왼쪽으로 조금 눕혀 균형을 도모한 기묘한 장법에 저절로 감탄사가 나온다. 허허실실 통달한 서법이니 범인이 금방 알아챌 수가 있겠는가.

일주문 현판은 두꺼운 필획과 무딘 파임이 기이하고 호탕하다. 세상의 풍파를 이겨내며 문수성지를 지켜온 선승의 기상을 고승의 노련한 선필로 함축해 담아낸 것이다. 한마디로 탄허체의 압권이다. 다만 금색 단청의 일부가 뭉쳐 있어 신체를 손상한 것 같아 아쉽다. 단청을 너무 두껍게 한 탓으로 보인다.

월정사 경내는 남북이 짧고 동서가 길다. 이런 지형에서 월정사는 핵심 공간인 법당, 즉 적광전寂光殿을 남향으로 배치하고 앞에 9층탑과 보장각을 차례로 세웠다. 남북이 짧고 보니 법당에서 금강연 앞까지 전각을 세울 공간이 넓지 않다.

이 때문에 일주문에서 사천왕문, 금강문에서 적광전은 동쪽으로 비켜 세웠다. 일주문에서 시작된 천년의 숲길을 따라 올라가면 천왕문天王門 사진②에 닿는다. 대개의 천왕문이 단아한 해서인 것과 달리 행초서로 썼다. 육질이 단단한 서미가 인상적이다. 탄허의 선필이다. 천왕문에 걸려 있는 행초서의 '오대산월정사五臺山月精寺' 편액 사진③도 탄허의 법필이다. 골기만이 드

오대산월정사 천왕문

천왕문사진②

천왕문 오대산월정사사진③

러난 필세가 붓으로 쓴 게 아니라 전나무 가지를 꺾어 조립해놓은 것 같다. 한 자 한 자에 산과 계곡, 바위, 고목을 동양화 기법으로 그려낸 형상이다.

천왕문 다음에 나오는 누각에는 금강문金剛門이 아닌 금강루金剛樓사진④라는 편액을 걸었다. 단층이 아니라 2층 형식이기 때문이다. 편액은 운포雲浦 정병철丁炳哲이 썼는데 그의 글씨로는 보기 드문 행초서다. 탄허의 행초서와는 서미가 사뭇 달라 감상의 맛이 새롭다.

금강루 오른쪽의 양지바른 자리에 아담한 한옥 한 채가 있다. 사무실로 쓰이는 해행당解行堂사진⑤이다. 담헌潭軒 전명옥全明玉이 예서로 쓴 편액을 달았다. 필획이 매우 두껍고 비백이 확연하다. 거친 페인트용 붓으로 쓴 것 같은 느낌이다. 장작을 패 던져놓은 듯한 조형미가 일품이다. 상원사의 소림초당少林艸堂사진⑥도 담헌이 썼다. 해행당과 똑같은 장법이다.

담헌은 스스로 지은 '머엉'이란 호를 즐겨 썼다. 멍하다는 뜻이다. 못난 글씨, 다시 말해 희화적인 글씨를 추구한다는 의미다. 이런 취향은 스승인 근원 구철우1904~1989가 "자네가 추구하는 글씨가 이런 것이냐"며 불쑥 던진 창암체에 영향을 받았다고 한다. 당시 그 글씨가 그리도 못나 보였는데 알고 보니 창암蒼巖 이삼만李三晩이 일흔의 나이에 쓴 신필임을 알고 서예에 눈이 번쩍 열렸다고 한다. 담헌은 이때부터 못난 글씨 쓰기에 전념했다.

월정사의 금당은 적광전사진⑦이다. 현판의 명칭으로 보면 비로전이나 대적광전과 같아 주불은 비로자나불이어야 한다. 하지만 석가모니불을 모셨다. 대웅전이란 현판이 걸려 있어야 올바르다. 실제로 이곳에는 대웅전이란 현판을 걸었다가 1964년 만화萬花가 중창불사를 한 후 적광전으로 바꿨다. 탄허가 창설한 오대산 수도원의 정신을 살리고 비로자나불이 결사의

금강루사진④

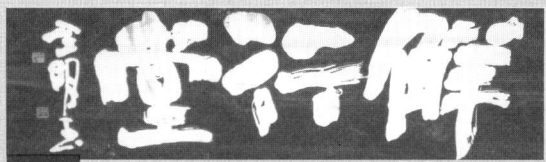
해행당사진⑤

소림초당사진⑥

적광전사진⑦

핵심 경전인 《화엄경》의 주불이기 때문이다. 석가모니불을 봉안하고 법당 명칭만을 바꿔 비로자나불을 모신 것으로 상징한 셈이다.

탄허는 한암漢巖1876~1951의 제자다. 한암은 1925년 '천고에 자취를 감춘 학이 될지언정 춘삼월에 말 잘하는 앵무새의 재주는 배우지 않겠다'며 오대산에 들어왔다. 이후 입적할 때까지 27년 동안 산문 밖을 나가지 않았던 선승이다. 조계종 초대 총무원장에 추대되었을 때도 오대산에 머물렀다. 그러면서도 일제 탄압 아래에서 조선 불교를 지켜냈다. 선승이 지닌 법력의 힘이 아니면 불가능한 일이다.

그 스승에 그 제자라고 할까. 탄허 역시 학승이자 근대 불교계에 명망이 높았던 선승이었다. 그는 불경뿐만 아니라 경학에도 밝았다. 장자와 주역은 당대 최고로 꼽혔다. 스스로 국보라고 자부했던 양주동梁柱東 박사가 탄허와 장자학을 논한 후 그의 해박한 지식에 감복해 넙죽 엎드려 절을 올려 답례했다고 한다. 그 정도로 학식이 높았다.

속명이 김금택인 탄허가 출가한 인연은 아주 재미있다. 사서삼경에 통달했던 금택이 오대산 상원사에 주석하고 있던 한암의 명성을 듣고 1932년 한 통의 편지를 보냈다. 청년 유학자의 편지를 받은 한암은 문장과 필체가 너무 뛰어나고 진지해 곧 답신을 했다. 이렇게 시작된 두 사람의 서신은 3년간 20여 통을 주고받았다. 마침내 금택이 1934년 10월 오대산 상원사로 한암을 찾아가 불문에 귀의했다. 그리고 한암의 제자로 15년 동안 보좌하며 선과 교의 가르침을 받았다.

학승으로서 탄허는 《화엄경합론》을 번역한 게 큰 업적의 하나로 꼽을 수 있다. 경經 120권, 논論 150권 등 모두 270권인 《화엄경합론》 번역은 무려 15년에 걸쳐 원고지 6만 2500여 장으로 탈고했다. 번역 불사가 얼마나 힘들었던지 탄허는 시력장애와 오른팔이 마비되는 고초를 겪었다. 이 번역은 스승인 한암이 유언으로 당부했다고 한다.

또한 탄허는 만화와 함께 6.25전쟁으로 소실된 월정사와 상원사의 중건 불사를 일으켰다. 탄허는 이때 새로 지은 전각의 현판과 주련을 직접 써 장엄했다. 그래서 월정사와 상원사에 탄허체가 일색이다. 탄허의 글씨는 일필휘지의 빠른 필법으로 초서를 잘 구사했다. 이런 그의 글씨는 힘이 있고 유려한 심의가 담겨 있다. 청정한 목소리로 설법하는 느낌이 든다.

월정사에는 탄허의 글씨가 너무 많아 사찰의 현판과 주련에서 풍기는 위엄과 장엄한 분위기는 떨어진다. 하지만 탄허의 다양한 선필을 한곳에서 감상할 수 있는 것은 큰 즐거움이다. 대강당大講堂과 설청구민說聽俱泯, 적광전 현판과 주련, 용금루湧金樓 그리고 삼성각三聖閣사진⑧ 편액과 주련이 그의 글씨다. 모두 행초서로 썼지만 서미에서 풍기는 맛과 멋은 제각기 다르다.

예를 들어 적광전 현판과 주련 글씨를 보면 운필이 춤을 추는 것과 같은 리듬감이 있다. 큰 글씨로 쓴 적광전 현판은 아주 강하고 힘차면서 폭이 넓다. 반면에 네 기둥에 걸려 있는 주련은 운필의 폭이 좁다. 먹의 농담을 적절히 조절하고 오른쪽과 왼쪽, 아래와 위의 필획은 굵고 가늘이 선율이 흐르는 것 같다. 필세가 빠르고

삼성각사진⑧

불유각 사진 ⑩

느린 것도 두드러진다.

대강당은 탄허가 경전을 강의하던 강원으로 월정사의 청정도량이다. 이 강당에 걸려 있는 정법보

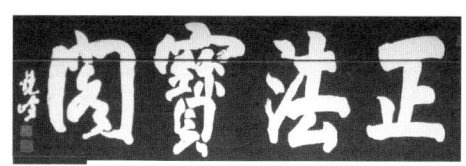

정법보각사진⑨

각正法寶閣사진⑨은 정진 수도하는 스님들에게 죽비를 내리치는 조형성과 예술미가 묻어난다. 언뜻 보면 서툰 글씨로 보이지만 보면 볼수록 천진난만하다. 청정하고 무욕의 심의를 담아낸 듯이 아무런 꾸밈이 없다. 두인과 왼쪽 하단의 방과 그리고 관지에 경봉鏡峰이 썼다고 적었다.

적광전 뒷편의 개산조당開山祖堂은 월정사를 창건한 자장율사의 진영을 모신 사당이다. 진영은 1804년 제작된 통도사본을 바탕으로 최근에 제작한 것이다. 전각의 편액은 무딘 붓으로 꾹꾹 힘 있게 눌러 쓰면서 빠른 운필에서 파생한 비백이 일품이다. 조형성과 예술성으로 볼 때 한 폭의 유화를 방불한다. 왼쪽에 소헌紹軒 정도준鄭道準이란 관지가 보인다. 한글에도 뛰어난 소헌은 경복궁 홍례문, 창덕궁 진선문과 숙장문, 수원성 운한각, 유여택, 집사청 등 근래에 복원된 고궁과 전각의 현판에서 많이 볼 수 있다. 경남 지역에서 서예가로 활동한 정현복鄭鉉福이 그의 선친이다.

우물의 보호각에는 부처님의 젖이라는 불유각佛乳閣사진⑩이란 재미있는 편액이 걸려 있다. 한 모금의 물일지라도 부처님의 자비심이 나온다는 선문의 의미가 담겨 있다. 파임과 파세, 기필과 수필, 그리고 운필에서 표현해낸 상형미가 재미있다. 바로 어머니 젖무덤에서 젖이 나오는 모양을 연상하게 한다. 소헌다운 서법이다.

상원사는 월정사 일주문에서 월정사 경내를 거쳐 가는 아름다운 천년 숲길의 막다른 지점에 위치해 있다. 월정사에서 상원사로 이어지는 25리 길은 묵은해를 보내고 새해를 맞는 연말연시에 삼보일배의 특별한 행사가 열린다. 월정사 앞마당에서 임제식을 한 후 낮 12시에 출발해 세 걸음 걷고 한 번 절하는 삼보일배 방식으로 상원사까지 가는 행사다. 상원사까지는 대략 3000배를 자연스럽게 하게 된다. 중간에 1시간 정도의 저녁 식사 시간을 합쳐 10시간쯤 걸려 상원사에는 밤 12시쯤 도착한다. 이렇게 상원사에 도착해 떡국으로 밤참을 먹고 문수전과 중대암, 적멸보궁에서 새해 소망을 빈다. 체력이 되면 새벽을 도와 비로봉에 올라 새해 일출을 맞이할 수도 있다. 이 행사는 2007년 월정사 주지인 정념 스님을 비롯한 20여 명의 스님이 시작했다. 사중에 이 소식이 알려지면서 참가자가 매년 크게 늘고 있다. 월정사의 현대판 전설의 시작이다.

월정사와 상원사는 오대산의 산 깊숙이 위치해 있어 전란 때마다 그 피해가 막심했다. 그중에서도 6.25전쟁 때는 이 지역이 아군과 적군이 밀고 밀리면서 치열한 전투를 벌였다. 그때 월정사는 물론 산내 암자가 대부분 소실되고 말았는데 상원사만은 용케도 전화를 모면했다. 당시 상원사에 주석하고 있던 한암이 배짱 있는 기지를 발휘한 덕분이다.

북한군의 근거지였던 오대산 산내의 모든 시설을 불태우라는 명령이 떨어졌다. 이 명령을 받은 한 국군 장교가 상원사를 불태우려 하자 한암이 가로막았다. 그리고 법당에 가부좌를 틀고 앉아 자신은 부처님의 제자이니 법당을 지키는 게 임무라며 꼼짝하지 않았다. 절을 지키려는 한암의 의지에 감복한 장교는 상원사의 문짝을 마당에 모아 불태우는 것으로 대신했다. 그래서 상원사를 온전하게 보전할 수 있었다.

한암은 상원사를 홀로 지키다 법당의 부처님 앞에서 가부좌를 튼 채 입적했다. 꼿꼿이 앉아 입적한 한암의 모습은 사진으로 남아 있다. 이 사진은 상원사 문수전에서 친견할 수 있다.

상원사 동종에 새겨진 신라인 글씨는 오대산 답사의 백미다. 신라 성덕왕 24년725년에 만들어진 동종은 에밀레종인 선덕대왕 신종보다 45년 앞선다. 동종에는 주조 내력을 기록한 글씨가 양각돼 있다. 1300여 년 전 신라인이 쓴 글씨를 생생하게 감상할 수 있는 것이다. 종면에 새긴 악기를 연주하는 비천상이 명작이고 청량한 종소리는 천하일품으로 꼽힌다.

종은 원래 경북 안동 인근의 사찰에 있었는데 조선 개국 후 안동 도호부 문루로 옮겨졌다. 이후 세조가 상원사를 중건하고 봉안할 종을 찾던 중 이 종이 선정돼 예종 원년1469년 상원사에 이안됐다.

청량선원사진⑪

상원사 법당은 문수동자상을 모신 청량선원淸凉禪院사진⑪이다. 청량선원은 오대산이 일명 청량산이라고 불리는 데서 유래한 이름이다. 이 법당은 금강산 마하연의 건물을 모방해 1947년 중창했다. 청량선원에는 상원사上院寺사진⑫라는 탄허가 쓴 행초서의 또 다른 현판이 걸려 있다. 이 현판의 '상'자는 결가부좌를 틀고 정진 수행하는 수도승의 모습처럼 보인다. 어떻게 보면 법당 앞에 있는 2기의 '고양이 상'의 자태와도 유사하다. 의도적으로 상형성을 강조해 쓴 것으로 짐작된다.

상원사 문수전文殊殿사진⑬ 현판도 뛰어난 조형성을 자랑한다. 필획이 비후 장대한데도 둔해 보이지 않고 오히려 활달한 느낌이 든다. '문文'의 자형은 청량선원 앞에 있는 '고양이 상'과 많이 닮았다. 서예가 추구하는 조형성의 산물이다. 서예를 그림으로 볼 수 있는 좋은 사례다.

천하제일의 명당이라는 적멸보궁은 상원사에서 30분쯤 걸린다. 가파른 산길이지만 산림이 우거진 데다 청량한 기운이 가득해 그다지 힘들지 않다. 적멸보궁은 형세로 보면 두로봉, 상왕봉, 호령봉, 비로봉, 동대산 등 오대산의 산봉우리의 한 가운데에 위치해 있다. 사방을 감싸고 있는 각각의 산봉우리가 마치 연꽃과 같다. 적멸보궁은 연꽃의 꽃심에 해당하는 명당에 터를 잡았다.

하산길에 들른 월정사 성보 박물관에서 기대보다 훨씬 값진 명필들을 만났다. '오대산상원사중창권선문五臺山上院寺重創勸善文'은 반드시 감상해야 한다. 이 글은 세조 10년1464년 왕사인 혜각존자 신미信眉가 학열學悅, 학조學照 등과 함께 상원사를 중창하면서 세조의 만수무강을 빌기 위해 지었다. 중창권선문의 말미에는 신미, 학열, 학조 등의 서명인 수결을 찍었다. 중창불사에 심혈을 기울인 손길이 아직도 살아 있는

청량선원 앞에 있는 고양이상

느낌이 든다.

권선문에는 상원사 중창불사에 세조가 쌀, 무명, 배, 철 등을 보내면서 쓴 글도 있다. 여기에는 세조와 세자빈, 왕세자의 수결과 도장이 찍혀 있다.

상원사사진⑫

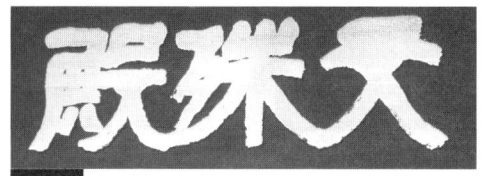
문수전사진⑬

글은 각각 한문과 함께 한글로 쓰여 있다. 한글은 훈민정음 제정 이후 가장 오래된 필사본이다. 한글 연구는 물론 한글 서예 연구의 귀중한 자료다.

황악산 직지사
임진왜란 승장 사명대사
필적은 없지만

황악산은 최고봉인 비로봉을 중심으로 동서로 1000미터 가량 높이의 운수봉과 형제봉이 사이좋게 어울려 만든 산이다. 황악산의 북쪽이 충청도요, 남서는 전라도, 그리고 남동에는 경상도가 위치해 있다. 영남과 호남, 충청도가 한 개씩의 산봉우리를 세워 만든 모양새다. 여기서 북동으로 올라가면 소백산에 이르고 반대로 남서로 내려가면 덕유산을 거쳐 땅끝 마을에 닿는다.

경북 김천시 대항면 운수리 황악산 직지사는 임진왜란 때 일주문을 포함한 대부분의 전각이 철저하게 파괴됐다. 직지사에서 출가한 사명四溟 유정惟靜1544~1611이 승병을 이끌고 왜군을 크게 격퇴한 데 대한 분풀이로 절집을 모두 불태운 것이다. 이 때문에 직지사에는 오래된 전각이나 사명의 흔적이 남아 있지 않다. 하지만 아무리 훼절됐어도 명찰에 명필이 없을 리가 만무하다.

직지사는 '동국제일가람황악산문東國第一伽藍黃嶽山門'이란 명필 문액이 길손을 맞는다. 장중한 맛이 풍기는 해서로 여초如初 김응현金膺顯의 득의필이다. 황악산의 '황'은 청, 적, 황, 백, 흑의 오행 가운데 중앙을 상징한다. 직지사는 해동의 중심부에 위치한 으뜸가는 가람이라는 뜻에서 동국제일가람이란 문액을 걸었다.

일주문에 걸려 있는 '황악산직지사黃岳山直指寺사진①'는 운필이 여유롭다. 간가결구에 빈틈없는 짜임새는 서법의 전형에 한 치의 어긋남이 없다. 필획이 매우 굳세면서 고풍스럽다. 오랜 세월 수도한 고승의 엄정한 자태를

직지사일주문사진①

닮았다. 왼쪽에 경인하절庚寅夏節이란 관지와 함께 조윤형인曺允亨印이란 낙관이 찍혀 있다.

일주문 다음에는 불이문에 해당하는 자하문紫霞門이 나온다. '자紫'는 자금색으로 저녁노을과 같이 붉은 기운이 서린 황금색을 의미한다. 불가에서는 부처님을 상징하는 색이다. '하霞'는 안개를 말한다. '자하'는 부처님의 기운이 안개와 같이 피어오르는 형상으로 불국정토를 뜻한다. 이 편액은 필획이 굵고 굳세다. 단단히 단련된 운동선수의 근육을 연상하게 한다. 여름철 냇물의 세찬 물길을 치고 올라오는 물고기처럼 힘과 생동감이 넘친다. 관지나 명호가 없어 누가 썼는지를 알 수 없어 아쉽다.

직지사는 일주문 다음에 뜬금없이 대양문大陽門사진②이 나온다. 본래 해탈문이 있었는데 중수 과정에서 대양문만세루大陽門萬歲樓 아래에 있던 대양문을 옮겼다고 한다. 문 이름만 바뀐 것이니 가람 구조의 정형을 벗어난 건 아니다.

대양문사진②

대양문은 글자 그대로 '큰 빛으로 들어가는 문'이다. 진리의 세계로 들어감을 뜻한다. 편액 왼쪽에 청명제青溟題라는 관지가 보인다. 청명 임창순任昌淳1914~1999이 행서로 썼다.

청명은 독학으로 한학과 금석학, 서지학, 서예를 익힌 한학자이자 서예가다. 그는 21세 때 중등교원 자격시험에서 국사와 국어과에서 수석과 차석으로 합격했다. 이런 인연으로 대구에서 한때 교사로 재직했고 고려대와 성균관대, 한림대 교수를 역임했다. 특히 청명은 1963년 서울 종로구 낙원동에 태동고전연구소를 세워 한학의 대중화에 앞장섰다. 1974년에는 경기도 남양주시 수동면 지곡리에 지곡서당을 열고 한학 전문가를 양성했다. 청명이 세운 한학 교육기관은 지금도 한학도에게 문이 열려 있다. 청명이 해설한 금석문은 많이 있지만 그가 남긴 글씨는 아주 드물다.

직지사 천왕문天王門사진③은 고려 태조 19년936에 능여能如가 창건했다. 그 후 여러 차례 중수해 현재는 정면과 측면이 각각 3칸으로 비교적 규모가 크다. 문 높이가 매우 높고 편액 아래에 무서운 귀신상이 있어 이채롭다. 반면 안쪽 천장에는 아름다운 비천상으로 장엄해 눈길을 끈다. 비천상은 보기만 해도 소름이 끼치는 우락부락한 사천왕상과 묘한 대조를 이룬다. 귀퉁이에 태극무늬를 장식한 것은 무슨 이유인지 궁금하다.

천왕문 편액은 그동안 누구의 글씨인지 알려져 있지 않았는데 얼마 전

천왕문사진③

일당一堂 이완용李完用1858-1926의 친필이라는 기록이 나왔다. 1927년 발간된 이완용의 전기인《일당기사一堂紀事》에 그가 66세이던 "다이쇼大正 12년 11월원문에는 月이 日로 잘못 판각됨 25일 김천군金泉郡 직지사直指寺에 2종의 편액을 서송書送써서 보냄하다. 직지사의 대웅전과 천왕문의 판액板額이다"746쪽라는 구체적인 기록이 발견된 사실이 언론에 보도됐다.《일당기사》에는 이완용이 직지사 대웅전 이외에 창덕궁 함원전을 비롯한 10종의 현판 글씨를 썼다

는 기록도 있다.

이완용은 한때 규장각에 근무하며 각종 외교문서와 어제 등을 정서하는 서자관을 지냈다. 당대의 명필이었던 것이다. 《일성록》의 건양 1년1896을 보면 덕수궁 숙목문肅穆門 현판 글씨를 쓸 서자관으로 이완용이 강찬姜瓚과 함께 올라 있다. 광무 8년1904에는 중화전상량문 서자관에 추천됐고 이에 앞서 광무 3년1899에도 고종이 전주완산비문全州完山碑文을 이완용이 쓰도록 지명했다는 내용이 《승정원일기》에 보인다. 필력으로 보면 이완용은 당대의 명필이 분명하지만 매국적인 친일 행적으로 인해 좋은 평가를 받지 못한다.

소식蘇軾은 "글씨는 그 사람의 됨됨이를 반영한다書像其人"고 했고 유희재劉熙載는 "글씨가 곧 그 사람이다書與其人"라고 했다. 또 구양수歐陽修는 "단지 글씨만 아끼지 말고 서자의 됨됨이를 봐야 한다愛其書者 兼取其爲人也"고 말했다.

사람과 글씨가 별개가 아니라 하나라는 의미다. 이완용이 서재가 뛰어났다 하더라도 사람 됨됨이가 올바르지 않았던 탓에 그의 글씨는 좋은 평가를 받을 수가 없다. 서예의 아름다움은 마땅히 심정, 인정, 필정, 서정으로 인식하는 게 아니던가.

서예가로서 이완용의 친일 행적은 일본 나가사키현 쓰시마 이즈하라에 있는 코쿠분지國分寺 공동묘지에도 남아 있다. 이 공동묘지에 있는 고쿠분쇼타로國分象太郎 묘비가 이완용의 친필이다. 이 묘비명은 '종삼위훈일등국분상태랑지묘從三位勳一等國分象太郎之墓'이다. 비명 왼쪽 아래에 '후작 이완용서候爵李完用書'라고 새겼다. 쓰시마 출신의 고쿠분쇼타로는 이토 히로

부미 총독의 통역관을 맡아 한일 강제 병합에 중요한 역할을 한 인물이다. 그는 이런 공로로 조선 왕족을 관리하는 이왕직 차관까지 올랐다. 이완용이 이런 고쿠분쇼타로의 묘비명을 썼으니 얼마나 일제와 친밀했는지를 알 수 있다.

만세루 사진④

대웅전 사진⑤

천왕문에서 대웅전으로 가려면 만세루萬歲樓사진④를 지나야 한다. 본래 이곳에는 법구사물이 있었는데 범종은 대웅전 서편의 범종각에 걸었고 법고, 운판, 목어 등은 황악루黃嶽樓로 옮겼다. 만세루와 황악루 편액은 해서에 가깝다. 편액 왼쪽에 일중一中 김충현金忠顯이란 명호 두 방이 선명하다. 일중은 직지사 문액을 쓴 여초의 형으로 둘은 형제 서예가로 유명하다.

직지사 대웅전大雄殿사진⑤의 본래 명칭은 대웅대광명전大雄大光明殿이다. 석가모니불과 비로나자불을 모두 주불로 모셨던 까닭이다. 현재는 대웅전이란 현판에서 알 수 있듯이 석가모니불을 중앙에 안치하고 좌우에 아미타불과 약사여래불을 모셨다. 이 현판은 그동안 누구의 글씨인지 알려져 있지 않았는데 천왕문과 함께 이완용이 썼다는 기록이 나왔다. 문화재위원회가 대웅전을 보물로 지정하는 문제를 논의할 때 이완용이 쓴 현판 때문에 적지 않은 논란이 벌어지기도 했다.

박정희 필 사명각사진⑥

사명각사진⑦

대웅전 동편의 삼성각三聖閣은 청남菁南 오제봉吳濟峰의 빼어난 행서다. 필획을 굵고 가늘게, 비수를 적절하게 조절했다. 음양의 조화를 도모하면서 조형미를 감안한 서법이다. 획수가 상대적으로 적은 '삼三'의 필획은 굵게 구사하되 상·중·하 획의 굵기를 달리했다. 나머지 두 글자는 획의 비수를 조절해 치밀한 간가를 구사했다. 오른쪽 어깨를 추켜올린 게 이채롭다. 오제봉인吳濟峰印 청남菁南이란 명호가 보인다.

삼성각 아래에 있는 응향각應香閣은 해행서로 결구가 치밀하다. 왼쪽에 무인육월일戊寅六月日 달성객제達成客題라는 관지가 있다. 응향각 주련은 낯익은 추사류의 전형이다. 석재石齋 서병오徐丙五의 친필이다. 서미로 보아 응향각 편액도 석재의 글씨로 추정된다.

사명각四溟閣사진⑥⑦은 직지사가 배출한 큰 스님인 사명대사의 영정을 봉안한 전각이다. 경내의 중심 지역에 있으면서도 나무로 둘러싸여 있어 별채처럼 아늑하다. 정면 3칸, 측면 2칸의 사명각은 정조11년1787에 건립됐다. 그 후 몇 차례 중수 과정을 거쳐 1975년 대폭 정비됐다. 편액 글씨는 이때 박정희 전 대통령이 친필로 남겼다. 날카롭고 힘찬 필획은 무인의 기상이 물씬 풍긴다.

박 전 대통령은 소전素銓 손재형孫在馨1903~1981에게 지도받았다고 전해진다. 하지만 그의 글씨에 소전의 서법이 묻어 있지는 않다. 소전에게 훈수는 받아도 서법을 배우지는 않은 것으로 보인다. 그보다는 대구사범 시절의 스승인 달우達宇 김용하金容河1896~1950에게 큰 영향을 받았다는 게 정설로 통한다. 달우는 서울대 교수 등을 지내면서 시예의 대중화에 힘을 쏟았다. 그가 만든 《한글습자》는 우리나라 최초의 학습용 서예 교본이다. 달우의 셋째 아들이 김우중金宇中 전 대우그룹 회장이다.

총무처가 발간한 《박정희 치적사》를 보면 집권 18년 동안 1200여 점의 글씨를 남겼다고 한다. 매년 평균 66점을 쓴 셈이다. 실제로 박 전 대통령은 각종 기공식과 준공식, 기념식 등 현장을 방문할 때마다 적절한 내용의 휘호를 남겼다. 지금도 주요 관공서나 사회단체, 공공사업 현장에서 흔히 볼 수 있다. 아산 현충사, 세종로 충무공 이순신 장군상 등에 현판을 쓰고 민족주의를 강조했다. 재무부에는 '저축은 국력', 농협중앙회에는 '과학하는 농촌', 해병대 사령부에는 '우리청룡만세' 등 선전 효과를 겨냥한 구호성 휘호를 즐겨 썼다. 그는 '혁명완수'1962, '근검절약'1965, '총력안보'1972, '근면협동 총화단결'1974과 같은 신년 휘호를 통해 국정 좌표를 제시하기도 했다. 그가 김재규 전 중앙정보부장의 총탄에 맞아 서거한 1979년 10월 26일에도 충남 당진군 신평면 삽교천 방조제 준공식에 참석해 '삽교천유역농업개발기념탑' 비문을 마지막 유작으로 남겼다.

유홍준 전 문화재청장은 박정희 글씨를 "획의 매듭이 뚜렷하고 필획에 힘이 한껏 들어 있어 기압이 넘치는 듯한 인상을 준다. 그 기압이란 사령관의 호령 비슷해서 살기조차 느껴진다"고 평했다. 그러면서 그의 글씨를 '사령관체'로 불렀다. 한자든 한글이든 한결같이 왼쪽에서 오른쪽으로 쓴 게 또 하나의 특징이다.

사명각의 주인공인 사명은 밀양 출신으로 속성은 임任 씨다. 15세에 어머니가, 이듬해인 16세에는 아버지가 돌아가시자 직지사에서 출가했다. 그는 출가 2년만인 18세에 봉은사에서 시행된 승과에 장원급제했고 30세 때 직지사 주지를 역임했다. 약관 32세에 선종감찰이던 봉은사 주지에 천거되었으나 이를 사양하고 묘향산에 들어가 서산 휴정의 법통을 계승했다. 임진왜란이 일어나자 스승인 서산과 함께 승병을 이끌고 전장에 나가 평양성 전투에 참가하는 등 왜적을 무찌르는 데 큰 공을 세웠다.

노년의 사명은 해인사 홍적암에서 기거하다 입적했다. 광해군 3년1610 8일 26일이다. 그는 열반에 들기 전 다음과 같은 게송을 남겼다.

최근 병이 잦아 허약해진 몸 서러운데　邇來多病頭龍鍾
친한 친구들도 이미 반이나 없어졌네　親友凋零半已空
오직 구름과 소나무와 사슴을 친구 삼아　獨存雲松鹿與麇
첩첩한 이 산중에서 혼자 늙어가누나　暮年相伴老重峰

사명각에서 위쪽으로 몇 걸음을 옮기면 비로전毘盧殿이다. 비로전은 비

법화궁 사진⑧

남월료 사진⑨

로나자불을 주불로 모시는데 이 전각에는 1000개의 불상이 봉안되어 있다. 과거, 현재, 미래의 삼천불 중 현겁천불을 모셨다. 엄밀히 말하면 비로전이 아니라 천불전이다. 비로전의 천불상은 벌거벗은 동자상을 제외하고 모두 흰색이다. 첫눈에 이 동자상과 마주치면 옥동자를 얻는다고 전해온다.

비로전 편액 왼쪽에 '흑마춘완월궤홍서黑馬春翫月軌泓書'이란 관지가 보인다. 영조 때 석왕사에 주석했던 완월玩月 한궤홍韓軌泓의 선필이다. 왼쪽 삐침은 약간 가늘게, 오른쪽의 파임은 두껍고 길게 구사해 골기가 뚜렷하다.

근년에 건립된 설법전說法殿은 단층 건물로 보이지만 안에서 보면 3층의 현대식 건물이다. 이곳에 걸려 있는 법화궁法華宮 사진⑧과 산해숭심山海崇深은 안진경이 쓴 '천복사다보탑비千福寺多寶塔碑'에서 집자했다. 안양루安養樓 편액도 마찬가지다.

부처님의 드높은 덕을 선양한다는 뜻이 담긴 만덕전萬德殿은 규모가 83칸이나 되는 대형 전각이다. 이곳의 남월료南月寮 사진⑨ 편액은 1994년 건물이 완공될 때 중국불교협회 회장이던 조박초趙樸初의 글씨를 받아 걸었다. 비수가 확연하고 서미가 질박하다.

성보 박물관의 앞마당에는 석불과 석탑이 여기저기 서 있다. 깨지고 부서져 본래 모습을 잃어 못난이 같다. 하지만 세심한 손길로 잘 정돈한 덕에 전혀 흉물스럽지 않다. 일그러지고 조각이 맞지 않아 금방이라도 무너질 듯하면서도 당당하게 서 있다. 서체로 보면 소전이나 초서에 해당하지 않을까.

성보 박물관에는 눈길을 끄는 현판은 '금릉황악산직지사신건어필각문金陵黃岳山直指寺新健御筆刻文'이다. 이 현판은 정조 15년1791에 숙종과 영조의 어필을 봉안하기 위해 세운 어필각에 관한 내력을 담고 있다.

《분충서난록奮忠紓難錄》은 임진왜란 당시 사명의 상소문, 전황 보고서, 간찰 등 유고를 모아 영조 15년1739에 사명의 5대 법손인 남붕이 영조 15년 1739 표충사에서 간행한 서적이다. 원제목은 《골계도滑稽圖》였는데 남붕의 요청을 받은 신유한申維翰1681~?이 보필과 편집을 하면서 《분충서난록》으로 바꿨다고 전해진다.

이 책의 서문은 김중례金仲禮가, 어유구魚有龜는 소서를 썼다. 부록에는 사대부의 영찬 등이 실려 있고 송인명宋寅明1689~1746과 윤봉조尹鳳朝1680~1761, 그리고 편집자인 신유한의 발문으로 마감했다. 말미에는 이항복李恒福, 이덕형李德馨, 이정구李廷龜 등 당대의 문장가가 사명을 찬한 절구, 율시가 수록돼 있다.

성보 박물관에서 특히 주목되는 전적은 《남호서첩南湖書帖》사진⓪과 추사秋史 김정희金正喜의 간찰이다. 《남호서첩》은 남호 영기永奇1820~1872의 친필 서

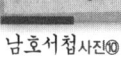
남호서첩 사진⓪

직지사추담대사비 사진⑪

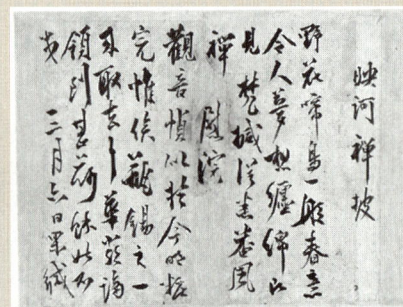
추사 간찰사진⑪

첩이다. 이 서첩은 앞뒤의 표지를 합해 18장이다. 한 면에 2자씩 34면에 모두 68자를 썼다. 한 면에 2자씩 큼직큼직하게 쓴 남호의 글씨는 거침없게 느껴지는 필세가 장관이다. 기필에서 수필까지 부드럽고 자연스럽지만 골기가 번뜩이고 강한 힘을 분출하고 있다.

남호는 철종 3년1852 철원 보개산 지장암에서 《아미타경》을 모사해 다음해 삼각산에서 이를 판각, 간행했다. 또 철종 6년1855부터 2년 동안 봉은사에서 《화엄경소초花嚴經疏鈔》 80권을 판각했다. 이때 노년을 봉은사에서 지내고 있던 추사가 경판 간행을 지원했고 경판을 봉안한 전각인 판전板殿의 편액을 썼다.

추사 간찰사진⑩은 추사가 영하映河에게 보낸 편지다. 영하가 누구인지에 대한 기록은 없지만 서신의 내용으로 미뤄볼 때 두 사람이 아주 친한 관계였을 것으로 추측된다. 서찰 끝에 과감果纎이란 관지로 보아 추사의 말년 간찰로 추정된다.

직지사 산문을 나서기 전에 미처 배관하지 못했던 비림을 둘러보니 직지사사적비直指寺事蹟碑와 추담대사비秋潭大師碑사진⑪가 우뚝하다. 직지사사적비는 직지사의 창건 내력을 새겨놓은 기념비로 조종저趙宗著1631~1690가 비문을 짓고 낭선군朗善君 이우李俁1637~1693가 단정한 해서로 비문을 썼다. 이우는 선조의 손자로 어필을 모사해 간행할 정도로 종실 출신의 출중한 명필이었다. 그는 진흥왕순수비, 황초령비, 김인문비, 경덕왕비, 분황사비 등 옛 비와 탑비, 탁본을 모아 정리한 《대동금석서大同金石書》를 편찬했다. 직지사사적비의 전액은 인조의 손자인 동평군東平君 이항李杭이 돌렸다.

이 비문의 내용은 직지사의 창건과 사명의 유래를 담았다. 이 기록을 보면 아도가 선산에 도리사를 세우면서 황악산을 손으로 가리키며 직지사를 점지한 게 아니다. 직지사는 능여가 자를 사용하지 않고 손가락으로 치수를 따져 전각과 당우를 세웠다는 유래에 무게를 뒀다. 그러나 직지사는 직지인심直指人心의 불교 본연을 상징하는 의미로 해석하는 의견이 많다. 창건 설화에 등장하는 직지와 선가의 직지가 다르지 않은 만큼 불교의 본질을 함축한 절 이름이라고 할 수 있다. 이 사적비는 거북 받침에 두 마리의 용이 마주보는 형상이 머릿돌에 조각돼 있다.

추담대사비秋潭大師碑는 직지사에 주석했던 추담秋潭 관징琯澄1702~1778의 행장을 앞면에 새기고 뒷면에는 그의 제자와 비를 건립하는 데 애쓴 이들의 이름을 적었다. 이 비는 추담이 정조 2년1778에 직지사 명적암에서 입적한 후 10년이 지난 정조 11년1787에 건립했다. 비문은 강항姜杭이 짓고 글씨와 전액은 강세백姜世白1748~?이 썼다. 강세백은 정조 16년1792 3월 경북 예안의 도산서원에서 실시한 별시에서 단 2명만을 뽑은 문과에 합격한 수재다. 추담대사비는 본래 명적암에 건립되었다가 이곳으로 옮겼다. 추담대사비는 직지사사적비 오른쪽에 있다.

서울로 가는 길에 추풍령 휴게소에 잠시 들러 경부고속도로 기념탑 앞에 섰다. 경부고속도로가 428킬로미터고 기념탑은 꼭 중간 지점인 214킬로미터에 세웠다. 추풍령 휴게소에서 기념탑까지는 77개 계단을 올라가야 한다. 이 기념탑 앞면에는 고속도로 건설을 지휘한 당시 박정희 대통령의 친필이 이렇게 적혀 있다.

"서울 부산 간 고속도로는 조국 근대화의 길이며 국토 통일에의 길이다."

장검과 단검을 번갈아 휘두른 것처럼 필획이 날카롭고 꼿꼿하다. 무인다운 풍모가 그대로 배어 있다. 서미는 아주 차갑게 느껴진다. 개성있는 글씨지만 세련된 경지에 이르지는 못해 아쉽다.

안동 도산서원
올곧은 선비 정신 묻어나는 퇴계의 길

경북 안동시 도산면 토계리 도산서원陶山書院사진①은 퇴계退溪 이황李滉1501~1570이 은거하면서 학문을 연마하고 제자를 가르쳤던 영남학파와 선비 문화의 산실이다. 이곳은 퇴계의 학문과 사상을 만날 수 있고 그의 단정한 인품과 철학이 배어 있는 '퇴필退筆'을 감상할 수 있다. 석봉石峯 한호韓濩1543~1605의 친필을 보는 즐거움도 따른다.

도산서원은 영지산을 주산으로 좌우로 동취병과 서취병이 감싸 안았다. 어머니가 두 팔로 아기를 안고 있는 형국이다. 아늑하고 정숙한 분위기가 감돈다. 서원 앞으로는 낙동강 상류인 낙천이 흐른다. 지형적으로 요산요수를 갖춰 학문하기에 제격이다.

도산서원 마당에 서면 낙천 건너편으로 누각이 보인다. 정조 16년1792 3월 도산서원에서 별시를 치룬 일을 기념해 세운 도산시사단비陶山試士壇碑다. 이 별시는 이인좌의 난영조 4년 1728 이후 60여 년 동안 영남지역 사대부를 관리로 등용하지 않았던 지역 차별을 깨는 상징적인 과거 시험이었다. 이 시험에 3000여 명이 응시했으나 단 2명만을 급제자로 뽑았다. 그중한 사람이 시서화에 뛰어났던 강세백姜世白1748~?이다. 이 비문은 정조 때 명재상인 번암樊巖 채제공蔡濟恭1720~1799이 짓고 글씨는 해서로 썼다.

지금은 안동호에 잠겼지만 이전에 도산서원 아래에는 낙천을 따라 오솔길이 나 있었다. 퇴계가 제자들과 즐겨 산책했던 길이다. 이 비탈길 옆 바위에 천연대天淵臺라고 새긴 암각서가 있다. 두 개의 암벽에 '천연'과 '대'를 따로 떼어 새겼다. 기세가 당당한 해서다. 안전사고를 염려해 함부로 내려갈 수 없도록 철책을 세워 특별히 안내를 받아야 감상할 수 있다. 도산서원 마당 왼쪽 언덕에, '천연대'라는 표지석 아래에 있는 바위다.

천연대는 선조 때 영의정을 지낸 아계鵝溪 이산해李山海1530~1600의 글씨다. 아계는 조선 명종, 선조, 광해군에 걸쳐 활동한 문장가이자 명필이었다. 그는 행·초서에 능했다. 경기도 용인의 정암조광조비靜庵趙光祖碑, 경북 경주의 회재이언적비晦齋李彦迪碑를 썼다.

도산서원사진①

도산서원의 원조는 도산서당陶山書堂이다. 을사사화1545 후 낙향한 퇴계는 계상서당溪上書堂에서 제자들을 가르쳤다. 그러나 몰려드는 제자를 수용하기에는 공간이 너무 비좁고 건물도 낡아 있었다. 새로운 서당을 세우기 위해 여기저기를 답사하던 퇴계는 지금의 자리를 적지로 지목했다. 이때가 퇴계의 나이 57세이던 1557년이다. 퇴계는 도산서당 3칸과 농운정사 8칸을 직접 설계해 1557년 공사를 시작했다. 퇴계는 서당을 착공한 다음해인 1558년 명종의 부름을 받고 관직에 나갔다. 당시 퇴계는 벽오碧梧 이문량李文樑1504~1582에게 도산서당 설계도를 주고 마무리를 부탁했다. 도산서당은 공사를 시작한 지 4년만인 1561년 완공했다. 이렇게 건립된 도산서당에서 퇴계는 8년을 기거하며 제자를 가르쳤다. 도산서원은 퇴계 사후 4

몽천사진②

년 뒤인 1574년 지역 유지와 제자가 사당과 건물을 추가로 건립한 것이다.

경관을 따진다면 30여 리 떨어진 청량산 부근이 훨씬 빼어나다. 그럼에도 퇴계가 이곳에 도산서당을 짓고 기거한 이유는 무엇일까. 퇴계는 이유를 다음과 같이 밝혔다.

"이곳은 작은 골짜기가 있고 앞으로는 강과 들이 굽어보인다. 그 경관이 그윽하고 아득하며 산림이 울창하면서 청량하다. 바위 기슭의 돌우물은 달고 차서 은둔하기에 적합하다."

도산서당사진③

퇴계는 이어 말했다. "청량산은 절벽이 만 길이나 된다. 아찔하게 깎아지른 듯 한 산골짜기를 쳐다보고 있어 늙고 병약한 사람에게는 편안하지 않다. …(중략)… 내가 청량산에 거처할 마음이 있었지만 이곳에 먼저 자리 잡은 이유는 산과 물이 함께 있어 병약한 늙은이에게 안락을 주기 때문이다."

도산서원에는 산과 물, 그리고 찬 우물이 있어 거처를 정했다는 설명이다. 그 산은 영지산이요 돌우물은 열정洌井이었을 것이다. 도산서원 마당의 오른쪽에는 버드나무가 철주에 의지한 채 힘겹게 서 있다. 수령이 수백년은 됐음직한 고목이다. 그 옆에 맑고 차갑다는 의미의 '열정'이 있다. 인접한 담 아래에는 몽천蒙泉사진②이란 또 하나의 우물이 있다. '정井'이 아닌 '천泉'은 조금 작은 우물이란 뜻이다.

몽천을 뒤로 하고 사립문을 들어서면 퇴계가 손수 설계했다는 도산서당이다. 자연석으로 축대를 쌓고 위에 건물을 올렸다. 기둥에는 세로로 내려 쓴 도산서당陶山書堂 편액사진③이 걸려 있다. 필획이 두툼하면서 짜임새가 있어 안정감이 든다. '산山'을 세 개의 산봉우리로 형상화했다. 도산서당이 완공될 때 퇴계가 쓴 친필로 전해진다. 이때가 퇴계가 61세였으니 완숙한 경지에 이른 묘품이다. 서체로 보면 예서에 가깝다. 아마 현존하는 편액 가운데 가장 오래된 예서가 아닌가 생각된다.

도산서당의 단칸방인 완락재玩樂齋가 퇴계의 침실이자 서재다. 완락재는

광명실사진⑤

농운정사사진④

북·서쪽 벽은 가로막혀 있고 동·남쪽은 트여 있다. 막힘과 트임의 이중구조를 통해 학문과 자연을 완상하는 휴식 공간의 기능을 도모했다. 동쪽 벽은 네 짝의 문이 대신하면서 곧장 마루와 연결되어 있다. 이 마루가 암서헌巖栖軒으로 제자들을 가르치던 오늘날의 교실이다. 완락재와 암서헌 편액은 선비풍의 전형이다.

맞은편의 농운정사隴雲精舍사진④는 마루방을 합쳐 방이 여섯 개로 침실 겸 공부방이다. 퇴계는 농운정사를 '공工'자 형태로 지었다. 공부에 집중하길 권유하는 뜻을 상징적으로 담았다. 동쪽 마루방이 시습재時習齋이고 서편은 관란헌觀瀾軒이다. 관란은 여울을 본다는 뜻으로 퇴계가 지었다. 흐르는 강물의 이치대로 끊임없이 학문에 열중하여 진리를 깨달으라는 의미다.

농운정사와 도산서당 사이로 난 계단을 올라가면 양편에 쌍둥이 형태의 누각이 나온다. 도산서원의 도서관에 해당하는 광명실光明室사진⑥이다. 광명은 많은 책이 서광을 비춰준다는 의미다. 정열을 쏟아 학문을 연구할 것을 당부하는 편액이다. 이 광명실 편액이 퇴계의 친필인 '퇴필'이다. 서미에서 중후한 맛이 물씬 풍긴다. 단정하고 정중하며 굳세다. 퇴계의 인품과 학식, 꼿꼿하고 깔끔한 선비상이 묻어 있다. 한 획 한 획에 절도가 있어 대유학자다운 자태가 그대로 담겨 있다.

당파를 달리했던 우암尤庵 송시열宋時烈은 퇴계의 서첩을 보고 이렇게 평했다.

"따뜻하고 편안하며 화목한 의중이 필묵에 확연히 드러나 있다. 옛 사람들의 덕성을 어떻게 언행과 사업에서만 볼 수 있는가."

글씨 속에 심획과 덕성이 그대로 드러나 있다는 평가인 것이다.

최립崔岦1539~1612은 "글씨는 마음의 그림이다. 퇴계의 글씨는 단정, 정중하고 굳세고 긴밀하다. 초서일지라도 정법을 이탈하지 않았다. 일평생 마음에서 공부를 게을리하지 않았음으로 글씨에도 그 자취가 남았다"고 평가했다. 한마디로 서즉심화書卽心畵를 추구했다는 것이다.

퇴계는 《습서褶書》에서 "자법은 예로부터 심법의 나머지일 뿐이다.字法徒來心法餘 글씨를 익히는 것은 명필을 얻기 위함이 아니니褶書非是要名書 …(중략)… 사람들이 제멋대로 비방하고 칭찬하는 것과는 상관없네不係人間浪毁譽"라고 밝혔다.

즉 글씨는 마음의 산물로 자법보다는 심법에 중점을 두었다고 스스로 평가했다. 명필이라고 무조건 답습하거나 모방하지 말고 자신의 주체성을 가져야 한다는 것이다. 퇴계는 점과 획 하나하나가 마음이요 자신이 주인인 만큼 소홀하게 쓰지 않고 정성을 쏟는 자세를 소중하게 여겼다. 실제로 퇴계는 일상적인 서간문까지도 자태가 전혀 흐트러지지 않게 단정하게 썼다. 성리학의 심성 수양의 소산이다. 말년의 퇴계는 먹색이 짙고 자형이 납작한 글씨를 썼다. 이 서체를 '퇴필'이라고 부른다.

퇴계의 친필은 감상하기가 쉽지 않다. 제자인 월천月川 조목趙穆1524~1606이 세운 월천서당月川書堂 현판사진⑥이 그의 친필이다. 이 서당은 도산서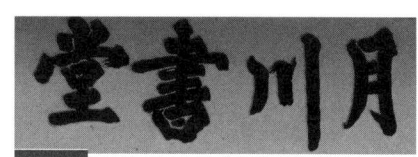

월천서당사진⑥

원 하류 쪽으로 10리쯤 떨어져 있는 다래마을에 있다. 월천서당 산모퉁이에 서면 도산서원이 지척으로 보인다. 퇴계가 손짓으로 부르면 단숨에 갈 수 있는 거리다. 현재 월천서당에는 아무도 살지 않아 잡풀만이 무성하다. 월천은 퇴계가 세상을 떠났을 때 제자와 문인이 퇴계의 상례를 집전할 것을 청했을 정도로 학식과 인품이 매우 높았다. 그는 도산서원 사당인 상덕사尙德祠에 퇴계와 함께 위패가 봉안돼 있다. 퇴계의《언행총록言行總錄》은 월천이 지었다.

유물 전시관인 옥진각玉振閣에 전시되어 있는 풍루風樓사진⑦가 퇴필이다. 본래 관풍루觀風樓라는 세 글자인데 첫 글자인 '관觀'자는 유실되고 '풍루風樓'만이 전해진다. 안동 시내의 영호루暎湖樓사진⑧에도 퇴계가 영호루의 아름다움을 시로 읊은 시판이 있다.

도산서원의 중심 공간은 전교당典敎堂이고 이곳에 도산서원陶山書院 현판

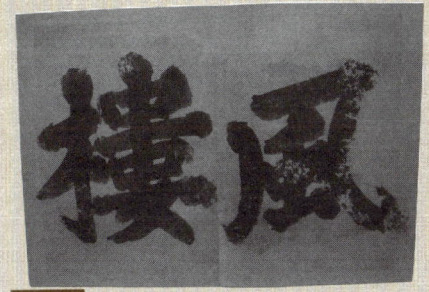

풍루사진⑦

映湖樓
客中愁思雨中多
況値秋風意轉加
獨自上樓還盡日
但能有酒便忘家
寂寞含情向晚花
懃懃喚友將歸燕
一曲淸歌響林木
此心焉得似枯槎
　　退溪 李先生

往年庚申相浩往住市廳管理壞
事見前賢詩板中退溪李先生詩
板甚小沒樣爲飄風所落不俟溫
板朱板再刻俠付于前拘處
建懷之十五年辛酉羡夏
　　　　廣州　李相浩盟手謹識

영호루의 퇴계 시판 사진⑧

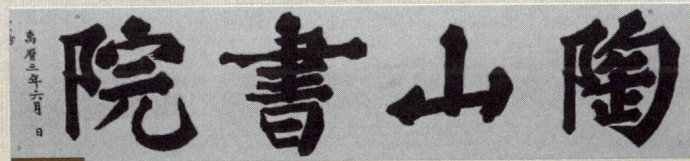

도산서원 사진⑨

사진⑥이 걸려 있다. 석봉 한호의 친필이다. '도陶'자는 질그릇에 무언가를 차곡차곡 담은 모양이다. '산山'자는 뻗어 내린 영지산과 동취병, 서취병을 그림처럼 형상화했다. '서書'자는 획 사이가 고르면서 필획을 굵고 가늘게 구사해 음양의 조화를 도모했다. 한마디로 질박하며 건실하다. 역대 서예가를 대부분 혹평했던 원교圓嶠 이광사李匡師1705~1777도 석봉을 조선의 첫째가는 명필로 꼽았으니 이 현판에 무슨 토를 달겠는가. 다만 이 현판은 석봉체 특징인 비후함이 보이지 않는다.

전교당은 유생을 가르치는 서원의 강당이다. 지금은 공부하는 유생도, 스승도, 퇴계도 없지만 벽면에 걸려 있는 현판들이 그때 그 시절을 웅변한다. 동쪽 벽면의 '숙흥야매잠夙興夜寐箴'은 아침에 일찍 일어나서 밤늦게까지 부지런히 일하고 공부하는 데 소홀함이 없도록 스스로 경계할 것을 당부한 현판이다. '도산서원유각신치제문陶山書院遺閣臣致祭文'은 정조가 재위 16년1792 직접 지은 제문이다. 이 제문은 당시 승정원 부승지인 이만수李晩秀가 정조의 왕명으로 도산서원에 와서 치제했다. 치제문 현판 글씨는 이만수가 썼다.

때마침 도산서원에는 매화꽃이 한창이다. 생전의 퇴계는 매화 사랑이 유달랐다. 퇴계는 매화를 소재로 지은 《매화시첩梅花詩帖》을 남겼다. 이 시첩에는 매화에 관한 시 90여 수가 수록돼 있다. 매화를 그냥 좋아한 게 아니라 아주 좋아한 것이다.

도산서원 답삿길은 퇴계 묘로 이어진다. 주차장 언덕길을 따라 산을 넘으면 토계교가 나온다. 토계교를 끼고 오른쪽 길을 내려가면 개울 건너에 계상서당이 있고 그 맞은편에 보이는 고택이 퇴계종택이다.

퇴계는 이곳에서 멀지 않은 양진암養眞庵 뒷산 중턱에 묻혔다. 양진암은 퇴계가 부인을 잃고 건강마저 나빠 손수 짓고 잠시 머물렀던 곳이다. 퇴계의 묘 앞에는 상석과 망부석, 묘갈이 외에 별다른 석물이 없다. 조선을 대표하는 대유학자의 학덕과는 달리 아주 간소하다.

퇴계의 묘가 조촐한 것은 그의 뜻이었다. 퇴계는 선조 3년1570 12월 8일 "매화에 물을 주어라"라고 당부한 후 눈을 감았다. 이에 앞서 12월 5일 염습을 준비하도록 했고 별세하기 나흘 전인 12월 4일에는 조카 영甯에게 이렇게 당부했다.

"조정에서 예장을 하려고 하면 사양하라. 비석을 세우지 말고 단지 조그마한 돌에 앞면에는 퇴도만은진성이공지묘退陶晚隱眞城李公之墓라고만 새겨라. 그리고 뒷면에는 향리, 세계, 지행, 출처를 간단히 쓰고 내가 초를 잡아 둔 명銘을 써라."

퇴계는 종1품의 정승을 지낸 만큼 예장으로 성대하게 치러도 무방하다. 하지만 퇴계는 청빈했던 생활대로 예장을 사양했다. 그러나 퇴계의 학덕이 워낙 높았던 까닭에 그의 장례는 유언과는 달리 예장으로 치뤘다. 신도비를 세우지 않을 수도 없었다. 이때 비문과 글씨를 누가 짓고 써야 하는가를 놓고 논의가 벌어졌다. 제자와 문인이 논의 끝에 고봉高峰 기대승奇大升 1517~1572과 매헌梅軒 금보琴輔 1521~1584에게 각각 비문과 글씨를 부탁하기로 의견을 일치했다. 고봉은 퇴계와 사단칠정론을 놓고 서신 왕래를 통해 치열하게 논쟁했던 호남의 유학자. 고봉은 퇴계의 묘갈명을 쓰면서 퇴계가 생전에 써둔 자명을 자신이 지은 글 앞에 그대로 실었다. '퇴장'의 뜻을 후세에 훼손하지 않고 온전하게 알리려는 대학자다운 판단이다. 그리고

퇴계선생묘전비 사진⑩

퇴계선생묘전비 비문 사진⑪

노송정 사진⑫

성림문 사진⑬

금보가 단정한 해서로 비문을 썼다.

금보는 이숙량李叔樑, 오수영吳守盈과 함께 퇴문삼필退門三筆로 불린 명필이다. 퇴계 비문에는 '성균관생원成均館生員 금보琴輔 근서謹書'라고 적혀 있다.

퇴계가 1560년 농암聾巖 이현보李賢輔의 아들인 벽오에게 보낸 편지를 보면 금보의 글씨가 어느 경지에 이르렀는지를 알 수 있다.

"선친농암의 행적을 후세에 길이 남기고자 한다면 한 시대의 제일가는 명필이어야 마음이 흡족할 것입니다. 여성군礪城君 송인宋寅1516~1584과 청송聽松 성수침成守琛1493~1564의 글씨를 앞설 사람이 없습니다. 또한 금보도 필력이 굳세고 건실하니 이 늙은이는 떨리고 시들어 글자 모양을 이루지 못해 비교가 되지 않을 것입니다." 그러면서 퇴계는 벽오의 청을 거절하고 금보를 추천했다.

퇴계의 묘비사진⑪에는 그가 생전에 써 둔 4언 24구로 모두 96자의 자명을 새겼다. 그는 자명에서 "나이 들어 왜 외람되게 작록을 받았나晩何叨爵, 벼슬은 사양할수록 더욱 얽혔다退藏之貞"고 적었다. 관직에 어쩔 수 없이 나갔지만 스스로의 뜻은 그게 아니었다는 심정을 담았다. 퇴계는 대과에 등과해 관직에 나갔지만 병치레 등을 이유로 70여 차례나 조정의 부름을 사양했다. 벼슬보다는 학문을 좋아했던 까닭이다.

퇴계태실은 양진암에서 청량산 방향으로 10리쯤 떨어진 예안면 온혜동에 있다. 퇴계의 조부 이계양李繼陽의 호를 따 노송정老松亭사진⑫종택 또는 마을 지명대로 온계溫溪종택이라고 한다. 노송정 대문에는 성림문聖臨門사진⑬이란 편액이 걸려 있다. 성인이 들어온 문이라는 뜻이다. 대담하고 당돌한 문액이다. 이 문호를 지은이가 학봉鶴峰 김성일金誠一1538~1593이다. 학봉은 서애西厓 유성룡柳成龍1542~1607과 더불어 퇴계학파의 일가를 이룬 유학자이자 정치가였다. 성림문중건기에는 학봉이 작명한 이유가 명확히 적혀 있다.

"예안의 용두산 밑에 온계리에 있는 문을 '성림'이라 한 이유는 그 꿈의 상서로움을 전하기 위한 것이다. …(중략)… 연산군 7년 11월 기해 진시에 퇴계 이 선생이 온계리 집에서 태어나셨다. 전날 밤 선생의 모친 춘천 박씨께서 공자가 대문에 이르는 꿈을 꾸셨다. …(하략)…"

퇴계 어머니 춘천 박씨가 공자가 대문으로 들어오는 태몽을 꾸고 퇴계를 낳았고 이런 사연을 담아 학봉은 '성인이 들어온 문'이란 뜻에서 '성림'이란 문호를 지은 것이다. 이 중건기는 김주덕金周悳이 짓고 15대손 이선교李宣敎가 썼다. 편액은 해사海士 김성근金聖根1835~1918이 해서로 썼다.

성림문을 들어서면 정면이 노송정이고 왼쪽에는 퇴계태실이 있는 온천정사, 그리고 오른쪽에 사당이 있다. 노송정老松亭에는 삼면에 해동추로海

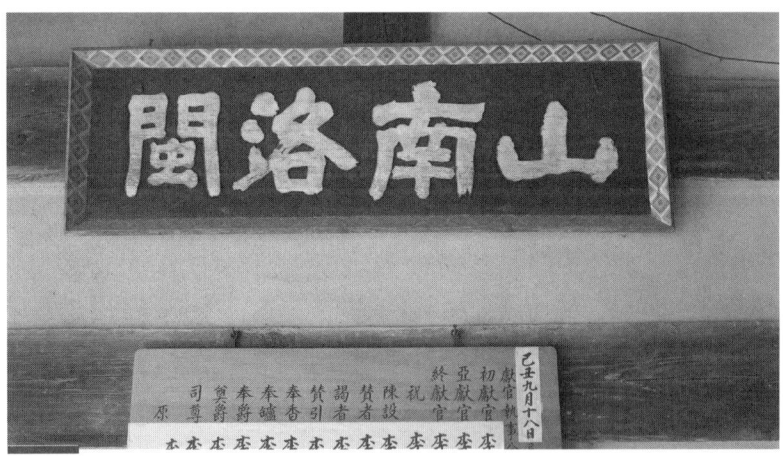

산남낙민사진⑭

東鄒魯, 산남낙민山南洛閩사진⑭, 옥루무괴玉漏無愧사진⑮ 그리고 노송정의 주인인 이계양의 시판이 걸려 있다. 해동추로의 해동은 조선을 의미한다. 추로는 공자와 맹자가 활동한 곳이다. 조선이 공맹의 적통을 이었다는 자부심 넘치는 편액이다.

옥루무괴 사진⑮

산남낙민의 산남은 태백산과 소백산 사이 즉 양백지간으로 영남 지역을 말한다. 낙민은 중국의 낙양洛陽과 민중閩中이다. 낙양은 명도明道 정호程顥1032~1085, 이천伊川 정이程頤 1033~1107 형제가 학문을 연마한 곳이다. 민중은 지금의 복건성으로 주희朱熹1130~1200를 의미한다. 정호 형제는 염계濂溪 주돈이周敦頤 1017~1073의 제자다. 낙민은 중국의 성리학자를 통칭하는 말이다. 종합하면 추로는 유학의 종조인 공자와 맹자를, 낙민은 유학의 중시조인 주돈이와 신유학을 완성한 주희를 뜻한다. 이 편액들은 공자와 맹자, 주돈이, 주희의 학문을 총집결한 곳이라는 의미를 담았다. 퇴계에 대한 극진한 존경의 표시이자 찬사다.

옥루무괴의 옥루는 방의 서북쪽 구석으로 방안 깊숙한 어두운 곳을 지칭한다. 무괴는 부끄러운 언행을 하지 않는 뜻이다. 옥루무괴는 언제나 올바른 마음 자세를 갖고 언행에 신중해야 한다는 함축적 의미가 담겨 있다. 성리학이 지향하는 마음가짐의 전형이다. 이 편액 왼편 하단에 해사海士라는 명호가 찍혀 있다.

누송정 동편 시판은 퇴계와 형인 이해李瀣가 이곳 사당을 배알하고 그 감회를 시로 읊은 내용이다. 이때 퇴계는 풍기 군수, 이해는 전라도 관찰사였다. 서쪽 시판은 노송정의 용수사에서 공부하는 두 아들 이식李埴과 이우 李堣를 위로하는 시다. 공부하는 아들에 대한 부모의 애틋한 정과 열심히 공부해 출세하는 게 효자라는 내용을 담았다.

퇴계태실의 바깥 동편에는 '온천정사溫泉精舍'라는 당호가 있고 남쪽 정면에는 구암龜巖과 지간芝澗이란 편액이 나란히 걸려 있다. 모두 해사가 행서로 썼다. 온천정사 안 마당의 단칸방에는 '퇴계선생태실退溪先生胎室사진⑮'

퇴계선생태실사진⑮

이란 편액이 걸려 있다. 마치 포동포동 살이 오른 갓난아기의 살결처럼 두툼하고 튼실하다. 보기만해도 저절로 태실이 연상돼 웃음이 나온다.

퇴계는 이 태실에서 1501년 11월25일에 태어났다. 아버지는 이식李埴이고 어머니는 춘천 박씨다. 이들 사이에는 또 의漪, 해瀣, 징澄이 있다. 모두 퇴계의 형이다. 이식은 사별한 전 부인과 사이에 3남 2녀를 두어 자녀가 모두 7남 2녀에 이른다. 이 중 퇴계가 가장 우뚝한 인물이어서 퇴계 태실로 부른다. 퇴계 태실은 안 마당으로 튀어 나왔다. 태실이 이렇게 자리 잡고 보니 안채가 답답하고 편의성이 떨어진다. 태실이 잘못 배치된 게 아닌가 하는 생각이 들지만 그게 아니다.

노송정은 경관과 풍수가 좋아 심심산골인 온혜에 터를 잡았다고 한다. 경관의 빼어남은 천석泉石이라 했고 풍수의 아름다움은 풍수지미風水之美라고 표현했다. 풍수의 아름다움은 자연미가 아니라 명당 발복에 있다는 뜻이다. 노송정은 이곳에 집을 지으면서 귀한 자식을 얻겠다는 소망으로 혈처에 태실을 잡았을 것이다. 그의 소원대로 이 태실에서 퇴계라는 대유학자가 탄생했다. 명당 발복을 원한다면 부자연스러운 집 구조로 인한 불편과 답답함은 얼마든지 감수할 수 있지 않은가.

희양산 봉암사
최치원·혜강, 천년 명필이 창연한 결사도량

경북 문경시 가은읍 원북리 희양산 봉암사는 일 년 중 석가탄신일 하루에 한해 산문을 개방한다. 청신남자淸信衲子, 속세에 있으면서 불교를 믿는 사람가 봉암사를 배관할 수 있는 단 한 번의 기회다. 벼르고 벼른 끝에 신묘년 새벽길을 달려 봉암사를 찾았다.

서울에서 중부고속도로, 영동고속도로, 내륙고속도로를 번갈아 갈아타고 2시간 남짓 달리니 문경 나들목이다. 여기서부터 봉암사 가는 길은 상쾌하다. 산과 들과 강을 가로질러 나아갈수록 산이 깊다. 때 이른 여름 햇살에 산천초목에 생기가 넘친다. 자연경관에 취한 사이 봉암사가 목전이다.

그러나 여기서부터 문제가 생겼다. 봉암사로 가는 차량이 너무 많아 길가에 차를 대고 걸어가야 했다. 그렇게 30분 쯤 걸었을까. 봉암사 진입로에는 새벽부터 몰려든 청신납자가 긴 행렬을 이루고 있다. 워낙 인파가 몰리다 보니 봉암사 진입로에서 차량 통행을 막고 그 대신 셔틀버스를 운행하는 것이다.

희양산은 참으로 웅장하다. 화강암 바위가 우뚝 솟아 이룬 산세는 한눈에 봐도 영봉이다. 산 정상에서 휘돌아 뻗어 내린 산자락은 깊은 계곡을 만들어냈다. 봉암용곡이다. 이 계곡은 아주 드물게 서출 동류한다.

봉암사 뒷산에 있는 바위가 배꼽처럼 생겼다. 도봉산 백운대를 옮겨놓은 형상이다. 바위에는 기가 응집하기 마련이고 화강암은 기가 강하다. 더욱이 배꼽은 기가 들고 나는 중심이다. 봉암사는 배꼽인 단전 아래 터를 잡은 것이다. 사람이 살기에는 기가 너무 세지만 결사도량으로는 제격이다.

희양산 영봉 아래 봉암사에는 과연 어떤 명필이 있을까. 경내가 가까워지면서 궁금증이 커진다. 봉암사 가는 길에 명필과의 첫 만남은 야유암夜遊巖사진①이다. 절 아래 마을 앞 개울가의 너럭바위에 있는 암각자다. 마을 주

조사전 오른쪽 뒷편으로 배꼽바위가 보인다

민이 옹기종기 둘러앉아 유희를 즐기기에 적합한 마당바위다. 암각문은 오랜 세월 동안 풍화에 시달렸음에도 별로 손상을 입지 않았다. 단단한 화강암이어서 세 글자 모두 뚜렷하게 남아 있다.

야유암은 춤을 추듯 경쾌한 서법을 구사했다. 저절로 어깨춤이 나온다. 봉암용곡의 맑은 물과 잘 어울리는 운치있는 글씨다. 몇 잔의 술을 걸친 후 흥겨운 마음으로 쓴 심서다.

이 글씨는 고운孤雲 최치원崔致遠이 썼다고 전해온다. 고운이 봉암사 경내에 지증대사비 비문을 지어 이 절과는 인연이 있지만 야유암이 친필인지는 확실하지 않다. 그래도 워낙 필세가 좋아 봉암사 답사는 첫 걸음부터 눈높이가 다르다.

소나무 숲 사이로 난 호젓한 오솔길을 올라가니 일주문이다. 일주문에 걸린 희양산봉암사曦陽山鳳巖寺사진② 사액은 청정한 느낌을 준다. 조계종 종

야유암사진①

희양산 봉암사
일주문사진②

정을 지닌 서암西庵의 선필이다. 필세가 부드러우면서 근엄해 저절로 정숙한 마음이 든다. 서암은 봉암결사의 산실인 태고선원의 조실로 있으면서 봉암사를 동방 제일의 결사도량으로 기틀을 세웠다. 서암은 2003년 3월 29일 입적하는 날까지 태고선원에서 선승을 지도했다.

봉암결사는 성철, 청담, 자운, 우봉 등이 '부처님 법대로 한번 살아보자'고 서원하고 결사정진에 들어간 것이 시초다. 그때가 1947년이다. 광복 후 혼란스런 사회 분위기에 불교계가 휩쓸리자 이를 바로잡아보자는 불교 정풍운동이다. 이렇게 시작된 봉암결사에는 행곡, 월산, 종수, 보경, 혜암, 도우 등 20여 명이 합세했다. 이들은 추상 같은 법도를 담은 공주 규정을 제

정진대사원오탑비 사진④

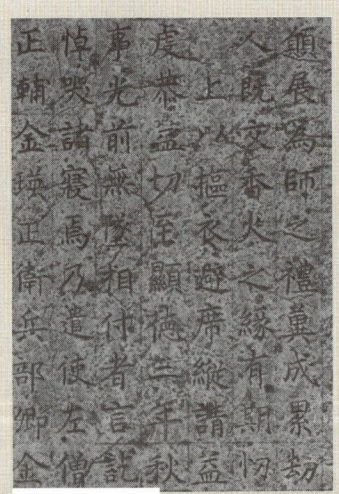
정진대사원오탑비 문 사진⑤

정하고 이를 수행의 근본으로 삼았다. 이 결사의 뜻과 정신은 봉암사의 상징으로 자리매김해 계승되고 있다. 일주문 사액은 서암이 정심을 다해 이런 결의를 담아 냈다.

봉황문사진③

일주문 안쪽에 걸려 있는 봉황문鳳凰門사진③은 형상미가 일품이다. 오른쪽 삐침을 추켜올린 모양새가 마치 봉황의 꼬리 같다. 금방 날아오를 것 같은, 암수가 짝을 짓기 위해 서로 희롱하는 모습이다. 필획에 단단한 근육이 붙어 있어 역동적이면서 근정 단아하다. 이만한 필력의 주인공이 누구인지 알 수 없어 아쉽다.

일주문 개울 건너의 산비탈에 비각이 보인다. 정진대사원오탑비靜眞大師圓悟塔碑사진④⑤다. 신라 말과 고려 초에 활동한 정진靜眞 긍양兢讓878~956을 기리기 위해 세운 비다. 그의 사후 9년만인 고려 광종 16년965에 건립됐다. 비문은 당대의 문인이자 문장가인 이몽유李夢游가 정진의 행적을 일대기 형식으로 기술했다. 비문 글씨는 장단열張端說이 썼으며 승려인 섬율暹律이 새겨 넣었다. 비면에 모눈종이처럼 정간을 치고 한 자 한 자 쓰고 새긴 정성이 경이롭다. 필세가 온화하고 부드럽고 엄정한 게 우세남 서법을 닮았다. 장단열은 광종 때에 한림원 서학박사에 오른 정치인이자 학자였다. 그는 이 비문의 글씨에서 알 수 있듯이 해서에 능했다. 장단열은 광종 26년975에 건립된 고달선원원종대사혜진탑비高達禪院元宗大師惠眞塔碑의 전액과 비문을 썼다.

정진은 고려 태조 18년 폐허 상태에 있던 봉암사를 중창불사를 벌여 대선찰의 기틀을 다진 대덕이다. 또한 그가 봉암사에서 설법할 때 3000여 명의 대중이 몰릴 정도로 법력이 대단했다고 한다. 정진에 의해 조성된 봉암사 결사도량의 전통은 보우普雨 등으로 이어지며 많은 대덕 고승을 배출하고 불교 중흥의 산실로 자리 잡았다. 그래서 일찍부터 사중에서는 출가한 승도는 절을 참배하고 도를 물을 때 꼭 봉암사를 찾았다고 한다.

정진대사비에서 오른쪽으로 난 산길을 올라가면 정진대사원오탑이 나온다. 정진의 부도탑이다. 이 탑 자리는 희양산 주봉에서 화강암 기운을 흠뻑 품은 한 줄기 맥이 뻗어 내려오다 웅크리고 멈춘 혈처다. 양쪽 계곡은 깊어 물 흐름이 원활하다. 전체적인 형세가 양주 회암사에 있는 나옹懶翁과 무학無學의 부도탑 자리와 비슷하다. 이 터가 워낙 명당으로 입소문이 난 탓에 등산객이나 참배객을 가장한 사람이 부도탑 주변에 자리를 깔고 기를 받는 모습을 흔히 볼 수 있다. 보기에 민망하고 흉한 모습이다. 정진대사원오탑에서 왼쪽 산길로 돌아가면 서암의 부도탑이다. 속인의 눈으로 봐도 자리가 좋다.

발길을 되돌려 경내로 향하니 길가에 상봉당정원선사탑비霜峯堂淨源禪師塔碑사진⑥⑦가 서 있다. 당대 문신인 이덕수李德壽가 비문을 짓고 글씨는 백하白下 윤순尹淳이 유려한 행서를 뽐냈다. 상봉대사비명이란 전액도 백하가 냈다.

흰색 대리석에 획을 깊고 얕게 파는 방식으로 새겨 필세의 힘과 방정, 필묵의 농담을 생생하게 표현했다. 부드러움과 유려함을 전혀 손상하지 않고 그대로 살려 낸 각자공의 정성에 새삼 고개가 숙여진다. 동국진체의 진수가 온전하게 녹아 있어 백하의 아름다운 서미를 온전히 감상할 수 있는

상봉당정원선사탑비사진⑥

상봉당정원선사탑비문사진⑦

비문이다. 명필에 명각이 이뤄낸 명비다.

비문 글씨의 점획은 한결같이 골육이 넉넉하다. 전절이 모나지 않고 유려하고 원만하다. 부드럽게 길게 늘인 책받침은 치마폭을 펴고 앉은 여인의 모습이 연상된다. 각각의 자형은 새색시가 예쁘게 단장하고 아름다움을 한껏 뿜낸 것과 같다. 한마디로 비문은 저녁노을 속에 한 무리의 기러기가 날아가는 형상이다.

이 비의 주인공인 상봉당 정원淨源1627~1709은 완월玩月과 추형秋馨에게 경론을 배웠고 풍담義諶의 법맥을 이은 선승이다. 그는 《화엄경》에 통달했는데 봉암사에 기거할 때 《도서都序》,《절요節要》의 과문을 지었다. 숙종 35년 1709 양평 용문사에서 83세로 열반했다.

봉암사는 임진왜란과 6.25전쟁 와중에 철저히 훼철됐다. 현재의 전각과 당우는 광복 이후 단계적인 중창불사의 산물이다. 이때 현판과 편액, 주련도 새로 걸었다. 이 중 금색전 金色殿 현판사진⑧과 주련, 그리고 금색전 뒷편의 대웅전大雄殿 현판이 감상할 만하다. 금색전은 서암의 선필이다. 살이 전혀 없이 골기만을 드러냈다. 오랜

금색전사진⑧

수련을 통해 몸과 마음에 배어 있는 심정을 담아낸 노회한 법필이다.

금색전 주련은 석재石齋 서병오徐丙五의 행서다. 금석기가 물씬 풍긴다. 비수가 확연하면서 힘차고 절제된 서미가 추사체를 방불한다. 주련은 4행 7자로 모두 28자인데 같은 글자는 자형을 달리해 썼다. 눈여겨볼 만한 장

법이다.

> 하늘과 땅 사이에 부처님과 같은 분이 없도다 天上天下無如佛
> 온 세계에 아무와도 비교할 수 없네 十方世界亦無比
> 세상의 모든 것을 내가 모두 보았으니 世間所有我盡見
> 한결같이 부처님 같은 분이 없구나 一切無有如佛者

첫 구절에서 겹쳐 나온 '천天'의 자형을 전혀 다르게 썼다. '무無'가 세 번 중복되는데 자형이 아주 상이해 한자에 익숙하지 않으면 한참을 망설여야 제대로 읽을 수 있다. '세世', '유有', '여如'는 두 번 중복되는데 유심히 살펴도 고개가 갸우뚱한다. 서법의 전형이 무엇인지를 새삼스럽게 일깨워주는 주련이다.

석재는 대구 출신의 서예가로 시서화의 삼절을 넘어 가야금, 바둑, 장기, 한의학, 문장에도 뛰어나 팔능으로 통했다. 어릴 적부터 재주가 어찌나 뛰어났던지 소문이 한양까지 흘러갔다. 기재서동奇才徐童 소식을 접한 흥선대원군이 월산궁으로 그를 불러 시서화를 직접 시험했다. 이때 서병오는 17세의 소년이었다. 서병오의 예기에 경탄한 대원군은 '석재'라는 호와 함께 화첩을 내렸다. 대원군은 자신의 호가 '석파石坡'이므로 '석'자를 돌림자로 '석재'라는 호를 지었다.

석재는 부친 서상민徐相敏이 매일같이 보내주는 종이를 철한 책에 글씨를 썼다. 그리고 부친은 서재의 글씨를 팔하八下 서석지徐錫止에게 서평을 받아 아들에게 보냈다. 석재는 이런 식으로 왕희지, 조맹부, 김생 등을 임모하며 서법을 연마했다. 30대 후반에는 안진경, 구양순, 동기창, 소동파의 서법을 익혔다. 이런 수련를 통해 자법을 터득했다.

석재는 37세와 47세 때 두 차례 중국으로 건너가 제백석濟白石, 오창석吳昌碩, 손문孫文 등 예술인과 정치인을 만나 교류했다. 이때 오창석 등은 석재를 화국지재華國之才라고 극찬했다고 한다.

재주가 너무 많았던 석재는 평생 동안 풍류에 빠져 살았다. 석재는 친가와 양가에서 상속받은 이만석지기의 재산가였지만 모두 탕진해버렸다. 이 바람에 만년의 석재는 끼니를 걱정해야 할 정도로 곤궁했다. 만석지기의 친가와 양가의 재산을 탕진한 것으로 모자라 동생 김명희金命喜의 신세를 졌던 추사秋史 김정희金正喜를 닮은 삶이다.

금색전 뒷편에는 대웅전大雄殿사진⑨ 현판이 걸려 있다. 법당 현판을 금색전으로 바꿔 걸면서 옮긴 것으로 보인다. 각 획이 매우 힘차고 당당하다. 가로와 세로의 근간이 되는 획이 더 두껍고 힘이 있어 꼿꼿해 보인다. 법당 안에 모신 부처님의 모습 같다. 쾌선快善 기성箕城1693~1764의 선필로 짐작된다.

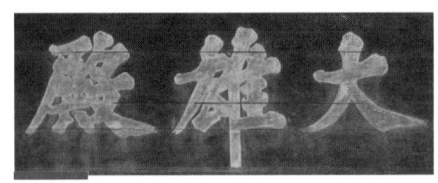

대웅전사진⑨

법당인 대웅보전大雄寶殿 현판이 눈에 많이 익다. 경주 불국사와 칠곡 송림사의 법당 현판이 '보寶'만 빠진 채 비슷하다. 속리산 법주사의 현판과는 네 글자가 모두 닮았다. 아마 법주사의 현판을 모각한 것으로 보인다.

이제 봉암사 명필 답사의 백미인 봉암사지증대사적조탑비鳳巖寺智證大師

지증대사적조탑비사진⑩

지증대사비문사진⑪

寂照塔碑사진⑩⑪ 앞에 이르렀다. 비를 감상하기 위해 기축년에 이어 신묘년에도 다시 찾았다. 기축년에는 지증대사비와 지증대사탑을 한창 보수하고 있었다. 사방에 지지대를 세우고 가림막을 설치해 비문을 감상할 수가 없었다. 사진 한 장도 찍지 못하고 헛걸음했다.

지증대사비는 숭복사비, 성주사낭혜화상백월보광탑비, 쌍계사진감선사대공탑비 등과 더불어 고운 최치원의 사산비로 꼽힌다. 지증대사비는 봉암사를 창건한 지증 도헌道憲823~882의 행적과 봉암사 유래를 자세히 기술한 부도탑비다. 비는 지증이 열반한 지 42년 후인 신라 경애왕 1년924에 세웠다. 비문은 고운 최치원이 짓고 혜강惠江이 글씨를 쓰고 새겼다. 비문을 짓고 쓴 경우는 흔하지만 글씨를 쓰고 직접 새긴 사례는 이 비가 유일할 것이다. 혜강은 당시 83세의 노승으로 분황사에서 주석했다. 고운이 비문을 지은 게 진성왕 7년893으로 추정된다. 이 비는 비문을 지은 지 30년만에 건립된 셈이다. 그 이유가 무엇인지 알 수 없다. 다만 혜강이 비에 기울인 정성이 그만큼 컸던 게 아닌가 하고 추측이 갈 뿐이다.

지증대사비는 1000년 동안 풍화를 맞은 탓에 마멸이 심하다. 여기에다 비각 안에 멀리 있어 육안으로 판독할 수가 없다. 탁본을 보면 해행서지만 해서에 가깝다. 당시에 유행하던 서체가 아니라 노승인 혜강이 스스로 익힌 자법으로 정심을 다해 쓴 흔적이 역력하다.

지증대사비는 비문이 모두 4000여 자에 달한다. 비문은 불교의 연원과 중국에서 전래한 사연, 삼국과 통일신라의 불교 유래, 지증의 행적 등을 12개 항목으로 나눠 서술했다. 특히 지증의 여섯 가지 신이한 삶과 여섯 가지 뛰어난 행적을 구체적인 사례를 들어 정리했다. 고운의 독특한 전기 서술

방식이다.

이 비문에는 또 신라 하대의 인명, 지명, 관명, 절 이름, 제도, 풍속 등도 자세히 기록되어 있다. 절 건립의 후원자와 백제의 소도에 대한 기록도 보인다. 또한 지증의 법계를 도신道信, 쌍봉雙峰, 법랑法朗, 신행愼行, 준범遵範, 혜은慧隱, 도헌道憲으로 정리했다. 신라 불교사는 물론 선종사 연구의 좋은 자료다.

지증대사비는 글씨 못지 않게 섬세한 조각과 장엄이 일품이다. 신라인의 예술적 안목이 얼마나 높은 수준에 있었는지를 확인할 수 있다. 받침돌에 새긴 거북 머리는 한 개의 뿔로 장식해 용머리 모양이다. 비 머리에는 여덟 마리의 용이 뒤엉켜 다투는 모양을 섬세하게 조각했다. 연꽃은 금방 피어나는 형상이다. 한폭의 풍경화를 보는 것 같다. 명필에 명문, 명각자, 명장엄이 어우러진 명비다.

금색전 서쪽에 자리한 태고선원은 봉암사 결사도량의 중심 공간이다. 사방에 담을 틀어 외부와의 소통을 막았다. 작은 협문인 진공문眞空門과 묘유문妙有門을 통해 출입이 가능할 뿐이다. 석가탄신일의 축일인데도 인기척조차 없어 적막감이 흐른다. 진공문과 묘유문에는 명호가 없으나 서미가 금색전과 유사하다. 서암의 선필이다.

몇 년을 벼르고 별러 찾은 봉암사이기에 내친 발길을 오솔길로 돌린다. 봉암용곡을 따라 희양산을 오르는 길이다. 군데군데 샛길의 길목을 스님들이 지키고 있다. 그 모습이 틀림없는 승병이다.

봉암용곡에는 고운이 낚시를 즐겼다는 취적대取適臺가 있고 백송담柏松潭, 백운대白雲臺와 같은 암각자도 있다. 그리고 기생이 몸을 던져 죽었다는 용연龍淵과 홍문정紅門亭, 배행정拜行亭, 태평교太平橋가 볼거리다. 대궐 터라고 불리는 곳이 있고 그 주변에 석성과 군창 기지도 있다. 신라 말 경순왕이 난세를 피해 이곳으로 행궁했다는 기록을 뒷받침하는 것 같다.

길을 되짚어 경내로 오니 점심공양이 한창이다. 참배객과 자원봉사자가 뒤섞여 시골에 큰 장이 선 것 같은 분위기다. 콩나물을 섞은 산채비빔밥에 미역국 한 그릇이 점심공양이다. 숟가락은 고추장을 퍼서 밥그릇에 쿡 찔러준다. 마당가에서 쭈그리고 앉아 먹는 점심공양이 참으로 별미다. 봉암 용곡 계곡물이 군침이라도 흘리는 듯 흰 거품을 내며 철철 흐른다.

경내를 막 벗어나는 끝자락에 화장실이 보인다. 제법 길게 줄을 서 있다. 뒷줄에 몸을 밀고 앞을 보니 동사東司사진⑫라는 편액이 걸려 있다. 생각해보니 봉암사에서 화장실 안내판을 보지 못했다. 그 흔한 해우소라는 간판도 없다. 이곳에도 두터운 종이에 해우소라고 써 임시로 세웠다. '동사'가 제 이름인 것이다.

동사사진⑫

동사는 서미가 단아하다. 사대부 집의 마루나 사랑채에 걸어도 어울릴 만하다. 그런데 가만히 보니 자형이 재미있다. '사司'의 마지막 획은 세로로 내려 긋다가 그대로 꺾어 마무리 짓는 게 원칙이다. 이렇게 내려 그은 후 붓을 떼면서 위로 추켜올려 갈고리를 만들게 된다. '동'의 자형으로 볼 때 '사'도 그렇게 써야 균형이 맞는다. 하지만 '사'의 마지막 획을 차츰 왼쪽으로 기울이며 타원형 형태로 원만하게 돌렸다. 그러고는 그대로 순행하며 아주 옅은 비백을 남겼다. 힘을 뺐지만 축 늘어지지 않고 부드럽게 마무리 지었다. 해우소에서 '큰일'을 보는 모습을 떠 올리게 한다. 이게 바로 형상미이고 필의 예술이 아니겠는가.

가야산 해인사
팔만대장경 보위어
정심을 쏟은 혼필

경남 합천의 가야산은 주봉인 상왕봉을 중심으로 두리봉, 깃대봉, 의상봉, 단지봉 등 높은 산봉우리가 어울려 형성한 웅대한 산이다. 산이 깊고 물이 깊으니 자연스럽게 경관이 아름답다. 그래서 한 시대를 풍미했던 시인 묵객이 자연을 노래한, 풍류와 해학이 넘치는 시문이 산속의 여기저기에 숨어 있다.

가야산에서 가장 먼저 만나는 명필은 고운孤雲 최치원崔致遠857~?의 시를 바위에 새긴 제시석題詩石이다. 일명 치원대致遠臺로 불리는 제시석은 홍류동 계곡의 명필을 대표한다. 홍류동은 이름 그대로 붉은 빛紅이 흐르는流 골짜기洞다. 흐르는 물이 너무 맑아 옥류동玉流洞이라고도 한다. 고운은 홍류동의 경관에 취한 감정을 이렇게 읊었다.

미친 듯 겹친 돌 때리어 첩첩한 산 울리니
狂奔疊石吼重巒
지척의 말소리조차 분간하기 어렵구나
人語難分咫尺間
시비 소리 들을까 귀를 막으니

常恐是非聲到耳

흐르는 물 시켜 온 산을 감싸네

故教流水盡籠山

바로 제시석에 새겨져 있는 시로 홍류동을 가장 홍류동답게 표현한 절세의 명문이다. 제시석은 홍류동 계곡을 따라 해인사로 올라가는 중간쯤의 오른쪽 바위에 새겨져 있다. 행초서로 썼는데 행서보다는 초서에 가깝다. 칠언절구의 4행시로 모두 28자. 첫 행은 10자고 나머지 두 행은 9자씩이다. 첫 행과 나머지 행의 글자 수에 차이가 있음에도 행간이 어색하거나 시각적으로 전혀 드러나지 않는다. 농익은 필치로 정교하게 포치했기 때문이다. 제시석의 필세는 빠른 속도감이 묻어 있다. 아마도 홍류동의 빼어난 경치에 취한 감흥이 붓 길을 멈출 수 없게 만든 것 같다.

이 글씨를 고운의 친필로 본 것은 이중환李重煥이다. 그는 《택리지》에서 "돌 위에 고운이 쓴 큰 글씨를 새겨 놓았다. 지금도 이 글씨는 금방 쓴 것처럼 완연하다"라고 했다.

그러나 이 글씨가 고운의 진작인지에 대한 의견은 분분하다. 한강寒岡 정구鄭逑1543~1620는 가야산 기행문인 〈유가야산록遊伽倻山錄〉에서 "최고운의 시 한 편을 폭포 옆 바위에 새겨 두었는데 매년 장마 때마다 거센 물결에 깎여 이제는 거의 알아볼 수 없을 정도로 마멸이 심하다. 손으로 더듬어야 한두 글자를 겨우 판독할 수 있을 따름이다"라고 했다. 그런가 하면 낭선군朗善君 이우李俁1637~1693가 편집한 《대동금석서大東金石書》에는 첫 구절인 '광분狂奔'과 마지막의 '고교故教'만이 실려 있다. 한강의 견문대로 고운의 시가 급류에 마멸되어 극히 일부만 판별할 수 있음을 알 수 있다. 종합하면 이런 결론이 나온다. 고운이 친필의 자작시를 계곡 안쪽의 바위에 새겼으나 세월이 흐르면서 마멸됐고 벼랑에 있는 지금의 제시석은 누군가가 다시 써 새긴 것으로 볼 수 있다. 현재의 글씨도 마멸이 심하고 절벽 위에 있어 자세히 완상할 수 없다.

가야산 내 해인사는 명필의 보고다. 명산 명찰, 고승 대덕, 당대를 풍미했던 시인 묵객의 자취가 구석구석에 남아 있다. 그래서 해인사의 전각과 당우의 글씨는 하나도 가볍게 볼 수 없다. 글씨도 좋지만 거기에 담겨 있는 의미가 절묘하다.

일주문의 가야산해인사伽倻山海印寺 사액사진①은 여섯 글자의 획수가 차이가 많아 안정된 장법을 구사하기가 쉽지 않다. 그럼에도 한 치의 일그러짐

가야산 해인사 일주문 사진①

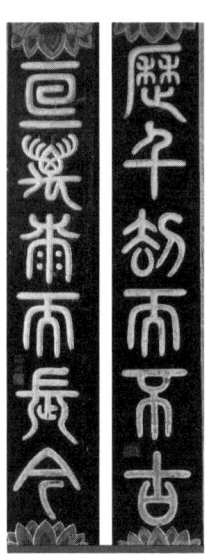

일주문 주련 사진②

이 없다. 획이 많고 적음을 획의 비수, 장단으로 자연스럽게 조정했다. 전체적으로 엄정하면서 단아해 고귀한 품격이 물씬 풍긴다. 대가다운 결구와 장법이다. 왼쪽에 해강 김규진서海岡金圭鎭書라는 관지가 선명하다. 기둥 옆에 걸려 있는 주련사진②은 전서의 조형미와 예술성을 웅변적으로 표현한 가품이다. 주련의 내용 역시 장중하다.

천겁이 흘러도 옛날이 아니오
歷千劫而不古
만세가 지나도 언제나 오늘이네
亘萬歲而長今

일주문 다음에는 봉황문鳳凰門사진③이 나온다. 봉황문의 '봉'과 '황'은 오른쪽 삐침을 크게 돌렸다. 한 쌍의 봉황이 금방이라도 날아오를 듯이 힘찬 날갯짓을 하는 모습이다. 삐침의 정도와 획의 강건, 골기로 볼 때 '봉'이 '황'보다 강하다. 암컷인 '황'과 수컷인 '봉'을 구분할 수 있도록 형상화한 것 같다.

해탈문解脫門에는 건물의 앞과 뒤, 그리고 안에까지 세 개의 편액이 걸려 있다. 전면의 해동원종대가람海東圓宗大伽藍은 왼쪽에 세동명치을축중추歲同明治乙丑仲秋 만파서

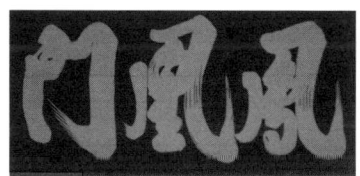

봉황문 사진③

구광루 사진 ④

대적광전 사진 ⑤

대방광전 사진 ⑥

법보단 사진 ⑦

금강계단 사진 ⑧

萬波書라는 관지가 희미하게 보인다. 만파 의준誼俊이 1865년에 쓴 선필이다. 이 편액은 필획이 후박하면서 각 글자에 드러난 비백이 감상의 백미다. 전각 안에 걸려 있는 해인대도량海印大道場이란 편액은 활달한 행서이다. 빠른 붓 놀림에서 파생한 속도감이 느껴진다. 필획의 굵고 가늚이 분명해 음양의 조화가 자연스럽다. 왼쪽의 관지와 낙관으로 보아 우남雩南 이승만 李承晩이 썼음을 알 수 있다.

해인사 가람배치에서 2, 3단의 경계가 구광루九光樓사진④다. 구광루는 부처님이 《화엄경》을 아홉 곳에서 설법하셨는데 설법하기에 앞서 반드시 백호에서 광명을 놓으셨다는 이야기에서 유래했다. '구〈광〈루'의 순서대로 각 글자를 차츰 크게 쓴 장법이 이채롭다. '구'와 '광'의 마지막 획을 용의 꼬리처럼 오른쪽 위로 크게 추켜올린 것도 흥미롭다. 낙관이 없어 누가 썼는지 확실하지 않다. 다만 《가야산해인사지》에 남천南泉 한규翰奎가 쓴 선필로 나와 있다. 주련은 석파石坡 이하응李昰應의 득의필이다.

구광루를 지나 계단을 올라서면 법당이다. 법당에는 사면에 현판이 걸려 있다. 불보종찰인 양산 통도사 법당 현판이 사방에 걸려 있는 것과 똑같다. 남쪽에는 대적광전大寂光殿사진⑤이, 서·북·동편의 순으로 대방광전大方廣殿사진⑥, 법보단法寶壇사진⑦, 금강계단金剛戒壇사진⑧이다.

남쪽의 대적광전은 정사욕불일丁巳浴佛日이라고 적혀 있어 1917년 석가탄신일에 쓴 글씨임을 알 수 있다. 다만 관지와 낙관이 없어 누가 썼는지는 알 수 없다. 활달하고 후박한 필획으로 보아 석파의 친필로 추정되지만 확정할 수는 없다. 나머지 삼면의 현판에는 해강 김규진의 관지와 낙관이 선명하다.

해강은 붓을 잡았을 때 흥취에 따라 각기 다른 서미가 풍기는 글씨를 썼다. 대방광전은 엄정한 예서이고 법보단은 해행서로 운필이 유달하고 결구가 균밀하다. 금강계단은 붓을 들어 단번에 쓴 것 같다. 활달하면서 유장한 서미가 느껴진다.

해인사 법당은 정면 7칸인데 다음과 같은 내용의 주련사진⑨이 걸려 있다.

부처님의 법신은 큰 광명을 발하고 佛身普放大光明
색상은 무한하고 지극하게 맑고 깨끗하네 色相無邊極淸淨
구름같이 일체의 땅에 꽉 차 있도다 如雲充滿一切土
여기저기에서 부처님의 공덕을 찬양하노니 處處稱揚佛功德
광명이 비치는 곳에 모두가 기뻐하네 光明所照咸歡喜
중생의 고통을 말끔히 없애주시네 衆生有苦悉除滅

주련의 첫 두 구절은 고종의 어필이다. 서당에서 천자문 쓰기를 배우는 서동의 필치처럼 천진하고 순박하다. 셋째 구절부터 나머지 네 구절은 석파의 친필이다. 두껍고 원근한 필치가 석파의 특징을 잘 드러냈다. 기이하게 보이는 셋째 구절의 '토土'와 넷째 구절의 '공功'에 석파의 호탕한 성품이 고스란히 묻어 있다. 당대 최고의 살아 있는 권력인 임금과 대원위 부자의 글씨를 감상할 수 있는 아주 특별한 주련이다.

대적광전 동쪽의 첫 건물이 노전실인 응향각應香閣이다. 응향각 뒷편의 위쪽에 있는 전각은 퇴설당堆雪堂과 해행당解行堂이다. 퇴설당 편액과 주련은 경허鏡虛가 어느 서법에도 구애받지 않고 자유분방하게 썼다. 붓을 잡는

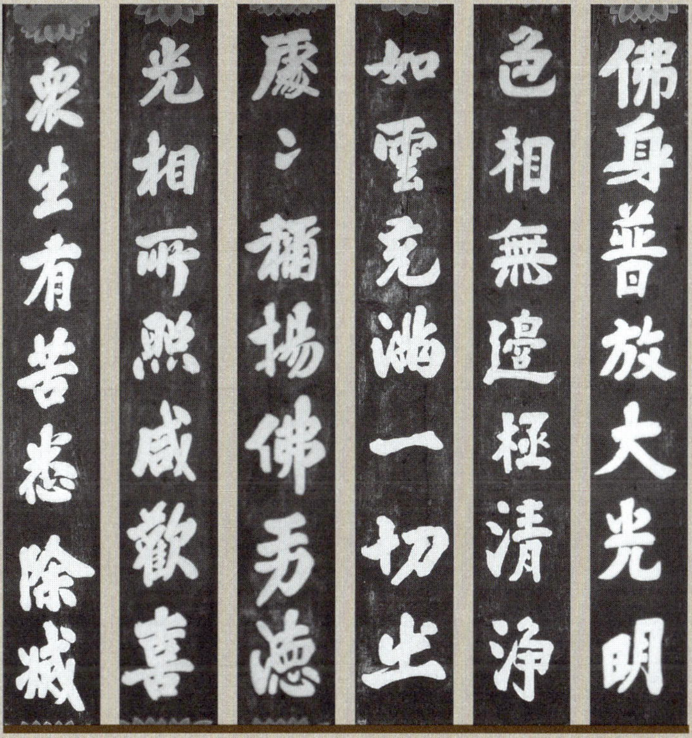
佛身普放大光明
色相無邊極清淨
如雲充滿一切土
處〻稱揚佛功德
光相所照咸歡喜
衆生有苦悉除滅

대적광전주련사진⑨

게 수도의 한 방도로 여긴 그가 스스로 익힌 자법은 '경허체'라 불러도 좋을 정도로 높은 경지에 올랐다.

가야산 깊은 산속에 자리한 해인사는 산 위에서 내려 부는 바람과 계곡에서 올려 부는 바람이 드세다. 그럼에도 퇴설당 주변에는 바람이 없다. 눈이 쌓이는 집이라는 퇴설당의 당호가 이런 자연현상을 상정해 지은 것 같다.

금당의 북편인 법보단 뒤로 난 계단을 올라가면 팔만대장경이 봉안되어 있는 장경판전이다. 문미에 보안당普眼堂사진⑩이란 당호가 걸려 있다. 눈이 크게 뜨이거나 마음의 문이 활짝 열린다는 의미다. 양옆의 기둥에는 그림과 같은, 조형미가 뛰어난 아름다운 주련사진⑪이 걸려 있다. 해강이 전서로 쓴 주련이다.

> 부처님은 법계에 가득 차 있고 佛身充滿
> 법력은 참으로 가늠할 수 없네 法力難思

장경판전은 부처님을 모신 법당보다 위쪽에 위치해 있다. 해인사 경내에서 가장 높은 자리다. 해인사가 법보종찰이자 신성한 불교 성지의 상징이기 때문이다. 불보인 부처님 진신사리를 모신 통도사의 금강계단, 승보종찰 송광사의 수행 공간인 송광사의 수선사가 경내의 가장 높은 위치에 있는 것도 같은 의미가 담겨 있다.

장경판전에 봉안되어 있는 팔만대장경 경판은 8만 1258판이다. 각 경판은 천자문 순서에 따라 첫 쪽에 해당하는 천天으로 시작해 동洞까지 모두 639함函으로 꾸며 1547종種, 6547권卷으로 제작됐다. 추가 목록으로 동洞

팔만대장경 · 보안당사진⑩

보안당 주련사진⑪

에서 무務가 있고, 중복 부분으로 녹祿에서 무함務函 24함에 포함되어 있는 15종, 231권이 있다. 대장 목록과 경판이 일치하지 않지만 모두 합쳐 663함, 1562종, 6778권이다. 또한 각 경판은 대부분 23행으로 한 행은 14자씩 새겼다. 대장경에 새긴 경문의 글자 수가 수천만 자에 달한다.

그럼에도 경문의 글씨가 한 사람이 쓴 것처럼 똑같다. 오자와 탈자가 한 글자도 없다. 경문을 새길 때 한 글자를 새기고 절을 하고 다시 한 글자를 새기는 방식으로 지극 정성을 쏟았다고 하니 오자나 탈자가 생길 리가 없는 것은 당연하다.

팔만대장경은 법보전法寶殿과 수다라장修多羅藏사진⑫의 두 개의 전각에 봉안되어 있다. 이 전각은 앞, 중앙, 뒤에 세 줄로 기둥을 세워 각각 정면 15칸, 측면 2칸의 30칸 씩으로 모두 60칸이다. 또 수다라장과 법보전의 기둥은 각각 48개로 모두 96개다. 동서에 있는 사간판고寺刊板庫

수다라장사진⑫

는 각각 정면 2칸, 측면 1칸으로 기둥 수는 각각 6개씩 모두 12개가 서 있다. 남북과 동서에 있는 4개 전각의 장경판전 기둥을 합치면 모두 108개가 된다. 일주문에서 수다라장 앞까지 계단이 108개고 108개의 기둥을 세워 만든 장경판전에 팔만대장경을 봉안했으니 얼마나 세심한 정성을 쏟았는지 알 수 있다.

장경판전의 앞 전각이 수다라장이다. 수다라장은 경經, 율律, 논論 등 불교 경전의 삼장을 새긴 경판이 봉안돼 있는 성소라는 뜻이다. 수다라장 현판은 삐침 획이 두껍고 안의 획은 얇아 음양이 좋은 조화를 이루고 있다. 첫 글자인 '수'의 오른쪽 획을 두껍고 길게 오른편으로 처리했다. 또 마지막 글자인 '장'의 왼쪽 획을 마찬가지 형식으로 왼편으로 두껍고 길게 끝맺어 서로 조응하는 모양새를 통해 균형을 이뤘다. '다'와 '나'의 왼편과 오른편 삐침 획을 두껍고 길게 구사해 중앙의 균형을 잡았다. 5차원쯤 되는 입체적인 장법이다. 장법이란 바로 이런 것이구나 하고 다시 깨닫게 한다.

왼쪽 하단에 삼도원수三道元帥 신관호인申觀浩印이라는 두 방의 명호가 찍혀 있다. 위당威堂 신헌申櫶1810~1884이 삼도수군통제사로 있던 철종 13년 1862의 작품이다. 위당의 신품으로 꼽을 수 있다. '관호'는 위당이 '헌'으로 개명하기 전의 이름이다. 수다라장에는 다음과 같은 내용의 주련이 걸려 있다.

사십 년 동안 설법한 것이 무엇이 증법인가 四十年說何曾法
육천의 경권이 오로지 이곳에만 있네 六千經卷獨此方

팔만대장경이 있는 장경각의 위엄을 한마디로 표현한 걸작이다.

글씨는 작은 곡선을 그리는 필선이 마치 물결이 넘실대고 나비가 춤을 추는 것과 같이 부드럽고 유연하다. '십·천·방'자에서 볼 수 있듯이 가로획은 출렁이는 물결 같다. 각 글자의 안에 들어 있는 획과 세로획이 바깥이나 가로획보다 작고 가늘어 좋은 대비를 이룬다. 음양의 조화를 추구한 장법이다. 관지와 명호가 없으나 위당의 예서인 것을 금방 알 수 있다.

수다라장과 성년으로 마주 보는 건물이 법보전이다. 금석기가 넘치는 예서로 역시 수다라장 현판에 버금하는 가품이다. 균밀한 결구와 엄정한 장법이 문자화를 보는 것 같다. '보寶'자의 '宀' 양쪽의 획을 세로로 길게 처리하고 '패貝'로 하단을 막았다. 마치 장경판전 건물을 연상하게 한다. 그리고 안에 들어 있는 획들은 서고에 대장경 경판이 어떻게 보관되어 있는가를 형상화한 것 같다. 그냥 글씨지만 조형성이 생생해 한 폭의 책거리와 다름없다.

결구와 장법, 조형성을 보면 법보전은 수다라장의 서미를 빼닮았다. 관지와 도서가 없지만 수다라장을 쓴 위당의 승품인 것을 알 수 있다. 관지와 도서를 치지 않은 것은 팔만대장경이 봉안되어 있는 성소의 신성함과 위엄에 대한 예의를 갖췄기 때문이다. 위당의 인품과 문자향을 읽을 수 있다.

법보전은 일체의 사진 촬영이 금지돼 있다. 경판에 조금이라도 손상이 가는 것을 막기 위한 조치다. 그러나 가까이에서 완상하는 것은 얼마든지 가능하다. 카메라에 담아 두고두고 감상하는 것도 좋지만 가만히 감상하며 마음속에 서미를 담아 가는 추억은 더욱 값진 일이 아니겠는가.

해인사에서 천하의 일품을 완상하고 나온 가야산 명필 답사는 홍제암弘濟庵으로 이어진다. 일주문에서 오른쪽 산길로 몇 백 걸음을 옮기면 홍제암이다. 홍제암은 사명대사가 임진왜란 이후 광해군 2년1610 입적할 때까지 은거했던 암자다. 암자 이름은 사명이 입적하자 광해군이 내린 시호인 자통홍제존자自通弘濟尊者에서 따 왔다.

홍제암에 있는 사명대사석장비四溟大師石藏碑사진⑬ 비문은 《홍길동전》을 쓴 허균許筠이 짓고 양만세楊萬世가 글씨를 썼다. 유학은 물론 경학에도 탁월했던 대문장가였던 허균인 만큼 사명의 행적 등을 유교와 불교를 넘나

들며 아주 소상하게 적었다. 사명의 일대기로는 가장 먼저 정확하게 기술했다. 허균은 그의 중형인 하곡 허봉이 사명과 친밀히 교류했던 관계로 행적을 자세히 알 수 있었다고 한다. 하곡을 통해 허균 자신도 사명과 여러 차례 대좌했던 깊은 인연이 비문을 짓게 된 동기다.

사명대사석장비는 사면을 철심으로 고정했다. 일제강점기인 1943년 당시 합천 경찰서장인 일본인 다케우라竹浦가 네 조각으로 깨뜨린 것을 1958년 철심을 박아 접합하여 다시 세웠다. 석장비 옆에는 또 하나의 사명대사비가 있다. 비문의 글씨는 기교를 부리지 않고 그저 붓 가는 대로 써 내려갔다. 비문은 안진경체와 매우 흡사하다. 성재惺齋 김태석金台錫이 해서로 썼다. 전액은 위창葦滄 오세창吳世昌이 돌렸고 비문은 삼청三淸 변영만卞榮晩이 지었다. 두 개의 사명대사비는 조선 중기의 명필과 구한말의 명필을 비교 감상하는 묘미를 준다.

하산길에 미처 보지 못한 원경왕사비元景王師碑사진⑭가 일주문 옆 비각 안에 있다. 이 비는 고려 화엄종 제4대 왕사인 원경元景 낙진樂眞1050~1119을 기리기 위해 열반한 지 6년 뒤에 세웠다. 비문은 천여天與 김부일金富佾1071~1132이 짓고 이원부李元符가 해서로 썼다. 그리고 김윤金允이 새겼다. 김부일은 《삼국사기》를 쓴 김부식金富軾의 형으로 고려 중기의 문신이다.

사명대사석장비(구비)사진⑬

원경왕사비 사진⑭

원경왕사비는 비문의 앞면과 뒷면의 서체가 다르다. 앞면 글씨는 가로획과 전절로 보아 우세남풍으로 볼 수 있다. 우세남체는 고려 중기에 성행했으나 비문으로는 봉암사정진대사비를 제외하곤 거의 찾아볼 수 없다. 이런 우세남체가 조선 중기에 다시 출현한 것이다. 그러나 비문의 마모가 심해 제대로 감상할 수가 없다.

비문의 뒷면은 구양순체의 전형이다. 모눈종이처럼 정간을 치고 그 안에 원경왕사 문도를 열거했다. 직접 가르침을 받은 수좌 1인과 삼중대사 2인, 중대사 44인의 이름이 나온다.

해인사는 가야산 깊숙이 위치해 있는 데다 삼재가 들지 않는다. 전국토가 유린됐던 임진왜란에도 피해를 전혀 입지 않은 보장지처다. 하지만 화마는 피할 수가 없었다. 1695~1817년 사이 176년 동안 무려 일곱 차례나 불이 났다. 이 중 1817년에는 1000여 칸의 전각이 잿더미가 되는 큰 화재가 일어났다. 이때 경상도 관찰사로 있던 유당酉堂 김노경金魯敬1766~1840이 중창불사에 팔을 걷고 나섰다. 유당은 추사 김정희의 부친이다. 중창불사가 끝난 후 유당이 추사에게 '가야산해인사중건상량문'을 쓰도록 했다. 그때가 1818년으로 추사는 약관 33세였다. 이 상량문은 단정한 해서로 썼다. 검은 바탕에 금분으로 써 엄정한 기품을 더한다. 추사체가 정립되기 이전에 수련 과정에 있던 추사 글씨의 모범에 해당한다. 이 상량문 말미에는 화재 방비를 기원하는 마음에서 《아미타경》의 팔방 불상 이름 등을 읽었다는 내용도 들어 있다. 그동안 사중의 속설로 전해왔던 이야기가 상량문을 통해 실제로 있었던 일로 확인된 것이다. 이 상량문은 1961년 대웅전을 중수할 때 발견돼 세상에 알려졌다. 워낙 귀한 글씨여서 일반인에게는 공개하지 않는다.

영축산 통도사
선필과 명필이 예불하는
불보종찰

산 정상에서 급히 내려 뻗은 산줄기가 어느 순간 고개 숙였는가 싶더니 다시 크게 솟구쳐 올랐다. 마치 독수리가 날개를 펴면서 비상하려는 형국이다. 누가 봐도 명산이다. 영축산靈鷲山이다. 경남 양산시 통도사通度寺는 영축산 아래에 자리 잡았다. 부처님의 진신사리와 가사가 모셔져 있는 불보종찰이다.

통도사에는 불보종찰의 위상과 전통에 걸맞게 당대의 명필과 고승의 선필이 즐비하다. 하루 종일 둘러봐도 제대로 감상하기가 벅차다. 우선 산문의 문액이 답사객을 압도한다. 영축사문靈鷲沙門의 문액은 과장하면 갓난아기 크기의 초대형 글씨다. 월하月下1915~2003의 선필이다.

월하는 충남 부여 출신으로 속성은 윤씨다. 18세에 강원도 유점사에서 득도하였으며 1950년부터 1980년까지 30년 동안 통도사 전계화상으로 후학양성에 힘썼다. 1994년에는 조계종 제9대 종정에 추대돼 불교 중흥에 나섰다. 선필로 이름이 높아 통도사를 비롯한 전국의 여러 사찰에 현판과 주련 글씨를 남겼다.

명필로써 일주문의 '靈鷲山通度寺' 대원군 글씨는 영취산통토사로 읽는다.
'靈鷲山通度寺'를 불교식으로만 영축산통도사라 발음한다 ('鷲'은 '축'이라고 발음하지 않는다).

산문을 지나 오리쯤 올라가면 영축총림靈鷲叢林이 나온다. 영축사문에 비견할 수 있는 대자로 역시 월하의 법필이다. 수덕사 방장을 지낸 원담圓潭도 이렇게 큰 글씨를 썼다. 큰스님이어서 큰 글씨도 잘 쓰는 것일까. '큰스님체'로 가름해도 좋은, 개성 있는 서법이다. 총림은 승려의 참선 수행도량인 선원, 경전을 가르치는 강원, 계율을 지도하는 율원을 모두 갖춘 절을 뜻한다. 통도사를 비롯해 해인사, 송광사, 수덕사, 백양사 등 5대 총림이 있다.

일주문의 사액과 주련은 멀리서 봐도 한눈에 알 수 있는 명필이다. 영취산통도사靈鷲山通度寺사진①는 대들보처럼 일주문을 가로질러 꽉 채웠다. 석파石坡 이하응李昰應의 득의필이다. 호탕한 그의 성격대로 필세가 강건하다. 이례적으로 금색의 단청을 입혔다. 고종황제

영취산통도사 사진①

통도사 일주문

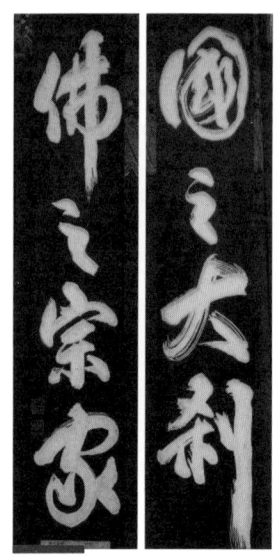

일주문 주련 사진②

를 아들로 둔 대원위로서 후한 대접의 소산이다.

일주문 양쪽 기둥에는 국지대찰國之大刹, 불지종가佛之宗家라고 쓴 주련사진②이 걸려 있다. 나라 안에서 최고의 절이요, 절 중에서 종갓집 절이라는 뜻이다. 통도사의 사격을 한마디로 담아냈다.

이 주련은 해강海岡 김규진金圭鎭이 행서로 썼다. 문미의 큰 글씨에 대련하듯이 두 아름이 넘는 굵은 일주문 기둥을 가득 채웠다. 주련 글씨로는 가장 크다. 빗자루만 한 붓으로 일필휘지할 때 파생한 비백은, 서격은 물론 예술성이 훨씬 돋보인다. 영축산의 웅장한 기상에 옹호하는 듯이 장중한 분위기를 연출한다. 서권기에 압도당해 일주문을 통과할 때는 작은 소리의 잡담이라도 슬그머니 멈춰진다.

통도사는 신라 선덕여왕 13년646 자장율사가 창건했다. 당나라에서 유학 후 귀국한 자장은 석가모니가 상주하던 기사굴산, 즉 영축산과 유사한 형상의 산을 찾아 나섰다. 그는 지금의 양산인 삽량주에서 그 산을 발견하고 영축산이라고 이름을 지었다. 그리고 그곳에 절을 세웠으니 오늘날의 통도사다.

자장은 당나라에서 귀국할 때 석가모니가 친히 입었던 붉은 비단에 금점이 찍힌 비단 금전 가사 한 벌, 부처님 치아와 정골사리 100과를 모셔 왔다. 이 중 친착가사와 사리를 셋으로 나눠 그중 하나를 통도사에 보장했다. 그리고 통도사를 불신의 상주처이자 불보종찰의 표상으로 삼았다. 일주문 주련의 불지종가는 이런 의미와 내력이 있다.

통도사는 고려 선종 연간에 대대적인 정비를 했고 충혜왕과 공민왕 때에 기존의 법당 이외에 많은 전각과 당우를 건립했다. 하지만 임진왜란을 겪으면서 사찰이 전소되고 말았다. 이후 선조 36년1603에 사명泗溟 유정惟政이 중창불사를 시작했고 숙종과 영조, 그리고 근대에 이르기까지 춘파春波, 용암龍岩, 덕명德溟, 탄해坦亥, 경봉鏡峰, 월하月下 등이 중수 또는 신축불사를 주관했다. 이 같은 중창 역사로 볼 때 통도사는 창건 초기에는 금강계단을 중심으로 몇 개의 전각을 남북으로 배치했다. 차츰 절의 위상이 높아지고 전각과 당우가 늘어나면서 동서로 길게 확장됐다. 즉 대웅전이 있는 서쪽에서부터 상노전上爐殿, 중노전中爐殿, 하노전下爐殿으로 가람이 확장된 것으로 보인다. 각 노전은 축대를 쌓아 구분했지만 한두 걸음에 오를 수 있을 정도로 나지막하다. 형식적인 구분일 뿐이다.

통도사는 법당 및 전각 12동과 당우, 요사 등을 합쳐 80여 동으로 구성되어 있는 대가람이다. 자칫하면 참배나 답사할 때 우왕좌왕하기가 십상이다. 그렇지만 각 노전별로 나눠 배관하면 불필요한 수고를 덜 수 있다.

일주문을 넘어서면 하노전이 시작되는 천왕문天王門이다. 편액은 백색 바탕에 청색 단청을 입혀 청아하고 단아하다. 필획이 단단하면서 엄중해 장중한 분위기가 난다. 불국의 세계로 들어가는 첫 관문인 천왕문 문액으로 잘 어울린다. 서미가 워낙 엄중한 탓인지 저절로 속세의 알음알이를 벗어 던지는 느낌이 든다. 통도사를 수도처로 삼고 이 문을 들어서는 선승이라면 정진 수행의 의지를 더욱 다지겠다는 마음이 들 것 같다. 이렇게 좋은 글씨가 누구의 솜씨인지 알 수 없는 게 아쉽다.

영산불국을 상징하는 영산전靈山殿은 하노전 구역의 중심이다. 그 좌우에는 극락보전極樂寶殿과 약사전藥師殿이 위치해 있다. 이 전각에 걸려 있는 편액은 한결같이 필획이 후실하고 간가가 균밀하다. 영산전의 '영靈'자를 보면 모눈종이의 눈금처럼 행간과 필선이 고르다. 자를 대고 획을 그은 것은 아닌가 하는 착각이 든다. 붓끝을 진행 방향으로 평행하게 긋는 정봉법의 극치이다. 그러나 이렇게 예술적인 현판에 글씨의 주인공을 알 수 있는 관지나 낙관이 없다. 일부러 불보종찰 통도사의 위엄을 존중해 명호를 탈루한 겸손을 보인 것 같다. 이 전각들이 숙종 30년1704에 중건된 만큼 당대의 명필로 추정하는 것으로 서운한 마음을 달랜다.

만세루萬歲樓사진③는 인조 22년1644에 중건된 누각이다. 누각은 2층이어야 마땅하지만 만세루는 돌기단 위에 세운 단층이다. 누각이 아닌데도 '누'라고 지칭한 것은 처음 지을 때는 누각 형식이었던 것으로 짐작된다.

만세루 사진③

만세루 편액은 6세 또는 9세의 신동이 썼다는 안내판의 설명대로 동자필로 전해온다. 운필이 장대하면서 기세가 살아 있다. 초서에 가까운 행초서다. 아무리 신동일지라도 어린 나이에 과연 이런 경지에 도달했을까 하는 의문이 든다. 하지만 당시에는 일찍부터 서예를 익히는 게 당연했으므로 이 정도 수준에 이른 신동이 나왔을 것은 의심의 여지가 없다.

만세루 주련은 천보天輔 구하九河1872~1965의 노회한 선필이다. 왼쪽 하단에 축산노사문팔십사세서鷲山老沙門八十四歲書라는 관지가 보인다. 축산은 구하의 자호다. 84세의 노필인데도 필선이 굳세고 힘차다. 동자필 편액에 대련하는 것 같다. 완연하게 드러난 비백이 조형미를 더한다. 비백은 글씨의 흠집이 아니라 높은 예술성을 추구하는 서예의 기교다. 하노전 동편 깊숙이 있는 영각影閣도 구하가 썼다.

구하는 속성이 김씨이며 경남 울주군 두동면 봉계리가 고향이다. 13세에 양산 천성산 내원사에서 출가해 교선을 두루 참학한 근대 고승이다. 일제강점기에는 임시정부의 안창호에게 군자금을 비밀리에 보내 항일운동을 지원하며 독립운동에 앞장섰다. 한일합방 후에는 통도사 주지로 주석하면서 중창불사를 주도했다. 그때 전각의 편액과 주련 글씨를 남겼다. 1965년 10월3일 세수 94세, 법랍 81세로 통도사에서 입적했다.

영산전 앞에는 삼층석탑이 있고 그 앞에 있는 네모꼴의 돌이 배례석拜禮石이다. 부처님이 계신 곳을 향해 합장하고 예배드리는 성소다. 이 배례석은 통도사 창건 초기인 신라 때 친림한 임금이 금강계단에 참배하기 전에 이곳에서 먼저 예불의 예를 갖췄던 곳이다. 사중의 이런 이야기를 뒷받침하는 명문이 이 배례석에 있어 자세히 살펴볼 필요가 있다. 배례석의 왼쪽에 태강왕1년을축2월 일 太康王一年乙丑二月 日 造라는 명문이 있다. 제작 연대를 알 수 있는 명문이다. 명문대로라면 제작 연도가 '태강왕1년'이다. 하지만 '왕'자가 어색하다. '십十'자의 아래와 위의 획이 다른 획과는 달리 조잡하다. 후세의 누군가가 '십'자의 아래와 위에 획을 더해 '왕'자로 변경한 것이다. 배례석 제작 시기는 '태강왕1년'이 아니라 '태강11년'으로 봐야 한다.

이렇게 해도 정확히 해석이 안 된다. 태강은 중국 요나라 도종道宗의 연호인데 태강10년1084으로 끝났다. 태강11년은 존재하지 않는다. 그러나 '을축 2월'이라는 간지가 있어 태강11년은 다음해인 1085년이라는 계산이 나온다. 이 명문을 통해 배례석이 고려 선종 2년1085에 제작됐음을 알 수 있다.

하노전에서 불이문不二門사진④을 넘어서면 중노전이다. 불이문은 절로 들어가는 마지막 문이다. 불이문 편액은 송나라의 명필인 미불米芾1051~1107의 필적으로 전해오고 있다. 그러나 관지나 낙관이 없어 친작인지는 알 수 없다. 미불은 자가 원장元章, 호는 남궁南宮이다. 준마가 달리는 것 같은 호쾌한 서체인 미남궁법米南宮法을 창안했다. 그는 또 괴석과 기석의 애호가였다. 괴석을 보면 도포에 관을 쓴 이른바 정장 차림으로 절을 하고 배관을 했다고 한다. 불이문이 정말 미불의 친작이라면 통도사 명필 기행에서 얻는 기쁨은 두 배 이상이다.

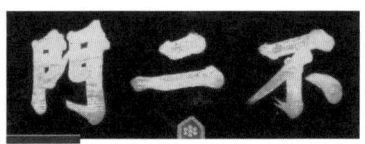
불이문사진④

원통방사진⑤

중노전은 대웅전 쪽이 열려 있을 뿐 동·남·북쪽은 전각이 담을 두르듯 배치돼 있다. 불이문 북쪽에 있는 전각이 황화각皇華閣이고 정면으로 보이는 석등 앞에는 관음전觀音殿이 있다. 맞은편인 남쪽의 당우는 원통방圓通房사진⑤과 감로당甘露堂이다. 주로 학승이 머무르는 요사다. 원통방의 '방房'은 사람이 나와 돌아다니는 형상이다. 이 편액들은 석파 이하응이 예서로 썼다.

붓끝을 죽인 무딘 필체가 고졸한 느낌이 든다. 획이 꺾이는 전절을 모나게 구사해 봉긋한 서미가 번뜩인다. '방房'자는 마치 사람 모양이다. 이 방에 누가 있는지를 암시하는 것 같다. 왼쪽에 석파石坡라고 쓴 관지도 운필이 매우 힘차다. 하노전의 범종각에 걸려 있는 통도사 편액도 이와 유사하다. '통通'은 왼쪽 변에 점 하나가 다를 뿐 자형이 같다.

관음전 뒷편으로 들어서면 용화전龍華殿이다. 이 용화전 뒤에는 대광명전大光明殿이, 단청이 모두 퇴색한 채 고풍스런 자태를 한껏 뽐내고 있다. 대광명전은 중노전의 핵심 공간이자 통도사에서 가장 오래된 전각이다.

개산조당사진⑥

하노전과 상노전 사이의 중앙 북단에서 위치해 경내 전체의 균형을 잡아주는 역할을 하고 있다. 통도사 가람배치에서 아주 중요한 위치를 차지하고 있는 것이다.

대광명전 서쪽에 있는 작은 건물이 해장보각海藏寶閣이다. 이 전각에는 통도사 창건주인 자장의 영정을 모셨다. 장경을 봉안하는 곳이라는 해장보각이란 의미대로 고려대장경이 함께 봉안돼 있다. 해장보각 편액은 예서로 썼다. 자형은 특이하면서도 균제미가 빼어나다. 왼쪽에 신해국추辛亥鞠秋 이수彛叟라는 관지가 있다. 이제彛齊 권돈인權敦仁1783~1859이 철종 2년1851 가을에 썼다. 추사秋史 김정희金正喜는 이제의 예서를 우리나라에서는 전혀 없었던 신합의 경지라고 극찬했다. 해장보각 편액에서 신기가 느껴지는 것은 결코 우연이 아닌 것이다. 양반집 솟을대문처럼 생긴 해장보각 정년에 개산조당開山祖堂사진⑥ 편액을 건 것은 조사당을 겸하고 있기 때문이다.

통도사 창건주 자장을 모신 개산조당의 편액과 주련은 구하의 법필이다. 첫 획은 아주 굵게 마지막 획은 가늘게 구사했다. 추사체로 착각할 정도로 필획에 힘이 넘치면서 변화가 심하다. 필세가 유유히 흘러가는 강물과 같은가 하면 일순간 천길 낭떠러지로 떨어지는 폭포수처럼 강건하고 우렁차다. 대웅전 뒤에 있는 삼성각三聖閣사진⑦도 구하의 선필이다. 비수가 확연하고 필세가 유연하다. 삼성각 앞 연못에서 여의주를 다투는 용의 모양 같다. 음양의 조화를 귀신같이 풀어냈다.

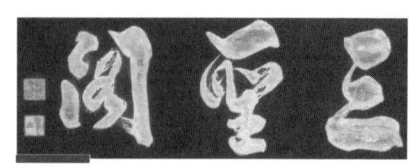
삼성각 사진⑦

개산조당 앞에 있는 세존비각世尊碑閣은 석가모니의 영골사리비가 안치돼 있다. 숙종 32년1706 성능性能 계파桂坡가 금강계단을 중수하면서 건립했다. 영골사리비의 앞면에는 통도사를 창건한 자장이 부처님 진신사리를 중국에서 가져와 봉안한 일, 임진왜란 때 사명이 이 진신사리를 보호하기 위해 두 개의 함에 담아 금강산에 있던 스승인 서산대사에게 보낸 과정을 적었다. 서산은 통도사가 승처인 점을 들어 한 개 함은 다시 금강계단에, 다른 함은 묘향산에 각각 봉안하도록 했다는 기록도 보인다. 영골사리비 뒷면에는 석가모니의 행적을 기술한 후 이 비를 건립하는 데 든 시주 내역과 시주자를 명기했다.

비석 앞면의 비문은 당시 수사간이던 채팽윤蔡彭胤1669~1731이 짓고 승정원 도승지 이진휴李震休1657~1710가 글씨를 썼다. 뒷면의 비문은 당시 금강계

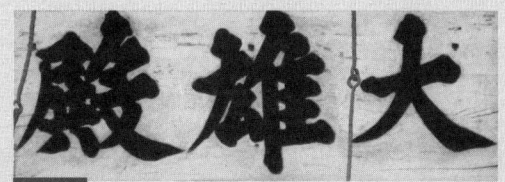
대웅전 사진⑧

금강계 단사진⑨

대방광전 사진⑩

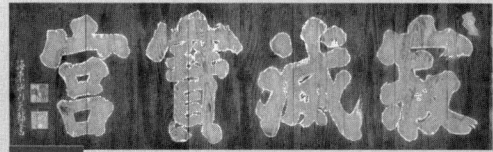
적멸보궁 사진⑪

단을 중수하고 비각을 세운 성능이 짓고 글씨는 보윤普允이 썼다.

상노전의 중심 공간이자 통도사의 핵심 지역은 대웅전이다. 부처님 진신사리가 봉안돼 있는 금강계단 앞에 있는 대웅전은 '口'자형이다. 일반적으로 절의 법당이 '一'자형인 것과 다르다. 금강계단에서 보면 왕릉 앞에 있는 정자각丁字閣과 같은 구조다. 불보가 보장되어 있는 금강계단에서 법당의 좌향을 보더라도 동쪽으로 15도 기운 정향丁向이다. 말하자면 통도사 법당은 부처님의 정골을 모신 금강계단을 왕릉으로 상정하고 정자각의 뜻을 담아 지었다.

법당은 동쪽에 대웅전大雄殿사진⑧, 남쪽에는 금강계단金剛戒壇사진⑨, 서쪽에는 대방광전大方廣殿사진⑩, 그리고 불보와 마주하는 북쪽에는 적멸보궁寂滅實宮사진⑪의 현판을 각각 걸었다. 대웅전은 석봉체의 전형이다. 속세의 찌든 때라고는 한 점도 없는 고승 대덕의 정아한 자태와 같이 단아하면서 정갈하다. 한 획 한 획에 정심 정성을 쏟아 흐트러짐이 전혀 없다. '웅雄'과 '전殿'의 행간을 보면 모눈종이에 쓴 것처럼 간가가 균밀하다. 불보종찰 금당의 격을 읽을 수 있는 글씨다. 아쉬운 것은 이 현판 글씨의 주인공이 누구인지 알 수 없다는 점이다.

대웅전 주련에는 박기돈인朴基敦印 회산晦山이란 명호 두 방이 찍혀 있어 글씨의 주인을 알 수 있다. '지池', '구九', '용龍', '원元' 등의 오른쪽 삐침을 다람쥐 꼬리처럼 위로 한껏 추켜올렸다. 회산의 전형적인 특징을 보여주는 서법이다. 이 대웅전 주련은 자장이 직접 지은 불탑게佛塔偈다.

만대의 전륜왕 삼계의 주인   萬代輪王三界主

쌍림에서 열반하신 지가 몇 천 추이던가　雙林示寂幾千秋

진신사리 오히려 지금도 남아 전하니　眞身舍利今猶在

널리 중생의 예배 쉬지 않게 하리　會使衆生禮不休

금색의 호분으로 화려하게 단청한 남쪽 현판인 금강계단은 필획이 단단하고 근경하다. 망치로 내려쳐도 전혀 흠집이 나지 않을 것 같다. 왼쪽 상단에 대원군장大院君章 석파石坡라는 음양각 명호와 두인이 있다. 오른쪽과 왼쪽 상단에 찍은 두인과 명호는 현판의 조형미와 예술성을 더해준다. 명호와 관지의 위치는 물론 크기까지 달리했다. 글씨와 조화를 이뤄 예술성을 절묘하게 추구한 것이다. 금강계단 현판은 특별히 금색으로 단청했다. 임금의 아버지로 대원위 칭호를 얻은 만큼 어필에 상응한 대접이다.

서쪽 현판인 대방광전 역시 대원군의 묘필이다. 금강계단과 달리 필체가 유려하면서 자유롭다. 대원군의 호방한 성격을 잘 드러냈다. '대방'과 '광전'으로 편을 갈라 대립하는 형식이다. 양편으로 나눠 보면 자획이 많고 적은 차이로 인해 균형을 잡고 공간을 처리하기가 쉽지 않다. '대방'의 오른쪽이 허전하거나 빈 것처럼 보이게 마련이다. 장법과 결구를 기술적으로 처리해야 균형이 맞고 조형미가 나온다. 대원군은 '대'와 '방'의 가로획을 조금 길게 구사했다. 그리고는 '대'를 수필할 때 오른쪽에서 다시 붓의 진행을 반대 방향으로 틀어 필획에 힘을 싣고 살을 붙였다. 자획의 단순성에서 오는 공간과 불균형을 비후 장대로 보완해 균형을 잡았다. 신필이 구사할 수 있는 기법이다.

대웅전 북쪽에 걸려 있는 적멸보궁寂滅寶宮 현판과 주련은 구하 글씨의 백미로 꼽을 만하다. 필획이 두툼하면서 좌우상하가 균일하다. 그러면서 벌레가 기어다니듯 살아 움직이는 모양이다. 힘도 넘친다. 부처님이 현신해 대중 앞에서 설법하는 형상의 조형미가 엿보인다. 주련은 '월月', '마磨'에서 볼 수 있듯이 왼쪽 삐침이 가늘고 날카롭다. 마치 창으로 찌른 것 같다. 구하 법필의 특징을 고스란히 담아낸 가품이다.

현판 왼쪽 하단에 축산 김구하인이라는 명호 두 방과 함께 오른쪽 상단에는 해동사문海東沙門 천보서天輔書라는 두인을 찍었다. 법당 현판, 그것도 적멸보궁에 두인을 찍은 것은 매우 이례적이다.

산문을 나설 즈음 통도사가 산지가 아닌 평지 가람이란 것을 깨달았다. 문득 범종루에 걸려 있는 환성喚惺의 선시가 떠오른다. 통도사의 입지를 절묘하게 담아 낸 명문이다.

절 입구는 평야로 이어지고 洞口連平野
누대는 작은 산봉우리를 숨겼네 樓臺隱小岑
스님은 한가해도 청소를 하지 않으니 居僧懶不掃
떨어진 꽃잎이 마당에 가득하구나 洛花滿庭心

부산시 금정구 금정산 범어사 기행에는 참으로 반가운 사람들이 동행했다. 동진회 회원 부부들이다. 동진회는 1972년 고교를 졸업한 친구들의 모임이다. 충남 당진상고_{현재} 당진정보고의 꿈 많은 청소년들이 동쪽으로 진출해 살아보자는 뜻이 담겨 있는 모임이다. 말하자면 서울에 가서 출세해보자는 객기의 발동이다. 그때나 지금이나 가까운 친구들끼리 흔하게 만드는 대수롭지 않은 모임이었다.

금정산 범어사
금빛 고기 유영하는 금정에 핀 필화

하지만 동진회원의 우정은 변함없이 40년을 이어왔다. 그동안 쌓은 우정과 감회는 정말로 남다르다. 모두가 고교 동기생이고 일부는 초·중학교 시절을 함께 보내기도 했으니 40년 이상의 죽마고우다. 시골의 사정상 동네에서는 친구 동생이고 형님 친구가 되는 동창이 뒤섞여 있다. 나이순으로 정해진 서열이 있지만 그게 무슨 상관인가. 급하고 아쉬우면 형님, 동생이고 술 한잔 걸치면 육두문자가 난무하며 뒤죽박죽이 된다. 그래서 더욱 반갑고 즐겁다.

범어사 기행은 아주 여유롭다. 전날 KTX를 타고 부산에 내려와 해운대에서 묵었던 까닭이나. 넉문에

KTX를 타보지 못했던 부인들의 원성이 누그러졌다. 해운대 달맞이공원 언덕에 있는 대구탕 집에서 아침 식사를 시켜놓고 있는데 김익동 회원이 부산역에 도착했다는 전화가 왔다. 전날 동행하지 못해 새벽길에 한걸음으로 달려온 것이다. 대구탕이 채 나오기도 전에 부부가 나란히 식당으로 들어선다. 서울하고도 상계동에서 새벽길을 달려 부산의 끝자락인 해운대에서 함께하는 아침 식사다. 좋은 세상에 좋은 친구가 아닌가.

《동국여지승람》에는 금정산과 범어사를 다음과 같이 기록해놓았다.

"산 정상에는 높이가 세 길쯤 되는 바위가 있다. 바위에는 우물이 있는데 둘레가 10여 척에 깊이는 7촌쯤 된다. 이 우물은 가뭄에도 마르지 않고 항상 물이 차 있으며 물 색깔이 황금빛을 발한다. 황금빛 우물에는 하늘에서 오색구름을 타고 내려온 금색 물고기가 헤엄치며 논다고 한다. 이런 연유에서 산 이름을 금정산으로, 절 이름은 범어사라고 지었다."

금정산 정상에는 정말로 바위가 있다. 바위는 우물처럼 구멍이 뚫려 있다. 저녁노을이 질 때는 황금색으로 물들기도 한다. 이때 우물에는 마치 물고기가 헤엄치는 것과 같은 그림자가 비친다. 범천에서 내려온 범어를 연상하는 그림자다.

범어사 경내로 들어가려면 어산교魚山橋를 건너야 한다. 범어사 양편에서 흘러내리는 물길의 합수머리에 어산교가 놓여 있다. 범어사 지형를 행주형이라고 하는데 어산교는 뱃머리에 해당한다. 어산교 정면의 소나무 숲 속에 있는 당간지주는 돛대다. 행주형은 배가 만선이어도 정박해 있어야 발복한다. 돛을 올리는 것은 절대 금물이다. 그래서 범어사의 당간지주는 한 번도 깃발을 단 적이 없다. 당간지주가 아니라 그저 돌기둥으로 돛대의 소임을 할 뿐이다.

범어사는 '천天·인人·지地'의 삼혈에 맞춰 3개 구역으로 나눠 가람을 배치했다. 지혈에 해당하는 하단은 일주문에서 보제루 앞 계단까지로 중간에 천왕문과 불이문이 있다. 중단인 인혈은 보제루와 요사, 선원 등이 있는 지역으로 사람이 거주하는 건물을 배치했다. 천혈인 상단에는 부처님을 모신 대웅전을 비롯한 관음전 등의 예불 공간이다.

일주문사진①은 네 개의 기둥을 나란히 세웠다. 대개의 일주문이 두 개의 기둥을 세운 것과는 다른 형식이다. 그래서 정면 3칸이다. 각 칸에는 각기 다른 현판을 걸었다. 중앙의 문미에는 상대적으로 작은 글씨로 쓴 조계문曹溪門이란 현판이 걸려 있다. 단아한 해서의 동국진체다. 관지와 낙관이 없어 누구의 글씨인지는 알 수 없다. 조계문이 강희 59년인 숙종 46년1720년

범어사 일주문사진①

에 당시 승통이던 명흡明洽이 건립한 것으로 보면 현판도 이때에 쓴 것으로 짐작된다. 단청을 잘못해 신체가 많이 상한 데다 글씨가 겹쳐 보여 서격이 떨어진다.

일주문 동쪽에는 선찰대본산禪刹大本山사진②, 서쪽에는 금정산범어사金井山梵魚寺사진③라고 쓴 사액이 걸려 있다. 가로보다는 세로를 길게 썼다. 건물에 눌려 글씨가 옹색해 보이는 것을 막기 위한 의도적인 장법이다. 해사海士 김성근金聲根이 78세에 썼다는 관지가 왼쪽 하단에 보인다.

선찰대본산은 마음을 닦는 도량이란 의미로 범어사의 사격을 상징한다. 마음속에서 끊임없이 일어나는 잡념과 혼란을 참선을 통해 잠재우고 자신의 내면세계에 있는 참다운 불성을 깨닫도록 마음을 수행하는 도량이란 뜻이다.

일주문을 지나면 천왕문天王門이다. 그 오른쪽 건물의 쪽문에 걸려 있는 여여문如如門사진④ 편액이 앙증스럽다. 오른쪽에서 행서로 시작하여 왼쪽으로 갈수록 점차 초서로 흘려 썼다. 청남菁南 오제봉吳濟峯1908~1991이 행초서로 뽐내 쓴 편액이다. 무심코 천왕문을 지나가면 앙증맞은 여여문 편액을 놓치기 십상이다.

천왕문을 지나면 불이문不二門사진⑤을 만나는데 글씨가 매우 소박하다. '이二'의 자형에서 드러난 것처럼 가로획을 기필에서 수필까지 붓을 세 번 멈췄다. 각 획에 잠두가 뚜렷한 것은 이런 서법의 결과다. 서법의 원칙에 충실히 따랐다. 관지가 없어 누구의 글씨인지는 확인할 수 없다. 불이문이 숙종 26년1700년 자수에 의해 창건된 만큼 당시에 쓴 편액으로 추정할 뿐이다. 불이문의 주련은 사격을 갖춘 절에서 흔히 볼 수 있는 내용이다. 속기

禪刹大本山

선찰대본산사진②

金井山梵魚寺

금정산범어사사진③

여여문사진④

불이문사진⑤

가 없고 청아하고 단정한 멋이 풍기는 가품이다.

> 신비한 광명은 어둡지 않아 만고에 빛나는 진리이니
> 神光不昧萬古揮猷
> 이 문 안으로 들어오는 사람은 알음알음을 남기지 말라
> 入此門內莫存知解

왼쪽 하단에 석동산釋東山이란 관지가 있다. 범어사 조실로 있던 동산 1890~1965이 1964년 불이문을 중수하고 쓴 것이다.

충북 단양 출신인 동산은 속성이 하河 씨이며 본명은 동규東奎이다. 향리의 서당에서 한학을 공부했고 한글 학자인 주시경周時經에게 신학문을 배웠으며 서울의 중동학교로 진학했다. 동산은 이 시절에 고모부인 위창 오세창의 집에 기거했다.

중동학교를 졸업한 동산은 경성의학전문학교에 진학했다. 고모부인 위창에 의지해 서울 생활을 하던 동산은 위창과 교류하던 당대 고승인 용성 스님을 만났다. 용성은 동산을 처음 보았을 때 이렇게 물었다고 한다.

"사람의 육신의 병은 의술로 어느 정도 치료할 수 있겠지만 마음의 병은 무엇으로 다스리겠소?" 이 물음에 동산은 말문이 막혔다. 불교는 마음의 병을 다스릴 뿐만 아니라 마음은 만법의 근원이며 우주의 근본이라는 용성의 설명에 깊은 감명을 받았다. 동산은 결국 의과대학을 마친 후 범어사에서 출가했다. 그리고 세속 나이 24세인 1913년 4월 범어사 금강계단에서 용성을 은사로, 성월을 계사로 수계를 받았다. 법명은 혜일이고 법호는

동산이다.

동산은 출가한 지 1년만인 1928년 범어사에서 방선 시간에 대나무 숲을 거닐다가 바람에 부딪치는 댓잎 소리를 들었다. 순간 동산의 마음이 활연히 열렸다. 그리고는 "서래밀지西來密旨가 안전眼前에 명명明明하였다"라고 외쳤다. 이때 동산은 다음과 같은 오도송을 읊었다.

그리고 그린 것이 그 몇 해던가 畵來畵去幾多年
붓끝이 닿는 곳에 살아 있는 고양이로다 筆頭落處活猫兒
하루 종일 창 앞에서 늘어지게 잠을 자고 盡日窓前滿面睡
밤이 되면 예전처럼 늙은 쥐를 잡는다 夜來依舊捉老鼠

동산은 생전에 오도의 인연이 있는 이 대나무 숲을 직접 보살피며 아꼈다. 죽순이 나는 봄이면 혹시 사람들의 손이라도 타지 않을까 하여 자주 들렀다. 별호를 순창筍窓이라고 지었을 정도로 이 대나무 숲에 애정을 가졌다. 그때 그 자리에는 동산의 부도가 서 있다. 비석의 비문은 제자인 성철性徹1912~1993이 지어 올렸다.

불이문을 지나면 가파른 계단이다. 여기서 까마득히 올려다보이는 전각이 강당에 해당하는 보제루普濟樓사진⑥다. 일제 때 변형된 건물을 해체해 원래 자리로 옮긴다고 한다. 정면에는 위창 오세창이 쓴 수려한 운필의 범어사梵魚寺 편액이 걸려 있다. 위창은 많은 사찰

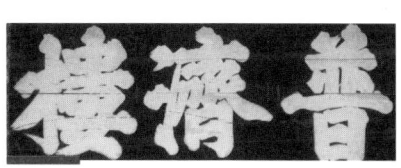

보제루사진⑥

에 편액과 주련 글씨를 남겼지만 대부분이 그가 통달한 전서와 예서다. 이 글씨는 위창의 보기 드문 행초서로 완상의 감흥을 더한다. 동산의 고모부로서 범어사에 한 편을 써준 것으로 보인다.

보제루 옆에 있는 누각이 종루鐘樓사진⑦다. 일제 때 자리가 맞바뀌었다. 간가가 구별되지 않을 정도로 필획이 굵고 살이 붙었으나 힘이 있고 튼실하다. 왼쪽 하단에 성파星坡라고 쓴 관지가 보인다. 성파 하동주河東洲가 추사체로 뽐냈다. 성파는 평생을 추사체를 썼는데 그의 행서는 추사의 진작과 구별이 안 될 정도로 높은 경지에 이르렀다.

종루 바로 옆의 선원 앞에 사람들이 모여 웅성댄다. 영주선재瀛州禪齋사진⑧의 '영瀛'자를 놓고 무슨 글씨인지 종잡을 수 없다는 표정이다. 영주선재는 스님들의 수도도량인 금어선원 출입문이다. 방인이 없어 누구의 글씨인지 알 수 없지만 방정한 솜씨가 빼어나다. 영주는 방장산으로 스님들이 정진 수행하는 공간을 뜻한다. 속세에서의 중국의 진시황과 한무제가 불사약을 구하기 위해 사신을 보냈다는 선경의 산이다.

한문을 처음 배울 때의 일이다. '영瀛'자를 읽을 줄도 몰랐지만 서툰 붓 글씨로 쓰고 보니 다른 글자보다 두 배는 컸다. 글씨를 쓴 게 아니라 그냥 그렸다. 주머니를 의미하는 '낭囊'도 똑같은 시행착오를 겪으면서 할아버지로부터 적지 않게 혼났던 기억이 새롭다. 자획이 많고 적음에 관계없이 균일한 글씨를 쓰려면 먼저 한문을 알고 끊임없는 수련을 거쳐야 한다. 이 편액 앞에서 막대기를 들고 '영주'라고 써보라. 어떤 모양이 나오는지 직접 확인하면 그게 자신의 글씨 수준이다.

대웅전大雄殿사진⑨ 현판은 엄정하고 단정한 해서로 한눈에 봐도 석봉체의

종루사진⑦

영주선재사진⑧

대웅전사진⑨

전형이다. 또한 보제루, 비로전, 천왕문, 팔상전 등과 서미가 유사하다. 같은 사람의 글씨는 아니더라도 적어도 같은 시기의 작품으로 짐작된다. 이 중에도 나한전羅漢殿사진⑩의 '한漢'과 보제루의 '제濟'에 쓰인 삼수변[氵]이 동일해 같은 사람 글씨로 여겨진다. '氵'는 아래 점의 필봉을 드는 것과 위의 점에 붓이 머무르는 게 서로 호응해야 한다. 대웅전 주련은 동산이 심혈을 기울여 쓴 선필이다.

대웅전을 끼고 왼쪽으로 돌아가면 나한전, 독성각, 팔상전이다. 세 전각은 나란히 붙여 지은 한 건물로 범어사에서만 볼 수 있는 독특한 구조다. 이목이 드러난 편액을 찬찬히 살펴보

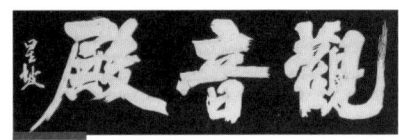

관음전사진⑩

고 있는데 누군가가 "여기 별상전이 있네, 속리산 법주사에도 저게 있는데…"라며 제법 아는 체한다. 팔상전捌相殿의 '팔捌'을 천연덕스럽게 '별'로 읽은 것이다. 이런 경우를 식자우환이라고 하던가. 팔상전의 '팔'자는 '팔八'의 별자다.

어디선가 염불소리가 들린다. 염불하는 스님의 목소리가 어찌나 청정하고 맑은지 저절로 발길이 소리를 따라간다. 염불은 관음전에서 울려 나왔다. 가만히 염불소리를 들으니 스님의 목소리에 흥이 실려 있다. 신이 들린 염불이다. 관음전은 유달리 맑은 기가 흐르고 있어 저절로 청정하고 우렁찬 염불소리가 나온다는 명당이다.

관음전은 종루의 편액을 쓴 성파 하동주가 추사체를 구사했다. '관觀'자 '견見'의 오른쪽 파임을 여우 꼬리처럼 위로 크게 추켜올렸다. 그럼에도 전

혀 어색하지 않다. 누가 보아도 조형미와 예술미가 돋보인다. '전殿'자 '시尸'의 왼쪽 삐침을 크게 돌린 것도 눈여겨볼 만하다. '관'자와 대칭을 이루기 위한 기법이다. 마치 서울 봉은사 판전板殿과 비슷한 서미가 풍긴다. 성파의 이 같은 추사체는 성보 박물관에 있는 거고사수居高思隨에서도 감상할 수 있다.

설송당대사비명雪松堂大師碑銘의 비문을 새긴 현판은 범어사에서 가장 관심이 간다. 설송雪松 연초演初1676~1750의 행장을 기록한 비의 정식 명칭은 유명조선국부종수교자국일도대선사양종정사설송당대사비명有明朝鮮國扶宗樹敎紫國一都大禪師兩宗正事雪松堂大師碑銘이다. 영조 30년1754 연초의 일대기를 비석에 새기기 위해 지은 비문이다. 세월이 지나면서 비문이 풍화로 마멸되어 잘 보이지 않자 광무 7년1905에 비문의 내용을 별도로 현판에 옮겨 적었다.

이 현판은 진암晉庵 이천보李天輔1698~1761가 지었다. 진암은 영조 15년1739 알성시에 급제해 관직에 나가 이조·병조판서를 거쳐 영조 28년1752 우의정과 좌의정을 차례로 역임했다. 그리고 영조 37년1761에는 영의정에 올랐는데 이해에 장현세자가 왕의 허락없이 평양에 놀러간 이른바 평양원유사건이 터졌다. 이때 진암은 그 책임을 통감하고 음독자살로 생을 마감했다. 그는 자신의 목숨을 내던져 왕명을 어긴 결과가 몰고 올 엄청난 파문을 수습하려 했던 꼿꼿한 선비였다.

이 현판의 내용이 흥미를 끄는 것은 진암의 집안과 연초, 불교와의 인연이 소상히 기록되어 있기 때문이다. 이 비문은 서두에 이렇게 적었다.

"나의 5대조인 월사月沙 공은 휴정休靜대사의 비문을 쓴 이래 고조부 백주白州 공이 언기彦機대사, 중증조부 징관靜觀 공께서는 의심義諶대사, 종조부 지촌芝村 공은 설제雪霽대사의 비문을 각각 쓰셨다. 휴정에서 설제까지 4세인데 그 비문을 우리 가문의 선조들께서 지었으니 참으로 묘한 인연이다. 그런데 영남의 남붕南鵬 스님이 연초 스님의 비문을 짓기를 부탁한 것이다."

조선 불교의 선맥과 진암의 가계와의 특별한 인연을 소상히 서술했다. 당대 명문가와 조선 불교의 선승이 활발하게 교류하며 끈끈한 인연을 나눴다는 기록인 셈이다.

진암이 이 비문에서 언급한 5대조 월사는 이정구李廷龜1564~1635를 말한다. 월사는 장유張維, 이식李植, 신흠申欽 등과 더불어 조선 중기의 4대 문장가로 꼽힌다. 고조부인 4대조 백주는 이명한李明漢1595~1645으로 월사의 아들이다. 백주는 선천적인 재능을 물려받았는지 시와 문장에 뛰어난 당대의 문사였다. 그는 도승지에 올랐을 때 이례적으로 홍문관과 예문관의 대제학을 겸임했다. 그의 아들인 이일상李一相이 대제학에 올라 3대가 대제학을 지낸 영예로운 기록을 세웠다. 대제학은 품계가 정2품에 해당하지만 영의정 3명을 배출하는 것보다 대제학 1명이 나오는 것을 당대의 사대부가는 훨씬 명예롭게 여겼다. 가문의 영광으로 삼는 자리가 대제학이다.

정관은 본명이 이단상李端相1628~1669으로 백주의 아들이다. 진암의 작은증조부에 해당한다. 관직은 부제학을 지냈지만 문하에서 김창협金昌協, 김창흡金昌翕, 임영林泳 등이 나왔을 정도로 대학자로 명망이 높았다. 지촌은 정관의 아들로 진암의 작은할아버지다. 그의 본명은 이희조李喜朝1655~1724로 대사헌까지 올랐다. 우암尤巖 송시열宋時烈이 아꼈던 제자다.

이 현판에 나오는 고승들은 선맥을 따져보면 아주 흥미롭다. 휴정을 시작으로 편양鞭羊 언기彦機1581~1644, 풍담楓潭 의심義諶1592~1665, 월담月潭 설제 雪霽1632~1704, 환성喚醒 지안志安1664~1729 그리고 설송 연초로 이어진다. 휴정의 제자 중 모두 선종 일파로 분류되는 법맥이다. 연초가 계승한 지안의 비문을 진암의 아버지 이주신李舟臣이 지었다면 6대에 걸쳐 200년 가까운 인연을 맺을 수 있었던 셈이다. 비록 대를 건너뛰긴 했지만 휴정-월사, 언기-백주, 의심-정관, 설제-지촌, 연초-진암으로 조선 불교의 선맥을 연결하는 선승과 한 가문의 5대가 짝을 이뤄 비석에 새길 행장을 지었으니 여간 놀라운 일이 아니다. 우연이라고 하기에는 너무 깊은 인연이다.

참고문헌

곽노봉 외, 《서론 용어 소사전》, 다운샘, 2007
곽노봉 역, 《중국 서예이론 체계》, 동문선, 2001
구본진, 《필적은 말한다》, 중앙북스, 2009
궁중유물전시관, 《영조대왕 글·글씨》, 미술문화, 2001
권영한, 《한국 사찰의 주련 1·2·3》, 전원문화사, 1996
김경준, 《강화도 역사 산책》, 신대종, 2001
김광욱 편역, 《서법연구》, 계명대출판부, 2005
김광욱, 《한국 서예 시 연구》, 계명대출판부, 2006
김기승, 《신고 한국 서예사》, 동방서예연구원, 2006
김원룡, 《한국미의 탐구》, 열화당, 1996
김일두, 《명찰편액순력》, 한진출판사, 1979
김종헌, 《추사를 넘어》, 푸른역사, 2007
김형우 외, 《한국의 사찰 상·하》, 대한불교진흥원, 2004
대한불교조계종, 《조계종 총림의 역사와 문화》, 조계종출판사, 2009
대한불교진흥원, 《한국 사찰의 편액과 주련 상·하》, 대한불교진흥원, 2000
목경찬, 《사찰 어느 것도 그냥 있는 것이 아니다》, 조계종출판사, 2008
박용수, 《오대산》, 대원사, 2002
백형모, 《호남의 풍수》, 동학사, 1995
법상, 《부처님 말씀과 마음공부》, 도서출판 무한, 2006
불교신문사, 《한국불교 인물사상사》, 민족사, 1997
서신배, 《조선의 유토피아》, 문학동네, 2010
손환일, 《고려 말 조선 초 조맹부체》, 학연문화사, 2009
송은명, 《조선 왕조 인물 왕조실록》, 포스트북스, 2008
신대현, 《한국의 사찰 현판 1·2》, 해안, 2002
심경호, 《내면 기행》, 이가서, 2009
오주석, 《옛 그림 읽기의 즐거움》, 솔, 1999
유재영, 《전래 지명의 연구》, 원광대출국, 1982
유홍준, 《나의 문화유산답사기 1·2·3》, 창작과비평사, 1997
유홍준, 《완당평전》, 학고재, 2002
이규복, 《개설 한국 서예사》, 이화문화출판사, 2004
이규복, 《한국의 명비를 찾아서》, 서예문인화, 2007
이규원, 《대한민국 명당》, 글로세움, 2009
이규태, 《역사 산책》, 신태양사, 1987
이덕일 외, 《한국사의 천재들》, 생각의나무, 2006
이만렬, 《한국사 연표》, 역민사, 1985
이완규, 《안동 풍수 기행》, 예문서원, 2002
이완우, 《서예 감상법》, 대원사, 2007
장영섭, 《길 위의 절》, 불광출판사, 2009
장영훈, 《왕릉 풍수와 조선의 역사》, 대원미디어, 2000
장영훈, 《영남의 풍수》, 동학사, 2002
전규호, 《예서 장법》, 명문당, 2009
정병삼 외, 《추사와 그의 시대》, 돌베개, 2007
정병호, 《퇴계 문학의 현장을 가다》, 국학미디어, 2008
천명일, 《이야기 천자문》, 지혜의나무, 2009
최영주, 《신한국풍수》, 동학사, 2003
최완수, 《명찰순례 1·2·3》, 대원사. 1994
최완수, 《그림과 글씨》, 세종대왕기념사업회, 2000
최준호, 《원교와 창암 글씨에 미치다》, 한얼미디어, 2005
한정섭, 《무염국사》, 불교통신교육원, 1999